# 日はまた昇る

# 蘇《よみがえ》る日本

―共産主義を崩壊させた
文鮮明師の統一思想―

統一思想研究院 編著

光言社

# まえがき

今年、二〇一二年、世界は大変動を迎えています。日本もバブル崩壊以後、「失われた二十年」と言われる長期の停滞から抜け出せないまま、経済のみならず、政治、教育、倫理、道徳など、あらゆる面で深刻な崩壊状況にあります。特に、昨年の東日本大震災と原発事故により、日本は経済的に大きな打撃を受けました。そして今、尖閣列島の奪取を目指す中国の覇権主義の脅威にさらされています。

さらに最近の竹島領有問題に端を発した日韓の軋轢により、中国の覇権主義、ロシアの強権に対処していかなくてはならない日韓米の一体化が大きく揺らいでいます。このような状況において、偏狭なナショナリズムを越えた、人類愛に基づく天からのビジョンとリーダーシップが必要であります。

本書は、一九六〇年代から八〇年代にかけて、日本と世界が共産化の危機にあったこと、そしてその危機を救ったのが文鮮明師の勝共運動であり、その理念であった統一思想であったことを証すべく、出版した次第です。文師は共産主義を「人類の敵」であり、「神の敵」であると宣言されましたが、文師の勝共運動は共産主義者を倒す運動ではありませんでした。共産主義者をも悪なる道から解放し、正しい道へと導こうとするもの、すなわち共産主義者をも救おうとするものでした。それゆえ、ゴルバチョフ大統領、金日成主席と歴史的な会談まで実現したのです。

なお本書は、日本統一思想研究院（一九七二年十月一日創立）の創立四十周年記念出版として準備していたものでありますが、その間、二〇一二年九月三日早朝、文師が九十三歳で聖和（逝去）されました。謹んでご冥福をお祈りし、本書をお捧げいたします。文師がその生涯で、神のもとでの人類一家族の世界平和の理想に向かってなされた業績は、やがて世界が認めるようになるでしょう。

文師は日本が韓国を支配していた時代に、愛国運動に参加したというかどで日本の警察から筆舌に尽くし難い拷問を受けましたが、過去の恨みを忘れて、怨讐であった日本を、韓国人の誰よりも愛して、日本が韓国と共に、神の理想世界実現のための中心的使命を果たす国となって、世界に輝く国となることを願われました。日本では、文師と統一運動に対して賛否両論があるのも事実ですが、本書を通じて、心ある日本の各界の皆様が、文師の真実を理解してくださるように願ってやみません。

二〇一二年十月一日

日本統一思想研究院院長　小山田秀生

# 序

十九世紀に、西洋社会において、神を否定する強力な無神論、唯物論思想が生まれ、あっという間に、燎原《りょうげん》の火のように全世界を覆っていきました。一八五九年はその象徴的な年でした。すなわちカール・マルクスが『経済学批判』を著し、唯物弁証法に基づいて唯物史観の公式を提示すると同時に、後に『資本論』として体系化されるマルクス主義経済学の骨子を発表したのです。マルクス主義は神の存在を根底から否定するものでした。その同じ年に、チャールズ・ダーウィンが『種の起源』を著し、キリスト教の創造論を否定し、生物および人間は弱肉強食の生存競争を通じて進化したものであると主張しました。

中世から十八世紀に至るまで、西洋社会において、キリスト教は絶対的な指導的精神であり、人々は無条件に神とキリストを信じ、教会の教えを従順に受け入れていました。十四世紀から十六世紀に台頭したルネサンスは、中世の束縛から人間の精神を解放しようという運動でしたが、人々の神への信仰は揺るぎないままでした。十八世紀の啓蒙思想において、無神論と唯物論が展開されましたが、それはキリスト教精神を揺るがすまでには至りませんでした。しかし、十九世紀の無神論・唯物論はキリスト教精神を根底から揺るがすものであり、西洋社会のみならず、全世界を覆いつくす勢いで広がっていったのです。

カール・マルクスによって築かれた暴力革命の共産主義思想は、二十世紀に至り、レーニンの指導するボルシェビキ革命として実を結び、地上に初めての共産主義国家ソ連が誕生しました。ソ連は宗教の根絶を公然と宣言する悪の帝国でした。そして歴史上、最大の独裁者であるスターリンのもとで、ソ連帝国は世界共産化を目指し、全世界を震撼とさせていきました。そして第二次世界大戦の終了とともに、共産主義は東ヨーロッパとアジアに広がり、まさに世界を飲み尽くそうとする勢いになったのです。

それではなぜ、世界的に影響を及ぼす無神論・唯物論が十九世紀に生まれたのでしょうか。それは神の摂理から見るとき、二十世紀が終末の時代であったからです。すなわち、二十世紀を超えて、二十一世紀から新しい時代――新しい天と地――が始まるのであり、そのことを知っていた、この世の神であるサタン（悪魔）が、永遠に世界を支配し続けたいという野望のもとに、神の摂理を妨害するために、あらかじめ十九世紀に世界的に茨の種をまき、世界を覆い尽くすようにせしめたのです。すなわち、マルクス、ダーウィンの背後から、彼らを操って、彼らが強力な無神論と唯物論を構築するように導いたのです。

かくして二十世紀は神を否定する精神が世界を覆う世紀となりました。しかし、一方で暗い力を退けて、愛と真理の理想世界を実現しようとする、新しい神の摂理が始まりました。そして、二十世紀後半から二十一世紀にかけて、神を否定するサタン側の思想と、それに対抗する神側の思想が激しく対決する時代となったのです。

# 日はまた昇る　蘇る日本・目次

# I

# 共産主義の終焉と天一国時代の到来

**冷戦に終止符を打つ決定的役割を果たした統一思想**

世界の火薬庫と言われる中東でも、レバレンド・ムーンの平和思想に励まされ、ユダヤ教、キリスト教、イスラム教が、新しい次元の平和的対話を行っています。東西間の冷戦に終止符を打つ決定的役割を果たしたのも、レバレンド・ムーンの「統一思想」でした。私の祖国、韓半島統一のための実質的背後作業も今、レバレンド・ムーンの主導のもとで急速に進行しています。（文鮮明2006.8.31）（「神様の理想家庭と平和理想世界天国」『平和神経』38）

## ⑴　イエス様との出会いと人類救済の準備

文鮮明先生は、一九二〇年の一月六日（陰暦）に、韓半島の平安北道の定州に生まれました。文少年は幼い時から、好奇心・探究心が人一倍旺盛で、野山を駆け巡っていました。当時、西欧国家がアジアまでも支配下におこうとする中、韓国は日本の支配下にありました。韓民族のような弱小民族の悲劇は、人類歴史を通じて常に繰り返されてきたことでした。このような問題をいかにして解決したらよいのか、世界の平和はいかにしたら実現できるのか、文少年は聖書を読み、神に祈るようになりました。

一九三五年四月十七日、猫頭山《ミョドゥサン》で祈っていると文少年の霊眼が突然開けて、イエス・キリストが現れました。イエス様は深淵な、驚くべきことをたくさん語られました。そして文少年に、「神様は苦しんでいる人類を御覧になり、悲しんでおられます。私が地上で果たせなかった使命を引き受けて、いまだに悩み苦しんでいる人類を救ってください」と告げられました。

イエス様に会ったのち、文少年の人生は完全に変わりました。文先生は次のように語っています。

イエス様に会った後、私の人生は完全に変わりました。イエス様の悲しい顔が私の胸中に烙印のように刻まれ、他の考え、他の心は全く浮かびませんでした。その日を境に、私は神様のみ言に縛られてしまいました。ある時は、果てしない暗闇が私を取り囲み、息つく暇さえないほどの苦痛が押し寄せたし、またある時は、昇る朝日を迎えるような喜びが心の中に満ちあふれました。そういう毎日が繰り返されて、私は次第に深い祈りの世界に入っていきました。イエス様が直接教えてくださる新しい真理のみ言を胸に抱いて、神様に完全に捕らえられて、以前とは全く異なる人生を歩むようになりました。考えることが山ほどあって、次第に口数の少

ない少年になったのです。（文鮮明自叙伝『平和を愛する世界人として』65～66）

文鮮明先生は、一九四一年四月から一九四三年九月までの二年半の期間を日本に留学（早稲田大学附属早稲田高等工学校電気工学科）されました。人類を救うという壮大な使命を果たすためには、当時、目覚ましい勢いで世界に進出していた日本を知らなければならず、また韓国を日本から独立させるためにも、日本に行く必要があると考えられたからです。日本に留学する時の心境を文先生は次のように語っています。

京城商工実務学校を終え、一九四一年に日本に留学しました。日本をはっきりと知らなければならないという考えから出発した留学でした。汽車に乗って釜山に下っていくとき、なぜか涙があふれて、外套を被っておいおい泣きました。涙と鼻水が止まらず、顔はぱんぱんに腫れ上がっていました。植民統治下で

早稲田大学第3代総長の高田早苗像のまえで。後列右から3人目が文先生

1941年４月1日、関釜連絡船「昌慶丸」で日本へ

呻吟する孤児に等しいわが国を後にする心は、これ以上ないほど悲しいものでした。そうやって泣いた後で窓の外を見ると、わが山河も私以上に悔しく悲しそうに泣いていました。山川草木から涙がぽろぽろと流れ落ちる様を、私はこの両目ではっきりと見ました。痛哭する山河に向かって、私は約束しました。「故国の山河よ、泣かないで待っていてくれ。必ず祖国光復を胸に抱いて帰ってくるからな」。

釜山《プサン》港から関釜《かんぷ》連絡船に乗り込んだのは四月一日の午前二時でした。強い夜風に打たれても、私は甲板を離れることができず、次第に遠ざかっていく釜山を眺めて、一睡もせずに夜を過ごしました。（文鮮明自叙伝『平和を愛する世界人として』78）

文先生は、日本留学の間、メシヤとしての使命を果たされるために、人類救済の原理の解明に全力を尽く

早稲田高等工学校電気工学科卒業アルバムより

されたのをはじめ、様々な体験や研究をされました。

ソウルへ帰った文先生は、キリスト教会に通いながら、真理探究を継続していきました。そして、ついに「神と私たちは父と子の関係である。それゆえ、神様は人類の苦痛を御覧になって、悲しんでいらっしゃる」という悟りと共に、宇宙のあらゆる秘密が解かれたのです。

一九四五年八月十五日、韓国民が待ちに待った解放の日が来ました。その日、韓国人は解放の喜びで万歳を叫んでいましたが、日本人は悲しみに打ちひしがれていました。文先生は、全人類が万歳を叫ぶ日を迎えなければならないと決意し、祈祷しておられたのです。

私は、万歳を叫べませんでした。人々はみな、解放されたと喜んでいるのに、手を挙げたくても手が上がらないのです。韓国民族が、八・十五解放後にうれしいと踊りを踊りましたが、先生は

出獄した独立闘志たちと共に歓呼する西大門刑務所前の群衆（1945.8.16）（『真の御父母様の生涯路程②』61）

それを眺めて、小部屋で涙を流しながら祈祷しました。……一九四五年は、大韓民国においては解放を迎えた喜ばしい年ですが、日本においては戦争に負けた悲しい年です。それゆえ世界的に共に喜ぶことができる日、このような時をもたなければならないのです。（文鮮明『真の御父母様の生涯路程②』60〜61）

この日、神の新しい摂理が出発しました。文先生は、解明された新しい真理をもって、人類救済の道を出発されました。

私は天の召命を受けた十六歳の時から、十年間をこの問題の解決のため単身真理を探求した結果が、今日皆様が「統一原理」「神主義」また「統一思想」（頭翼思想）と呼ぶところの新しい真理の出現であります。そして私は、この真理を一九四五年八月十五日、韓国が日本から解放された直後に、この地上で初めて発表したのです。（文鮮明1992.8.24,ソウル）（『ファミリー』1992.12,36）

第二次世界大戦におけるキリスト教連合国家の世界的勝利のもと、神から与えられた新しい真理を携えて、歩み始められた文先生をキリスト教の指導者たちが受け入れていたならば、一九四五年から七年間で、創造本然の世界が実現されていたのです。そして文先生が四十歳になられる、その後の七年間で神の国が地上に実現していたと言われます。

## 七年でできた創造本然の世界

その時は、アメリカを中心としてキリスト教が世界を支配し、歴史始まって以来キリスト教文化圏が世界を代表することのできる第二次世界大戦の直後だったのです。これは歴史上の千載一遇の好機でした。キリスト教が世界を支配することのできる時だったのです。……この時、レバレンド・ムーンはイエス・キリストの使命にあり、キリスト教は二千年前のユダヤ教の立場にありました。そしてアメリカはローマの立場にあり、韓国はイスラエルの立場にありました。これらはすべて神側になっていたのです。一つの側に立っていたのです。神側にいたのです。……もしメシヤを認め一体化するならば、これらが一度に七年間ですべての路程が達成される、そういう状況にありました。先生が四十歳になる前に世界の復帰は終わっていたかもしれないのです。（文鮮明 1984.5.20, ニューヨーク）（『ファミリー』1984.9, 30～31）

再び来られるメシヤは、昔、旧約時代に雲に乗って来ると言われていたように、雲に乗って来るのではありません。イエス様当時と全く同じだというのです。新約時代は旧約時代の延長だからです。ですから、反対を受けるようになっているのです。結局、私はイエス様が十字架につけられたのと同じなのです。もしも私とキリスト教が一つになっていたならば、地上天国、天上天国は既に自動的にできているのです。新約時代が終わる一九四五年から一九五二年までの７年間で、世界は一つになっていました。（文鮮明1993.1.10，ニューヨーク）（『ファミリー』1993.6，51）

第二次大戦後に、枢軸国と連合国が闘い、勝利した基盤の上に先生が上がっていけば、世界は一九五二年以降に完全に定着し、七年後の先生が四十歳になる日には、王権をもって治めることができたのです。（文鮮明2004.10.14，韓国・清平）（『祝福家庭』㉟2004，41）

### ⑵ キリスト教の不信と十字架路程

ところが二千年前に来られたイエスが、メシヤを迎えるために神が四千年準備してこられたユダヤ教から迫害されて、十字架にかけられたように、再臨のメシヤを迎えるために、神が二千年準備してこられたキリスト教が文先生を迫害し、文先生は十字架の道を歩まなければならなくなりました。しかし文先生は十字架で亡くなるのではなくて、十字架を背負いながら苦難の道を歩むという路程になったのです。それは再臨主の使命が生きて神のみ旨を成就することであったからです。

第二次大戦直後に、キリスト教が新郎として文総裁を受け入れていたならば、七年以内に世界は統一されたことでしょう。もし、そうなっていたならば今日このように、文総裁は七十歳を越えても十字架を背負って受難の道であえぐ哀れな男にはならなかったのです。四十代において、世界を統一していたことは間違いありません。先生は、そのような内容を持ってやって来たのです。（文鮮明1992.5.10, ソウル）（『ファミリー』1992.11, 44）

イエス様当時、洗礼ヨハネという、ユダヤの人々からメシヤのように崇められていた人がいました。彼は生涯、イエス様に侍り、イエス様の道を整える使命を持っていましたが、イエス様につまずき、不信してしまいました。洗礼ヨハネの不信仰はイエス様を十字架に追いやる要因となりました。一九四五年十月から一九四六年四月にかけて、文先生は洗礼ヨハネの立場にあった金百文《キムペグムン》の率いるイスラエル修道院に入っていかれました。ところが、金百文が文先生を不信したために、文先生はそこから出ていかざるを得なくなりました。そして文先生の十字架の道が始まりました。

一九四六年五月二十七日、文先生は突然、天から北に行きなさいという命を受けて、平壌に行き、そこでみ言《ことば》を語り始めました。当時、平壌は東洋のエルサレムと呼ばれ、キリスト教が最も盛んなところでした。信仰の深い信徒たちが文先生のみ言に導かれて文先生のもとにやって来ました。ところが自分の信者が奪われていくことを危惧《きぐ》した牧師たちが、「羊泥棒！」と言うなか、北朝鮮当局により、宗教と称して詐欺をしたとの罪で文先生は一九四六年八月十一日、大同保安署に拘束されました。そこには主を迎える準備をしていた神霊集団の幹部たちが投獄されていて、獄中で文先生に出会いましたが、彼らも文先生を受け入れませんでした。そして文先生は、南韓のスパイとして嫌疑をかけられ、ひどい拷問を受けて、一九四六年十一月二十一日、半死状態のまま外に放り出されてしまいました。

通りかかった弟子たちによって介抱された文先生は、絶望的な状態から奇跡的に回復されました。そして再びみ言を語り始めましたが、牧師たちの執拗な訴えによって、一九四八年二月二十二日、再び内務省に拘束されました。四月七日に公判が開かれ、多くの既成教会の牧師や信徒たちが見つめる中で、社会秩序紊乱という罪を着せられて、重労働五年の刑を言い渡されました。そして一九四八年五月二十日から一九五〇年十月十四日、国連軍によって解放されるまで、文先生は興南《フンナム》収容所において重労働を課せられました。

キリスト教が文先生を排斥した結果、再臨の摂理は挫折し、真なる救世主に代わって、共産党を中心とする悪なる救世主として金日成《キムイルソン》が現れることになったのです。そして真なる救世主を殺そうとしたのです。

第二次世界大戦後に七年間で天国を成すべきはずでしたが全部失ってしまいました。先生は追放され荒野に追いだされたのです。……**共産党を中心として悪魔の救世主が現れて、真なる救世主を殺そうとしたのです。**（文鮮明1995.4.23,ニューヨーク）（『ファミリー』1995.9.21）

興南収容所は戦前の日本の財閥が建設した朝鮮窒素肥料株式会社の興南工場でした。収容所では、厳しく過酷な強制労働が課せられていましたが、粗末な食事がわずかしか与えられませんでした。そして最初の一年間で四〇パーセントの囚人が死ぬという、地獄のような状況でした。そのような状況にあって、文先生は「人はパンのみによって生きるにあらず」と、与えられる御飯の半分を他の囚人に与えて、愛の力で生きる決心をされました。文先生は興南収容所の体験を次のように語っています。

興南の硫安工場の全景

先生は、北の共産党の牢獄に入って二年八か月（興南では二年五か月）、重労働した。何の労働かというと、肥料工場だ。硫酸アンモニアの工場で、粉がコンベヤーで工場の真ん中に落ちるようになっていて、それをはかりにかけて袋に詰め、貨車に積み込む。**共産主義の作戦で、重労働させて殺すようになっている。**ここに入って三年たつとみんな死ぬ。必ず、間違いなくそうなる。三年以内に。食べ物をやらずに重労働させるのだから、この工場に入ってくる者は、まず完全に処分できる。

先生は、共産党の政策を相当知っているから、それに引っかからないようにした。先生は、**与えられるご飯の半分で生きる決心をした。**人間は、パンによって生きるのではないんだよ。神様からの言葉で生きるんだよ。どうせこのご飯では死んでしまう。だから、このご飯の半分で生きようと決心するまでに半月かかった。

先生は、みんなが嫌がるこの難しい仕事を自分が担当する。この難しい仕事を続けたら死ぬ。だから、この一番難しい仕事をやり抜く体力をつくるより生き抜く道がない。皆さんも一番難しい仕事を担当せよ！　そういうように前進的に考えよ！（文鮮明1970.10.13，韓国・水澤里）（『マルスムポケット4・祝福に関する御言葉』90～92）

どれくらい腹が減るか。ご飯がどれくらい欲しいか。それは話にならないや。自分の家族とかが面会に来る。来る時は何かを持ってくるので、どんなに恋しい妻でも、慕わしい母でも、来た人の顔を見るより先に、まず持ってきたものに目が行く。面会の時は持ってきたものを食べられる。どんなに会いたい妻でも母でも、そんなものより食べられることがうれしい。

このパンを慕うほど神を慕うか。先生は毎日、比較対照しながらやってきたんだよ。何よりも神を愛さなければならない。このご飯の一握りを食べるために入ってくるのではない。万人の蕩減［罪を贖うこと］の道を開拓するために入ってきた。自分の仕事の分配に対して、不信するような態度は絶対とらない。だから先生は有名だった。（文鮮明1970.10.13，水澤里）（『マルスムポケット4・祝福に関する御言葉』95～97）

## (3) 救世主の救出

文先生が興南《フンナム》収容所において重労働に従事させられている間、一九五〇年六月二十五日、朝鮮戦争が勃発しました。北朝鮮の突然の侵攻によって、韓国軍は釜山《プサン》まで後退せざるを得ませんでした。この非常事態に対処しようとして、マッカーサーに率いられた国連軍が仁川《インチョン》に上陸して、攻勢に転じ、興南にも押し寄せてきました。国連軍による爆撃が激しくなると、看守は囚人を次々に処刑し始めました。次は文先生の処刑の順番という間一髪のとき、興南肥料工場に国連軍による激しい爆撃が加えられたのです。ついに文先生は監獄から解放されました。

爆撃が激しくなると、看守は囚人を処刑し始めました。囚人の番号を呼んで、四日分の食料とシャベルを持たせて、外に連れ出しました。他の監獄に移送されるものと思って呼ばれて出て行った彼らは、山に連れて行かれ、自分の墓穴を掘らされた後、そのまま殺されてしまいました。量刑の重い囚人が先に呼ばれていました。じっと数えてみると、次の日は私の番でした。ところが、まさにその時、処刑を翌日に控えた一九五〇年十月十三日、三十八度線を越えた韓国軍と国連軍が興南《フンナム》に押し上がってきたのです。米空軍のB29爆撃機は十四日、興南肥料工場とその付近一帯に激しい爆撃を加え、興南全体が火の海になるほど梅雨の雨のように爆弾を降り注ぎました。危険を察知した看守たちは、その前に逃げ出していました。ついに私たちを囲んでいた監獄の門が開かれました。夜中の二時ごろ、私は他の囚人たちと共に、堂々と歩いて興南監獄を出てきました。（文鮮明自叙伝『平和を愛する世界人として』116）

国連軍を率いていたのはマッカーサー元帥でした。その時、自由世界がマッカーサー元帥の強い意志を実践していたならば、北朝鮮軍と参戦してきた中国人民軍を完全に撃退することができ、韓半島の分断の悲劇はなく、アジア全域での共産主義の膨張はなかったのです。しかし、トルーマン米大統領は強硬なマッカーサーを解任し、結局、韓国動乱は、三十八度線での停戦に追い込まれてしまいました。しかしマッカーサーは救世主である文先生を救出するという重大な使命を全うしたのです。

マッカーサー元帥は、韓国動乱を窮極の勝利に導き、アジアにおける共産主義の問題を完全に解決する方策が何であるかを正確に知っていました。万一その時、自由世界が彼の忠告に従ってマッカーサー元帥の意志を実践していたならば、今日の両断された韓国の悲劇はなかったでしょうし、アジア全域での共産主義の膨張と無限の犠牲はなかったでしょう。自由世界に汚点を残したベトナム戦争の敗戦もなかったでしょう。

仁川上陸作戦に続いて国連軍が北へ北へと押し寄せてきた時に、切羽詰まった共産主義者たちは、収監した政治思想犯たちを処刑し始めました。私の最後の瞬間が近づいてきました。ところが、私が引き出されて処刑されるその数時間前に、私は劇的にも国連軍の助けで解放されたのです。「仁川」というこの映画は、私がマッカーサー元帥に対してする感謝の表示だとも言えるのです。（文鮮明1982.10.5、ソウル）（第五回世界言論人会議創設者メッセージ「韓半島は世界の縮小体」）

一九五〇年十月十四日、解放された文先生は、足の折れた朴正華《パクチョンファ》氏を乗せた自転車を引きながら、時には背負いながら、弟子の金元弼《キムウォンピル》氏と共に、歩いて南下していきました。三十八度線を越える時、文先生は神様に、「私が必ず北韓を共産主義から解放します」と祈りを捧げました。共産主義の圧政のもとで、人々がどんなに呻き苦しんでいるか、身にしみて分かっていた文先生でした。

私が三十八度線を越えながら神様に祈祷したことがあります。この悪党たちを私の手で捕まえて片づける前に死んではならないので、私が私の故郷、私の祖国を再び訪ねて、神様に勝利の讃揚をお返しできるその日まで私を生かしてくださいと祈祷したのです。そうするために、韓国を経て、アジアを経て、世界を経て、この怨讐の金日成に至ろうと誓いもしました。（文鮮明1981.1.26）（『神様の摂理から見た南北統一』372）

私が三十八度線を越えながら祈祷したことは簡単です。「神様、心配しないでください。北韓まで私が統一します」。祈祷は瞬間にしましたけれども、一生を投入して実践してもいまだにできていません。しかし、いずれにしても故郷に帰らなければなりません。そうしなければ、み旨が成し遂げられません。（文鮮明1987.11.1.）（『神様の摂理から見た南北統一』372）

## ⑷ 冷戦時代の到来とその延長

既成キリスト教が文先生を受け入れなかったために、文先生は十字架の道を行かなければならなくなりました。それと同時に、世界もサタンが侵入することになりました。サタンが侵入したものは、神はそのままでは復帰することはできないので、カイン（サタン側）とアベル（神側）に分けなければなりません。

カインとアベルは、エデンの園におけるアダムとエバの二人の息子です。アダムとエバの堕落によって、サタンの主管下に落ちたアダムの家庭をそのままでは神の側に復帰することがで

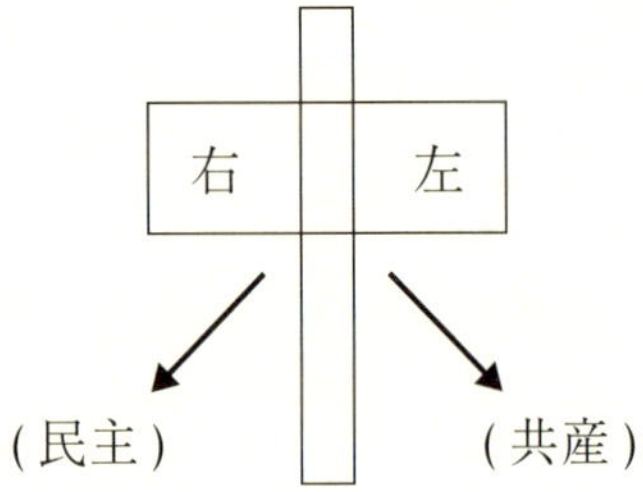


きません。そこで神とサタンは、二人の息子を神側とサタン側に分けました。先有権のあるサタンが長子の兄カインを取り、神は次子の弟アベルの側に立ちました。

サタンは長子カインが次子アベルを支配するように働き、神は次子アベルが長子カインを屈服させるように導かれます。そして長子カインが次子アベルを愛して、アベルに従うようになれば、カインもアベルも共に神側に復帰されるようになります。そのようになるのが神の願いでした。ところが実際は、カインがアベルを憎んで殺害し、サタンがアダムの家庭を奪っていくという結果になりました。

このカインとアベルの闘いは、人類歴史を通じて、家庭から氏族、民族、国家、世界へと拡大していったのです。かくして世界は、カイン側の左翼・共産世界とアベル側の右翼・民主世界に分立されることになりました。そして共産世界と民主世界が激しく対峙する冷戦時代が到来したのです。

イエス様が十字架にかかる時、同時に二人の強盗がイエス様の左右にかけられました。左側の強盗はイエス様をののしり、右側の強盗はイエス様を称えて擁護しました。そこから左はカイン側、右はアベル側を意味するようになったのです。

キリスト教を中心とする連合国家群は、第二次世界大戦の戦後処理を誤り、共産圏の拡大を許してしまいました。すなわち、一九四八年、八月十五日に大韓民国、九月九日に朝鮮民主主義人民共和国が成立し、南北が対峙するようになりました。さらに、一九四九年、十月一日に中華人民共和国（中共）、十月七日には東ドイツが成立し、ソ連を中心とした共産圏はまたたく間に、アジアと東ヨーロッパへと拡大していきました。そして一九五〇年六月二十五日に始まった韓国動乱は、共産圏解放のチャンスであったにもかかわらず、マッカーサーの解任によって機を逸し、冷戦時代が延長することとなったのです。

**もし先生が反対を受けないで、全面的に歓迎する世界の中では、七年間で基台をつくることができないでしょうか？　先生はそれを成す能力があると思いますか？……キリスト教が反対してサタンと一つになることによって、共産世界が拡大し、今や世界の三分の一を支配するようになってしまったのです。**（文鮮1984.5.20，ニューヨーク）（『ファミリー』1984.9，32）

一九五〇年に勃発した韓国動乱は、第二次世界大戦後、全世界が米ソ両国を中心とした冷戦時代に突入する最も具体的な出発点でもあり、それは実に世界の民主陣営と共産陣営が極端に対立している縮小版として、歴史の二つの分かれになってきた神様の勢力と悪魔の勢力が対決する最前線となったのです。このような観点から、韓国動乱は世界の善の側を代表して悪魔の勢力と戦った聖なる戦いだったと言わざるを得ません。（文鮮明1998.8.22,ソウル）（『ファミリー』1992.12,26）

## (5) 統一教会の創立と迫害

北朝鮮から一緒に避難民として南下してきた朴正華《パクチョンファ》氏とは、再会を約束して慶州《キョンヂュ》で別れて、文先生は弟子の金元弼《キムウォンピル》氏と共に蔚山《ウルサン》から貨車の上に乗り、一九五一年一月二十七日、釜山《プサン》の草梁《チョリャン》駅に到着しました。そしてポムネッコルという所に小屋を建てて、み言《ことば》を語り始められました。そこで篤実なキリスト教伝道師の姜賢實《カンヒョンシル》女史らが導かれました。

やがて文先生はソウルへ上がっていき、一九五四年五月一日、世界基督教統一神霊協会（統一教会）を創立されました。本来、文先生は統一教会を創立する必要はありませんでした。し

1951年、釜山での歩みの拠点であったポムネッコルの小屋の前で。後列中央が文先生。

かし、第二次世界大戦の終了後、再臨主として出発しようとされた文先生を、既成キリスト教は受け入れず、かえって反対する立場、すなわちカインの立場になりました。カインを導くためにはアベルを立てなければなりません。そのために文先生はアベルのキリスト教として統一教会を立てられたのです。カインの立場の既成キリスト教がアベルの統一教会を受け入れるようになれば、既成キリスト教は神の摂理に戻ってきます。文先生はそのようになることを切に願われたのです。そのため、戦後のキリスト教の一世の不信の罪を蕩滅（償うこと）するキリスト教二世（若き学生たち）の摂理が展開されました。

統一教会創立後、まもなく韓国の名門大学である梨花《イファ》女子大学と延世《ヨンセ》大学の多くの学生たちが統一教会にやってきました。しかし、またしても既成キリスト教会はその勢いに危機感を抱き、統一教会を迫害しました。梨花女子大学と延世大学は、統一教会に入教した学生を退学させ、教授は免職させました。のみならず、既成キリス

1954年、みすぼらしい家から統一教会が出発した（ソウル）

ト教の牧師、長老たちが、当局と手を結んで統一教会をつぶそうとしました。そして一九五五年七月四日、文先生を逮捕し、後日、数名の弟子も逮捕され、西大門《ソデムン》刑務所に収監しました。結局、三か月後、文先生は無罪で釈放されました。このようにして、キリスト教との一体化の摂理は失敗しました。

第二次大戦の勝利者であった、英米仏のキリスト教連合国家は、キリスト教が神の摂理に反するようになったので、アベルの立場に立てなくなりました。代わって第二次大戦のときカインの立場にあった日本が、神側のエバ国家（母の国）として英国に代わることになりました。そして神側の天使長の立場（後に、長子の立場）のアベル国家として、再びキリスト教連合国家のアメリカが立てられました。神様の立場では、失敗した立場のアメリカを再び立てることはできないのですが、神の息子の立場にある文先生が、神にとりなして再びアメリカをアベルの立場に立てられたのです。アメリカは第一イスラエルのユダヤ教と第二イスラエルのキリスト教の伝統を受け継いだ世界的な国であり、アメリカを失えば、神の摂理は非常に難しくなるからです。

［第二次世界大戦直後］、サタンが天の側の一番貴い英国、アメリカ、フランスを全部奪っていきました。**天の側は仕方なくエバ国家の英国の代身として、怨讐国家の日本をエバ国家として立てたのです。**そしてアメリカをアベル国家として立てたのです。（文鮮明1993.1.1, ソウル）（『ファミリー』1993.3, 57）

人類歴史は、サタンに奪われた人類を神側に復帰せしめる復帰歴史でありますが、その過程において、サタン分立数である四十数（四十日、四十年、四百年など）をかけて、神とサタンの攻防が展開します。サタン側が勝利すれば、サタンが支配権を握ることになり、神側が勝利すれば、神の側に復帰されるのです。そこでサタン分立数である四十年に相当する一九四五年八月十五日から一九八五年八月十五日までの四十年間の闘いが展開することになりました。その間において、カイン側の共産世界が勝利すれば、サタンが世界赤化を成し遂げて、完全に世界を制覇することになり、再臨主の摂理は完全に潰えてしまいます。それに対して、アベル側の民主世界が勝利して、世界共産化を防ぐことができれば、再臨主の道を再び出発できるようになります。この四十年間は神の摂理から見れば、再臨主の荒野路程であり、冷戦時代の延長の摂理でした。

### ⑹ 共産主義の台頭と国際勝共連合の創立

第二次大戦後、燦然《さんぜん》と輝いていたキリスト教でしたが、やがてその輝きが消えていきました。代わって輝き始めたのが共産主義でした。特に日本において、共産主義は燎原《りょうげん》の火のごとくに広がっていきました。日本が共産化されたら韓国は北朝鮮、中国と日本に囲まれて、ひとたまりもありません。そこで文先生は共産主義と闘うことを決意されました。

一九六七年、文先生は「共産主義は八代を越せない」と語られています。八数は一周を意味しているからです。実際、レーニン、スターリン、マレンコフ、フルシチョフ、ブレジネフ、アンドロポフ、チェルネンコから、八代目のソ連共産党書記長のゴルバチョフの時にソ連は崩壊したのです。

文先生はさらに、「共産主義は、国際共産主義から民族的共産主義になり、民族的共産主義は分党的共産主義になる」、「共産党は、七十三年間が過ぎれば滅びる」と語られました。実際、一九一七年のロシア革命から七十三年が過ぎた翌年の一九九一年にソ連は崩壊したのです。

一九六八年一月十三日、韓国で「国際勝共連合」が創設されました。日本でも同年四月一日、

朝鮮大学校の前で訴える女性勝共会員

「共産主義は間違いである」と街頭で訴える

久保木修己氏を会長として、「国際勝共連合」が創設されました。時を同じくして、二月二十五日、文先生の弟子である李相軒《イサンホン》氏が執筆した勝共理論、『新しい共産主義批判』が刊行されました。李相軒氏は高等普通学校の時代に、共産主義者の独立運動に参加した経歴があったので、共産主義の理論を熟知していました。そして氏は文鮮明師が解明された統一原理に基づいて、共産主義を批判克服する理論を体系化したのです。三月二日に、日本語版の『新しい共産主義批判』が発行され、この本をテキストとして勝共運動が展開されるようになりました。

日本は当時、大学界は左翼一色になっていました。そして東京、京都をはじめとする六大都市の知事はみな左翼が占めていました。自由主義で反共の自民党は農村地帯に地盤を置いて、かろうじて政権を維持している状況でした。

そうした時に、五百人足らずの青年・学生たちで出発したのが国際勝共連合でした。勝共運動は全国一斉にスタートしました。勝共会員たちは「共産主義は間違いである」と街頭で訴えました。大学内では、統一教会の学生組織である原理研究会のメンバーが勝共理論の講義を行い、共産主義の学生たちと壮烈な戦いを展開しました。

一九六八年四月、美濃部東京都知事が、私学審議会の答申に反して、朝鮮総連による朝鮮大学校を独断で認可しました。そのため、その認可取り消し運動が一九六八年七月から始まりました。三人の勇敢な女性勝共会員が朝鮮大学校の正門前で共産主義の間違いを訴え続けました。そのため、朝鮮大学校の職員らに集団暴行を受けるなど、陰湿な妨害が続きました。彼女たちは決死の覚悟で三年の間、勝共理論講義を朝鮮大学校の学生に向かって訴え続けました。

一九七五年四月、カンボジアと南ベトナムが相次いで共産化されました。日本国内でも、ベトナム戦争反対を叫んでいた左翼勢力は最高に盛り上がっていました。その時、このままではアジア全体が共産化されてしまう危機的な状況を迎えていたのです。

文先生は五月一日、韓国の清平にて、「今日、ベトナムが共産圏内に屈服したことは、一つの祭物として、共産世界が、韓国をはじめとして世界に、神の前に、屈服し得るように、再び蕩滅してあげられる起源になることを、切にお願い申し上げます」(『祝福家庭と理想天国Ⅱ』431)

1975年6月7日、韓国・ソウルのヨイド広場での「救国世界大会」

と祈られました。

この危機に対処すべく、文先生は六月七日、ソウルのヨイド広場で「救国世界大会」を開かれました。世界六十カ国の代表千余人を含む百二十万人の大集会となりました。そこで文先生は「共産主義は神を否定する恐るべき思想であり、人類を誤った方向に導くものです。これに打ち勝つには、真理に立脚した次元の高い精神的理念と思想武装によらなければなりません」と訴えられました。

### (7) アメリカよ、蘇《よみがえ》れ！　モスクワへ行こう！

一九七六年、アメリカは建国二百周年を祝っていられるほど平穏無事とはいえない状況でした。キリスト教の無力化と共産主義の脅威に苦しみ、青少年の多くは、麻薬やフリーセックスなど、神の願いとはかけ離れた人生を送っていたのです。そのような状況のもとで、文先生は六月一日、ヤンキー・スタジアムで、「アメリカよ、蘇れ！」と、メッセージを送りました。大会に先立つ四月十八日、文先生は次のように語りました。

**一度、我々が世界的なレベルを越えたならば、宇宙的春が待機しているのが分かる。春が来た時、雰囲気が自動的に変化するだろう。寒いシベリヤの気候も死に絶えるだろう。今日、共産主義はそれ自身に、大きな亀裂がある。初期の理想的な国際共産主義は既に崩壊して、国粋主義となっている。サタンの木もまた成長している。しかし、その葉は落ちつつあり、その枝は倒れつつある。共産主義の黄金時代は終わった。**

**転機はいつ起こるであろうか？　年は一九七六年で、日は六月一日である。一度、我々がヤンキー・スタジアムで際立った記録を達成するならば、自由世界は宇宙的な春に入って、繁栄のための努力をするであろう。我々は、世界中の尊敬と信頼を受けるであろう。神は非常に強力なので、すぐに偉大な木をもってくるだろう。この常緑樹は、シベリヤの風で固くされているので、春が来た時、早く成長する。我々が自由世界に春をもたらす時、その同じ春が共産主義の冷たい文明に、暖かい気候を与えるだろう。**（文鮮明1976.4.18,ニューヨーク）（『祝福家庭と理想天国Ⅱ』518）

　一九七六年九月十八日、ワシントンで三十万人の大会が開かれました。その時、文先生は「モスクワ大会」を開催することを宣言されました。それはソ連で間もなく共産主義が後退し、宗教活動を受け入れるようになるという予告でした。しかしその年は、前年のサイゴン陥落に続き、ソ連の世界的な赤化戦略が目覚ましい成果を上げている時であり、文先生の宣言を真剣に受け止めようとする人は誰もいませんでした。後日、文先生はこの大会の意義について次のように語りました。

　私は、共産主義の支配下で呻吟《しんぎん》している多くの人々を解放するために、私たち自由人が一致団結してこれを履行すべき神聖な義務があることを信じてやみません。**私たちの目的は単なる反共ではなく、共産世界の解放です。**一九七六年、私たちはワシントン・モニュメント広場において、三十万人のアメリカ人を集めた大会を開きました。これは、私がアメリカで行った大衆演説の絶頂でした。正にその翌日、私はそのような形態の集会を、次はモスクワで開催すると宣言しました。

**この解放運動の原動力は、憎悪ではなく、人類に対する真の愛そのものなのです。**私たちはすべての人間が自由を勝ち取るために努力しなければなりません。全世界の隅々で自由の鐘が鳴り響くようにしなければなりません。

私は、共産独裁の統治下に生きている約二十億の人々が解放の日を渇望しているという事実を知っています。自由世界の人々が躊躇《ちゅうちょ》して、義務感を欠如し、優柔不断になっている間に、数百万人もの人々が今日も、そして明日も死んでいくことを私たちは忘れてはなりません。(文鮮明1987.9.21,ソウル)(『続・為に生きる』108)

### (8) 日本における勝共活動

一九六〇年代から七〇年代、日本の大学界は左翼一色になっていました。左翼は人民の味方であり、右翼・反共は帝国主義者たちで人民の敵であるという、異様な雰囲気がみなぎっていました。そういう状況で共産主義と闘うには決死的な覚悟が必要でした。

日本の最高学府である東京大学では、一九六八年から六九年にかけて、左翼学生による東大闘争と呼ばれる紛争が起きました。彼らは東大の解体を目指していました。その結果、機動隊が導入されて安田講堂を占拠していた学生たちは排除されましたが、六九年の東大入試は中止に追い込まれました。その間、原理研究会のメンバーは、多勢に無勢でありましたが、共産主義は間違いであると、学内や駅頭で訴えました。

七〇年代の後半に至り、左翼学生による原理研究会の学生に対する迫害が激しくなりました。東大の学内でも、原理研究会の学生は新左翼系の反原理共闘、および日本共産党系の民青の学生たちに取り囲まれながら、命懸けの理論戦を展開してゆきました。

カープの各キャンパスで、我々は共産主義に対する思想攻撃をかけていました。共産主義の理論は統一教会の教えとは比較にもなりません。彼らは日本の大学のキャンパスでの討論会で私たちを打ち負かそうと努力したのですが、反対に、威信を失墜するほどに打ち負かされてしまいました。我々の持つ真理は明らかに疑問の余地もなく、彼らの持つ理論を越えていました。また日本のメンバーたちは、彼らよりもずっとはるかに一生懸命働きました。ついに彼らは最後の手段に訴えざるを得なくなりました。我々に対して暴力を使い始めたのです。彼らは路上に連れていき、そこで闘いたい、我々をそこで脅かしたいと思いました。カープに濡れ衣を着せ、攻撃をかけてきたこともしばしばありました。我々はそれに立ち向かいました。我々は先に攻撃をかけたいと思ったことはありませんでした。

彼らの攻撃に対して自分を防衛しただけでした。日本のカープ・メンバーは韓国のマーシャル・アーツの最高のものを学び、死ぬ準備もできていました。多くの若者が攻撃されたけれども、彼らは自己防衛をしただけでした。（文鮮明1982.9.5，ニューヨーク）（『御旨と海』229）

一九七八年、京都の知事選挙において、勝共連合と日本共産党の壮烈な闘いが行われました。共産党員である蜷川知事が、京都を長年にわたって支配していました。自民党は何とかして京都を共産党から奪還しようとしていましたが、自民党には青年がいませんでした。その結果、自民党は全国から青年を動員してくる共産党に、いつも選挙戦で敗北を喫していたのです。この年、勝共連合と原理研究会のメンバーが京都に集結して自民党の候補を応援しました。他方、共産党も青年組織である民青を全国動員して京都に集結して激しい選挙戦が行われました。共産党陣営は圧倒的多数でしたが、結果として、自民党が勝利して、共産党から京都を奪還したのです。

日本の京都で我々食口四百三十名が、共産党15万名と戦ったのです。戦った末に共産党が負けたのです。どのような作戦を行ったのかと言えば、毎日、一日千三百軒の家を訪問したのです。千三百軒の家を突破したというのです。毎日、一日に千三百軒を訪問することが簡単なことでしょうか。（文鮮明『神様の摂理から見た南北統一』773）

日本共産党の宮本委員長は京都の敗北に重大な危機感を抱き、次のような談話を発表しています。その中で「勝共連合を退治することは、後世の歴史に記録される〝聖なるたたかい〟である」と言いました。神を否定する共産党が聖戦を叫ぶのは、全く筋違いな話です。

さらに国際勝共連合とのたたかいの問題では、これが民主勢力全体、民族と国民の主権と独立、自由、民主主義にとって重大なたたかいであることを強調。大衆闘争、イデオロギー、国会、法律の分野で、また被害を受けている勢力が共同して、全面的なたたかいにしていく必要があるとのべ、自民党に対しては〝勝共連合といっしょにやれば反撃をくって損だ〟という状況をつくることが肝要だとし、〝**勝共連合退治**〟**の先頭に立つことは、後世の歴史に記録される「聖なるたたかい」であると呼びかけました。**そして、きたるべき総選挙での日本共産党の躍進こそ……反動勢力に攻め込まれ各個撃破にさらされている日本の革新勢力全体の巻き返しの最初の号砲となると強調しました。（日本共産党・宮本委員長の談話『赤旗』1978.6.8）

文先生も、シカゴで開かれた第十二回ＩＣＵＳ（科学の統一に関する国際会議）において、京都での選挙戦に言及して、次のように語りました。

日本共産党は統一運動を彼らの主要な敵と見ています。彼らの統一運動に対する闘争は、日本資本主義や米帝国主義との闘争以上に緊急かつ重要であると公言しています。一九七八年六月五日から七日に開かれた日本共産党全国大会で当時の宮本委員長は、統一運動の打倒は歴史に記憶される正義の闘争であり、全民主勢力がこの歴史的任務に総力をあげて取り組むよう指示しました。このため、共産主義者はわれわれに反対するための数百にのぼるグループを動員しています。（文鮮明、第十二回ＩＣＵＳでの講演、一九八三年、シカゴ）

元総理府総務副長官の弘津恭輔氏は、京都知事選における勝共連合の壮烈な闘いを感動的に評価して、次のように語っています。

「勝共連合」の運動の歴史の中で、私が一番感動を覚えたのは、一九七八年の京都蜷川革新府政を打倒した時の、知事選における勝共連合の壮烈な闘い振りであった。当時、二十八年も続いた「京都蜷川革新府政」は、「京都共産王国」とか「人民共和国蜷川府政」とかマスコミ界で騒がれていたのである。（弘津恭輔、思想新聞　2008.6.1）

鳥取大学の元倫理学科の教授であり、後に、日本の武士道のバックボーンである山鹿素行の研究会の会長を務められた井上順理先生は、一九六〇年代の大学紛争の頃、大学側の代表として過激派学生たち（中核派）と正面から対決しました。井上先生は、原理研究会の学生たちが左翼学生たちと戦っている姿を見て感動し、「右翼団体は数多くあれども、日本革命を叫ぶ左翼勢力と真剣に、命懸けで戦ったのは原理研究会、勝共連合の諸君であった。私はそのことを決して忘れない」と語りました。そして済州島で開かれた「教授招聘勝共学術セミナー」（一九八六・八）で李相軒氏から勝共理論の講義を聞いて、「共産主義に対して真正面から立ち向かい、反撃できる理論は、この勝共理論しかないだろう」と感想を述べました。（『二十一世紀を担う統一思想』）

一九七〇年代、日本は正に革命前夜のような状況にありましたが、勝共連合、原理研究会の青年たちが立ち上がり、「共産主義は間違いである」と叫び続けていきました。日本の政治家、経済人たちも共産主義の脅威に目覚めていきました。その結果、燎原の火のごとく燃え広がっていた共産主義・左翼勢力は急速にしぼんでいき、日本は共産化の危機を逃れることができたのです。

大阪、名古屋、京都のようなところは共産党が勢力を握っている場所です。ここにおいて、原理研究会の学生たちが命を懸けて決死的な活動をした結果として、日本のあらゆる経済人たちが、この共産党のやからと戦わなくてはならないのだということを自覚するようになりました。（文鮮明『神様の摂理から見た南北統一』773）

## (9) 四十年荒野路程の最後の三年間

一九七七年、ソ連のブレジネフ書記長はワルシャワ条約機構（東欧共産国組織）で「一九八五年までに西欧を征服する」と秘密演説を行っています。

一九七七年、ソ連はミサイルSS20を西欧に向け配備しだした。射程圏は五千キロで、全西欧を狙えた。これに対する西欧側のミサイルは射程七百キロのパーシングIであった。この年、ソ連のブレジネフ書記長はワルシャワ条約機構（東欧共産国組織）で、われわれは一九八五年ま

でに西欧を征服するとの秘密演説をした。（中村勝範「産経新聞」2007.1.24）

ブレジネフはなぜ「一九八五年までに西欧を征服する」と言ったのでしょうか。一九八五年は、一九四五年から始まった四十年荒野路程の最後の年です。ブレジネフの背後のサタンが一九八五年までにやれと命令していたのです。西欧を征服すればサタン側の共産世界の勝利が決定的なものとなるからです。そのためブレジネフは我知らず、そのような命令を発したのです。当時、ソ連のミサイルは西側のミサイルに比べて、総合的に優位にあり、西欧の征服は可能な状況でした。

ソ連のミサイルＳＳ20に対抗すべく、一九七九年十二月、北大西洋条約機構（ＮＡＴＯ）理事会はソ連が一九八三年末までにＳＳ20を撤去しないならば、われわれはＳＳ20に対抗できる米国製パーシングⅡを配備すると決定しました。それに対しソ連は、もしパーシングⅡを西欧に持ち込めば、ＳＳ20は西欧を火の海にすると脅すと同時に、お金とパーシングⅡ導入反対の工作員を多数西欧に投入しました。その時、イギリスのサッチャー首相が敢然と立ち上がり、米国製パーシングⅡの導入を決定しました。

一九八三年、西欧の大都市で次々と数十万人から数百万人を超えるパーシングⅡ導入反対のデモと集会が展開された。ロンドンでも反対集会が燃え上がった。六月九日は英国の総選挙であった。野党である労働党は、サッチャー首相はパーシングⅡを導入しようとしているが、そうなればソ連の核攻撃を避けられないから、ソ連と話し合い、平和共存の道を選ぶと訴えた。サッチャー首相はすかさず切り返した。……サッチャー首相の率いる英国保守党は一九三五年以来、かつてない勝利を博した。英国民も現実的理性的であった。英国についでイタリア、西ドイツにもパーシングⅡは導入された。これらが突破口となり、冷戦は自由主義陣営の勝利へと大きく前進した。（中村勝範「産経新聞」2007.1.24）

一九八三年から八五年までの三年間は、四十年荒野路程の最後の緊迫した期間となりました。カイン側の共産世界は手段を選ばず、共産化の工作を行い、アベル側の民主世界は必死に共産化を防備したのです。特に、一九八三年は、ソ連のミサイルによるＫＡＬ機撃墜、ビルマ（ミャンマー）における全斗煥《チョンドゥファン》韓国大統領一行に対する北朝鮮の爆弾テロ、ベイルートにおける米軍宿舎と仏軍本部に対する特攻テロなど、緊迫した事件が続出していました。

アベル側のリーダーであったのはアメリカのレーガン大統領でした。レーガンは一九八〇年の大統領選で当選しましたが、選挙戦では、最初は現職のカーター大統領が有利でした。人権外交を推進したカーター大統領は、ソ連に対して弱腰であり、その間、ソ連は目覚ましく世界

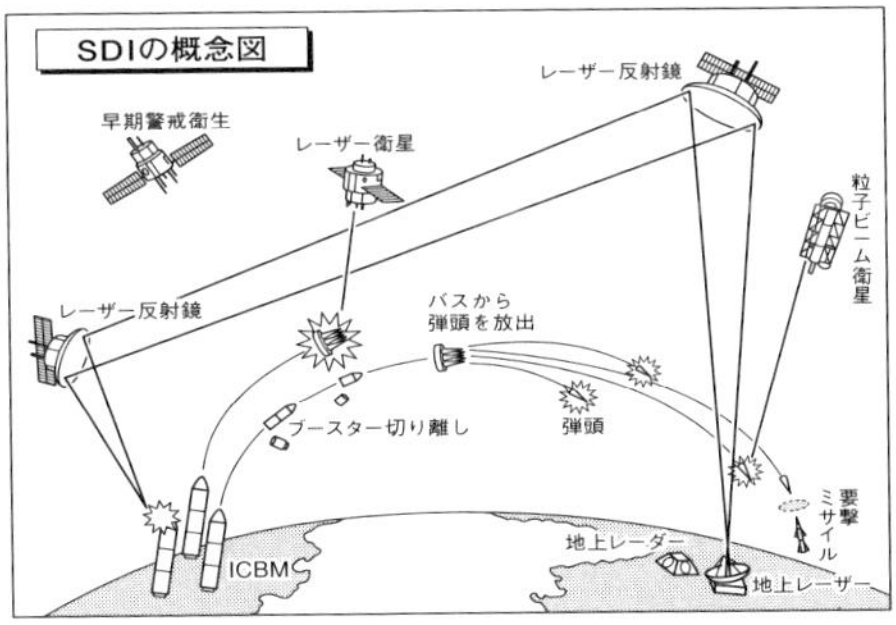


平凡社「世界百科事典」第27巻より

共産化を進めていました。そこで何としても、ソ連に対抗できる強い大統領が必要でした。そこで文先生は「ワシントン・タイムズ」の前身である「ニューズワールド」紙を通じて、レーガンを支援し、強く雄々しくあれ、と激励されました。その結果、レーガンは地滑り的勝利を収めました。

レーガンはソ連を悪の帝国と呼んで、悪の帝国に屈してはならないと強く出てゆきました。一九八三年三月二十三日、レーガンはＳＤＩ（戦略防衛構想）の開発を指示しました。ＳＤＩは宇宙に配備したレーザー衛星によって、ソ連の核ミサイルを撃ち落とすというもので、ＳＤＩが配備されれば、ソ連の大量の核ミサイルも無に帰してしまうという、最高の防御システムでした。

ソ連のリーダーであるアンドロポフ書記長は追い詰められていきました。ソ連はアメリカのＳＤＩに対抗するための技術も経済力もなかったからです。ＳＤＩは攻撃のためのものでなく

INSIDE THE

# KGB

## A DOUBLE AGENT'S TALE

OLEG GORDIEVSKY'S escape to the West in 1985 shook the Kremlin. Gordievsky was not only the KGB's top man in London but had been a British intelligence agent for a decade. He is the most senior Soviet intelligence officer ever to work for the West, and possibly the most influential.

At the time of his flight, the KGB was a vast empire with 400,000 officials, 200,000 border troops and countless informers. Founded as the CHEKA on Dec. 20, 1917, it had evolved through an alphabet soup of designations (GPU, OGPU, NKVD, NKGB, MGB, MVD) to the present *Komitet Gosudarstvennoy Bezopasnosti* (Committee for State Security). For years its emblem was a shield, to defend the Revolution, and a sword, to smite its foes. In a bit of image enhancement, the sword has been dropped. But it will take more than that to erase the KGB's dark record.

On the following pages TIME presents an excerpt from *KGB: The Inside Story*, a history of the agency written, in cooperation with Gordievsky, by Christopher Andrew, an expert on British intelligence. Drawing on Gordievsky's access to the KGB's secret archives, the study offers a unique perspective on the network of Americans who cast their lot with Moscow.

Gordievsky also tells how, in 1983, the world edged closer to apocalypse than at any time since the Cuban missile crisis of 1962. Convinced that the U.S. was preparing a nuclear attack, the KGB mobilized all its resources and, in a search for confirmation, came perilously close to persuading Moscow that war might be imminent. The episode chillingly illuminated the other side of the distorting looking glass through which the superpowers had long regarded each other.

Oleg Gordievsky was a KGB brat. His father and brother both worked for the agency. He began his career in 1962 with the élite First Chief Directorate, which handles all foreign espionage. But the Soviet invasion of Czechoslovakia in 1968 crystallized his growing conviction that the Soviet one-party state was destructive of human liberties. By 1975 he was working with British intelligence.

As a double agent, he continued to thrive within the KGB. In 1980 the FCD's most closely guarded files were opened to him when he worked on a classified history of the unit. Posted to London in 1982, he played a major role in briefing Mikhail Gorbachev on his December 1984 visit. Soon after this, he was named Resident, in charge of all KGB operations in Britain.

Nothing appeared to be unusual when Gordievsky was summoned home next May. But after he arrived in Moscow, he was accused of betrayal, drugged and interrogated. Gordievsky denied everything and won a breathing space.

Despite his constant shadows, he managed to contact British intelligence. He also jogged so regularly that his KGB tails eventually quit huffing after him. At 4 p.m. on Friday, July 19, he left his apartment dressed for running. He never returned. Taking a complicated route he is still keeping secret, he crossed the frontier. For the first time, a KGB officer identified as a Western mole had escaped from the U.S.S.R. Not without cost: to this day, his second wife Leila and their two daughters Anna and Maria are under guard in the U.S.S.R., and Gordievsky still occasionally dons a wig and false beard to thwart attempts on his life.

72　　TIME, OCTOBER 22, 1990

*TIME*, 1990.10.22

て最高の防御装置なのに、脅威を感じたアンドロポフは、アメリカに攻撃されるのではないかというパラノイア（被害妄想）状態に陥っていきました。そして彼は全世界のＫＧＢ（ソ連の秘密警察組織）に「アメリカとＮＡＴＯ軍の動きを監視せよ。もし何か動きがあれば、核戦争が始まる。その時には先制核攻撃をかける」と緊急指令を発したのです。

全世界のＫＧＢの要員たちは、緊張していました。彼らはアメリカが核攻撃を仕掛けてくるとは考えていませんでした。しかし自分たちのリーダーであるアンドロポフが何を仕出かすか分からないと、かえってそのほうが不安であったのです。のちに西側に亡命した、元在英ＫＧＢの最高責任者のオレグ・ゴルジエフスキーはタイム誌に次のような証言を載せています。

一九八三年三月、ＳＤＩ、いわゆる〝宇宙戦争〟が打ち出されたとき、モスクワの中枢において、レーガンは先制核攻撃を考えているという確信が深まった。一九八三年十一月の震えるような数週間の間に、世界は核戦争の奈落の淵にぞっとするほど近づいていた。西側に対するモスクワの妄想（パラノイア）があった。……「西側からの核の脅威」というアンドロポフの終末論的な観点はとても危険なものだった。（*TIME*, 1990.10.22）

一九八三年十一月十四日、米ソのＩＮＦ（中距離核戦力）交渉は決裂し、米ソはヨーロッパでのミサイル配備競争を始めました。そして世界は正に核戦争の奈落の淵にぞっとするほど近づいていたのです。

## ⑽韓国八大都市の全国勝共決起大会

その頃、文先生はシカゴで開催された「科学の統一に関する国際会議」（ＩＣＵＳ）を主宰されていました。会議が終わり、シカゴを発《た》って韓国への帰途に就かれるとき、文先生は世界が危機的状況にあることを霊的に察知されました。そして急遽《きゅうきょ》、韓国八大都市で全国勝共決起大会を開くことを決定されました。そしてこの大会には世界七十二カ国の教授たちが参加しなければならないと指示され、スタッフたちが帰途に就いていた教授たちを追いかけて、「韓国でとても重要な大会がありますから、ぜひ参加してください」と呼びかけました。
教授たちは何のことかよく分かりませんでした。しかし文先生が言われる、そんなに重要な大会であるならばと、多くの教授が故郷に帰らないで韓国に向かいました。大会を開いて何になるかと思われるかもしれませんが、共産主義の背後は悪霊界ですから、大会は霊的な闘いの場になるのです。七十二カ国の教授たちは善なる天使の役割であり、悪霊界と闘うために参加したのです。

シカゴで開催された「科学の統一に関する国際会議」に参加した彼ら（七十二カ国の学会の指導者たち）は、十一月二十九日からシカゴを発って帰途に就きました。先生は十二月三日韓国に向けて出発したのですが、その時空港で指示したのです。それを聞いた時、それらの学者のうち三分の一は、まだ自分の国に到着してもいませんでしたが、先生が北韓の獄中で十二弟子を見つけたのと同じように、信仰をもって韓国まで先生を慕って来た忠実な学者たちでした。（文鮮明1984.1.15, ニューヨーク）（『祝福家庭と理想天国Ⅱ』998）

一九八三年十二月十四日から、韓国の八大都市で全国勝共決起大会が開かれました。この大会には日本から景山哲夫・近畿大学学長や金山政英・元駐韓大使も参加され、その迫力あるス

ピーチで大会の成功に大きく貢献されました。十二月二十三日の日曜日、最後の八番目の大会が光州で開かれました。光州は反体制的な左翼勢力の最も強い所で、サタンは何とか大会を阻止しよう、あわよくば文先生を亡き者にしようとテロリストを配備して狙っていました。ところが開会一時間前に会場が超満員になったために、これ以上は危険だということで、警官が門を閉めてしまいました。間際に侵入しようとしていたテロリストは入場できなくなってしまいました。

八大都市の全国勝共決起大会は無事に勝利しました。その後、ソ連のアンドロポフは体調を崩し、翌年二月九日に死去しました。大変なことになるのではないかと危惧していたKGBの要員たちは、やれやれと胸をなでおろしたというのです。

一九八四年二月のアンドロポフの死後、西側からのいかなる脅威よりも、モスクワ中枢の妄想的な警戒の方を心配していたKGBの要員たちは、アメリカやNATOにたいする、もっと穏かな見解が生まれたことに胸をなで下した。（オレグ・ゴルジエフスキー、TIME 1990.10.22）

既成キリスト教や韓国政府の意に反して、八大都市の全国勝共決起大会は大きな成功を収めました。そしてこの成功は、ソ連のミサイルによるＫＡＬ機撃墜事件や、ビルマのアウンサン廟における全斗煥《チョンドゥファン》韓国大統領一行に対する爆弾テロによって、意気消沈していた韓国国民に希望を与えるものとなりました。

**今回の韓国における勝共大会は、歴史的かつ世界的なものです。これによって共産主義に対する全く新しい方向性が与えられることになったからです。**韓国の既成教会は、レバレンド・ムーンが勝共大会を開催するということを聞いた時、統一教会に反対していた彼らは困ってしまいました。もし反対すれば、人々から「共産主義に賛成するのか」と言われるので、今回ばかりは、レバレンド・ムーンのすることに反対できませんでした。韓国政府も、「この十二月に大会をするなんて大きな誤りだ、大きな体育館を借りたところで、半分はがら空きになるだろう、一万五千名が集まる広場で、千五百名か二千名くらいしか集まらなくて、レバレンド・ムーンは面目を失うだろう」と考えていたのでした。しかし大会が予想外に成功したので、ショックを受けてしまいました。北韓の金日成《キムイルソン》政権を倒して、南北を統一することができるのは、統一教会とレバレンド・ムーンだけだと国民は知っていましたが、それを示すことになりました。

（文鮮明1984.1.15，ニューヨーク）（『祝福家庭と理想天国Ⅱ』999）

それまで韓国国民はＫＡＬ機撃墜事件や、ラングーンでの閣僚爆殺事件によって、意気消沈してどうしていいか分からずにいたのが、レバレンド・ムーンによって希望と目標を与えられ、元気を回復したのです。ソ連と北韓は主体と対象の関係にあり、ＫＡＬ機の撃墜事件は主体であるソ連によって引き起こされました。このようにして二つの国が打ってきたのですが、レバレンド・ムーンが現れて十日間で国民の停滞したムードを変え、最高潮に引き上げてしまいました。また、グレナダにおいても、アメリカの救出作戦によって、共産陣営は西半球でも後退を余儀なくされました。一九八三年の十二月は、これまでの歴史上かつてなく白熱した重要な月となったのです。一九八三年は、一九四五年から一九八五年までの四十年荒野路程の最後の三年間の最初の年ですので、それが終わる時に抵抗を受けるようになっているのです。（文鮮明1984.1.15，ニューヨーク）（『祝福家庭と理想天国Ⅱ』1002～1003）

## (11) 共産主義の終焉を宣言

一九八〇年、アメリカでもＣＡＵＳＡという名前で勝共運動が始まりました。キューバの共産化に続いてニカラグアでも革命が起きて、中米が危なくなっていました。メキシコが共産化されればアメリカの南部の州が危なくなります。そこでＣＡＵＳＡが組織されたのです。一九八〇年の夏、ＣＡＵＳＡのメンバーが韓国に来て、李相軒《イサンホン》氏から統一思想と勝共理論を学びました。その時、ＣＡＵＳＡのリーダーである朴普熙《パクボヒ》氏より、李相軒氏に、アメリカでは学術性、資料性が要求されるので、資料のある勝共理論の教科書を作ってほしいという要請がなされました。それまでの教科書であった『新しい共産主義批判』は情熱にあふれた素晴らしいものでしたが、反共国家の韓国ではマルクス主義の資料を入手することが困難であったために、資料性に欠ける面があったのです。そこで、資料を取り入れた、学術性のある、新しい勝共理論の教科書である『共産主義の終焉』を造ることが決定されました。

　韓国ではマルクス主義の資料を入手することが、困難であったので、日本から資料を提供することになりました。当時、日本はマルクス主義が花盛りで、マルクス主義の本はドイツ語の原書から全て日本語に翻訳されていました。またマルクス主義の学者たちが大学界を支配し、マルクス主義の研究書は山のようにあったのです。日本から資料を提供することになったので、日本語の堪能な李相軒氏は最初、日本語で原稿を書かれました。そして一九八四年二月一日、日本語版の『共産主義の終焉』が発刊されたのです。しかし世界に影響を与えるためには、英語版を出版しなくてはならないということで、日本とアメリカのメンバーが協力して、日本語

版から英訳する作業を行いました。そして一九八五年七月十一日、*The End of Communism* として、英語版が発刊されました。四十年荒野路程の最後の日である八月十五日までに、かろうじて間に合いました。

英訳作業に携わっていたアメリカのメンバーがある時、夢を見ました。野原一面に墓がずらっと並んでいました。墓には鎌とハンマーの印が付いていました。それは共産主義で犠牲になった人たちの墓です。その時、天使が現れて、「共産主義は終わった」という合図のラッパを吹きました。すると墓から一斉に鳩が舞い上がったのです。これは何を意味するかと言えば、映画の「Lord of the Ring」の最後の場面で、善霊たちが悪霊たちと戦ったように、共産主義で犠牲になった人たちが動員されて、悪なる共産主義の霊界と戦うということを意味しています。それを絵にしたのが右の絵です。そこでは鳩が二羽しか描かれていませんが、実際は野原一面に鳩が舞い上がったのです。

一九八〇年代の初め、文先生は銀行口座の利子所得を申告せず、脱税したという嫌疑をかけられ、陪審員による裁判を通じて、偽証罪、共謀罪などで有罪とされて、一九八四年七月二十日、コネティカット州のダンベリー連邦刑務所に収監されました。その本質は文先生の活動を恐れる政府が主導した宗教裁判でした。しかし、文先生はダンベリー刑務所の中からも共産主義との闘いを継続されました。

一九七九年、サンディニスタ民族解放戦線によりニカラグアで革命が成功しましたが、それに対して反政府の民主主義勢力のコントラが革命政府と闘っていました。レーガン政権はコントラの支援をしようとしていましたが、アメリカ議会の反対のためにそれができませんでした。ところが文先生がダンベリー刑務所に収監されていたある日、ニカラグアの事態を解決しなさいという、神様からのメッセージがありました。

以前私がアメリカで監獄に入り、獄中の寝台に一人で横になっていると、神様が訪ねてこられ、信じる者がお前しかいないからニカラグアの事態を解決しろと命令なさいました。神様が訪ねられる人間が私しかいないですか。先進国を代表するというアメリカには二億四千万という国民と数えきれないほど多くの教役者たちがいるけれど、彼らを訪ねることができず、私を訪ねてこられた神様がどんなにあわれであるか見当がつくのです。……世界のために私が仕事をしなかったならば南米は既に廃墟《はいきょ》になったのです。（文鮮明『神様の摂理から見た南北統一』507）

そこで文先生は、自身が創設した「ワシントン・タイムズ」を通じて、コントラ支援を訴えました。その結果、レーガン政権は当初願った援助額の二倍の額の援助をすることが可能になりました。その後、ニカラグアの内戦は一九八八年に停戦となり、国連の監視下で大統領選挙が実施され、民主的な政権交代がなされたのです。

最近のアメリカの歴史においてこれに対する非常に良い例が一つあります。ニカラグアの情勢は、正しい心を持った人々にはあまりにもはっきりしています。アメリカ議会において、コントラに対して千四百万ドルの援助を送ろうという提案がありました。しかし、その少額の援助すらもアメリカ議会が否決した時、何か重大な問題があり、もしそのような状況が放っておかれたならば、アメリカは困難な状況に陥るだろうということが分かっていました。アメリカ議会はその提案を全く否決しましたが、「ワシントン・タイムズ」はそれに対して強く反対の声を上げました。そのために決議がひっくり返されて、コントラは最初の援助額の二倍の額を得ることができるようになりました。（文鮮明1985.8，米国・バークレー）（『御旨と海』416〜17）

ある日、ダンベリー刑務所に文先生を訪ねた世界的に有名な政治学者、モートン・カプラン博士に対して、文先生は「一九八五年八月十五日になる前にソ連の滅亡を宣布しなさい」と命令されました。カプラン博士は、無謀な宣言をして、自分の名声に傷がつくことを恐れ、「それは言い過ぎではありませんか。ソ連崩壊の可能性にしましょう」と提案したところ、文先生はソ連崩壊を宣言しなければならないと強く言われました。

「一九八五年八月十五日になる前にソ連の滅亡を宣布しなさい」と言いました。そして、ジュネーブで教授アカデミーの会議を開催して、三百五十名の世界の学者とソ連研究の専門家を集め、「ソ連は滅亡せざるを得ない」ということを宣布してしまいました。そのような条件を立てなければ、ソ連は降りていくことができません。……私がダンベリーの刑務所にいる時、世界的に有名なモートン・カプラン博士を呼んで、「『ソ連帝国滅亡』と言いなさい」と言いました。……そのように言ったところ「ソ連帝国は滅亡するかもしれない」と、「メイビー（maybe）」にしてはどうかというのです。しかし「駄目だ」と言って追い払ったのです。……宣布をしてあげてこそ共産党が崩壊するのです。（文鮮明『真の御父母様生涯路程⑦』426～28）

かくして八月十五日の直前の一九八五年八月十三日から、スイスのジュネーブで「ソ連帝国の崩壊」をテーマにして、世界平和教授アカデミー主催の国際会議が開かれました。会場となったインターコンチネンタル・ホテルの目の前にソ連大使館があり、ソ連大使館に向かってソ連の崩壊を宣言するという驚くべき会議でありました。

一九八五年には、学術研究誌の *The End of Communism* と雑誌〝World & I〟が発行されましたが、それは正に共産主義ソ連帝国の滅亡を予言する資料でもあったのです。

私は一九八〇年代のはじめから、ソ連帝国の滅亡をテーマとして世界的な学術会議を開くようにと提案してきました。一九八五年に発行された学術研究誌は、共産主義ソ連帝国の滅亡を最初に予言した世界的な資料となりました。（文鮮明1992.8.26，ソウル）（『ファミリー』1992.12，60）

## (12) 冷戦時代の終わりと再臨路程の再出発

一九八三年からの三年間、多くの犠牲を払いながら、ついにアベル側の民主主義陣営の勝利をもって一九八五年八月十五日を迎えました。翌八月十六日、文先生は、四十年荒野路程の勝利宣言である「一勝日」宣布をされました。そして八月二十日、模範囚として六カ月刑期を減刑されて、自由の身となられました。

一九八八年に開催されたソウル・オリンピックにおいて、統一教会の各国の宣教師たちは、その国の選手を支援しました。一九八〇年のモスクワ・オリンピックでは西側諸国が報復ボイコットし、一九八四年のロサンゼルス・オリンピックでは東側諸国が報復ボイコットするという、冷戦を象徴するオリンピックでしたが、ソウル・オリンピックには東西諸国がみな参加して、冷戦時代の終わりを告げるものとなりました。

新約時代が終わる一九四五年から一九五二年までの七年間で、世界は一つになっていました。しかし、キリスト教が反対し、全世界が反対しました。個人、家庭、氏族、民族、国家、世界が一つになって、全世界的に反対したのです。ですから、（再臨のメシヤは）荒野に追い出されて、どん底まで落ちて、再び上がってくるのです。そうして、世界はまた再び世界的なカイン圏とアベル圏として、韓国動乱を中心に共産世界と自由民主世界に分かれる冷戦時代を迎えるのです。この冷戦時代は、一九八八年世界百六十か国が参加したソウル・オリンピックで、韓国と**統一教会を中心にカイン圏とアベル圏が一つになることによって、初めてその結末の糸口を見つけることができました。**（文鮮明1993.1.10,ニューヨーク）（『ファミリー』1993.6,51）

一九八八年、ソウル・オリンピック大会において、彼らはたくさんのメッコールを飲んだのです。また大韓民国の誰にも知られないようにして、私はたくさんのプレゼントをしました。

各国の大使館員を応援してあげたのは、この統一教会の人たちです。一世と二世たちを一つにするために協助したのです。そうすることによって、韓国動乱によって始まった冷戦を、オリンピック大会を中心として終結させたのです。内的な統一教会、内的な宣教師たちと、外的な各国の二世たちが一つになることによって、冷戦時代を終わらせることができたのです。それを条件として、南北韓が国連総会において、同時に加入することができたのです。このようにして、冷戦時代が終わったのです。（文鮮明1993.10.3，ソウル）（『ファミリー』1993.12,32）

ソウル・オリンピック大会後、一九九一年九月十七日に韓国と北朝鮮は国連に同時加入しました。

韓国動乱によって冷戦時代が始まったために、それを統合しなければなりませんでした。それで、国連において同時加入をなして、兄弟の立場に立ったのです。（文鮮明1993.10.3，ソウル）（『ファミリー』1993.12,40）

一九八八年十月三日、文先生は「世界統一国開天日」を宣布されました。その日から共産世界が崩れ始めました。そして一九八九年八月三十一日、アラスカで、円（サークル）を象徴し、そして世界を象徴する八数を神側に復帰するという意義を持つ「八定式」が行われました。人類始祖の堕落以来、サタン側の長子カインが神側の次子アベルを支配し、虐げてきましたが、世界的な次子アベルの立場にある民主世界が、世界的な長子カインの立場にある共産世界を屈服せしめて、民主世界が長子の立場に立つようになるという宣言でした。

皆さん、神様の摂理において八数が定着できませんでした。八数は天でも円であり、地でも円です。「世界統一国開天日」を宣布したのち、最初の年の八月は重要です。重要な八月末に天宙的な定着を発表したということは重要なことなので、これを記憶するよう願います。（文鮮明1989.8.31, アラスカ）（『真の御父母様生涯路程⑨』62）

「八定式」が終わる時までは長子権復帰時代です。しかし今や完全に長子権が天の側に復帰されたので、サタンが反対することのできない世界的頂上圏に上がっていくのです。（文鮮明1989.9.1, アラスカ）（文鮮明『真の御父母様生涯路程⑨』64）

一九八九年十月、東ドイツ建国40周年に当たり、ホーネッカー議長は、「ベルリンの壁は今後とも数十年間、いや百年にもわたり存続するであろう」と叫びました。ところが、およそ四十日後、八定式から七十日後の一九八九年十一月九日、突如として、冷戦の象徴であったベルリンの壁が崩れました。誰も予想できない急激な事態の展開でありました。

一九八九年八月三十一日、アラスカのコディアクで、「八定式」を宣布しました。その時には皆さん自身も、その内容を信じられなかったでしょう。先生が、「今から世界が急変して回る」と言ったときにも、「何、またそうですか」と思ったでしょう。その次に、九月には父母主義を宣布しました。これを一番あとに、世界的な頂上で宣布したのです。「真の父母」主義が、この地上に現れたなら、サタンもなく、今日のような罪悪世界もないのです。それが設定されることによって、サタン世界は後退しなければいけないという結論が出てくるのです。それ以後、一九八九年十一月九日に、ベルリンの壁が崩れたのです。（文鮮明『天聖経』288）

一九八九年十一月九日にベルリンの壁が崩壊してから、世界は、正に改革と変遷、和解と親善に向かって走っています。世界平和の道は、今大きく開かれました（文鮮明1991.8.28）（『南北統一と世界平和』243）

## (13)ゴルバチョフ大統領との会談

文鮮明師は一九七六年のワシントン大会において、モスクワに行くことを宣言されましたが、それが現実のものとなりました。一九九〇年四月十日から十三日まで、第十一回世界言論人会議がモスクワで開かれ、四月十一日、文鮮明師とゴルバチョフ大統領の会談が行われたのです。「文鮮明師、モスクワで世界言論人会議を開催！　ゴルバチョフ大統領と会談！」。この驚くべきニュースは、衛星通信や外電を通じ、一瞬にして全世界を駆け巡りました。かつては勝共の指導者として、ソ連にとっては世界で最も好ましからざる人物とされていた文師が、ゴルバチョフ大統領と会見したという重みを、誰もが知っていたからです。

共産主義イデオロギーが求心力を失い、無政府状態に陥りかねない多民族国家のソ連における改革の成功は、正しい宗教精神に立ち返り、精神復興によって初めて可能になる、と文師は訴えました。人間は、その良心の教えに従うべきであり、新しい思想による改革が必要であると強調されたのです。

金日成《キムイルソン》とゴルバチョフは一九八七年二月にモスクワで「文総裁暗殺計画」を立てていました。したがって、文先生がソ連を訪問するのは命懸けのことでした。

金日成は一九八七年二月にモスクワへ行って、ゴルバチョフ大統領と会い、「文総裁は共産世界崩壊のチャンピオンであり、ソ連帝国の滅亡、共産主義の崩壊を計画している。取り除かなければならない」と話しました。世界で一番悪い者は私だと言うのです。（文鮮明1990.7.1,ソウル）（『ファミリー』1990.10.25）

どれほど文総裁を殺そうとしたでしょうか？　金日成とゴルバチョフが一九八七年二月にモスクワで「文総裁暗殺計画」をして、日本の赤軍派二十五名を先生が持っている米国の別荘に送ろうとしました。……それにもかかわらず暗殺計画をしたゴルバチョフを生かそうと私が訪ねていきました、米国のＣＩＡ（中央情報局）は「文総裁、行ってはだめです。まだ［赤軍派の］菊村事件が起訴もされず、調査中なのに、その親分たちが住んでいて、文総裁の来るのを待っているのですから、そこに行ってはだめです」というのです。

行くか、行かないかは私が決めることで、米国のＣＩＡとＦＢＩ（連邦捜査局）が何の関係があるかといって、死地に一人で飛び込んでいったのです。よくやりましたか、よくやりませんでしたか？ （よくやりました）。死ぬ場所だと分かっていながらも訪ねていったので、ゴルバチョフが一度会ってみようといったのです。そのようなことを知っているので、死亡の峠を越えてゴルバチョフと奥の間で会って、「あなたはこれをするのか、しないのか」と詰め寄ったのです。
（文鮮明1995.1.1，韓国・中央修練所）（『ファミリー』1995.3,27〜28）

文先生はゴルバチョフ氏に、ソ連には精神革命である新しいルネサンスが必要であると説き、共産主義唯物論を放棄し、レーニンの銅像と、マルクスの銅像を撤去するように言いました。

先生はゴルバチョフに、レーニンの銅像と、マルクスの銅像をも撤去するように言いました。共産党の歴史上、そのようなことを言った人物は、レバレンド・ムーンしかいません。ソ連の共産党幹部たちはみな「我々の前で神主義を語るとは、なんと傲慢なことだろう」と騒ぎました。（文鮮明1990.4.30，韓国）（『成約人への道』239）

## (14) 金日成主席との出会い

ソ連崩壊の直前の一九九一年十一月三十日、文先生は突如として北朝鮮を訪れ、十二月六日、

文先生を幾たびか死地に追いやった怨讐である金日成《キムイルソン》主席と歴史的な出会いをしました。旧約聖書にはヤコブとエサウの物語があります。弟ヤコブは神の摂理に従って兄から長子の特権を奪いましたが、そのことで、兄エサウから殺されそうになりました。母の里であるハランの地に逃亡したヤコブは、二十一年の苦労の末に、ハランの地で得た財物をエサウに贈り物として捧げることにより、兄エサウは弟ヤコブを歓迎し、二人は抱き合いました。文先生はヤコブの立場、金日成主席はエサウの立場であり、文先生と金日成主席の出会いは、まさに現代のヤコブとエサウの出会いでありました。

私は去る十一月三十日、天まで届く怨讐《おんしゅう》共産主義の国、北朝鮮を訪問しました。一生を反共勝共でもって生きてきた私が北朝鮮に行ったという報道は、全世界を驚愕《きょうがく》させました。しかし、私は金日成主席の温かい歓迎を受けました。私は彼と熱い抱擁をしました。彼は私を怨讐視した者であり、私を殺そうとした者であり、私を三年間も監獄に閉じ込めた者でした。私はそのような怨讐と抱擁をしたのです。私の心の中に彼が怨讐だという思いがあったならば、これがどうして可能になったでしょうか。私は父母の心情で北朝鮮に行ったのです。**私は父母の心情で金日成主席を抱き抱えたのです。**私は真の愛を実践するために行ったのです。ここには闘争の概念がなく、憐憫《れんびん》の情があるだけであり、与えて与えて、また与えても与え足りない温かい父母の心情があるだけでした。（文鮮明1992.8.20,ソウル）（『ファミリー』1992.12.20）

かつて北朝鮮の監獄で三年近く、拷問と過酷な強制労働を受けられた文先生にとって、金主席は恨みの相手であり、また金主席にとって、勝共運動の推進者であった文師は「悪の頭目」であって、共に相いれない関係にありました。しかし文先生の真意は、金主席と北朝鮮を打倒することではなく、破綻した北の経済を支援しながら南北の平和統一を実現するということでした。そのことを理解した金主席は文師を受け入れたのです。

文師は金主席との会談に先立って、北朝鮮の国会議事堂で「主体思想では南北統一はできない」と述べ、「南北の統一は力によるものや、どちらかが一方的に飲み込むのではなく、頭翼思想、神主義によって、南と北の価値観を統一することによって行われるべきだ」と訴えました。「主体思想を汚すものは死刑および全財産の没収」とされている北朝鮮で、主体思想を批判するということは考えられないことであり、北朝鮮の高官は真っ青になりました。

しかし文師の命懸けの宣言は、金主席を憎むからではなくて、怨讐を許し、兄弟として愛する、真なる愛に基づいたものでありました。そのため金主席は主体思想を批判した文師と会ったのです。その結果、のちに北朝鮮の高官が漏らしたように、「主体思想に穴が開いた」のです。文師の宣言は、完璧な主体思想の中で身動きできなくなっている金主席と北朝鮮の高官たちを解放する役割を果たしたのです。

文師との会談の後、金主席は上機嫌であったといいます。同席した北朝鮮の高官は「主席のあのような姿は初めて見ました。主席の新しい一面を発見した思いです」と語って、会談の成功を喜びました。

文先生は、イエス様がエルサレムに上がっていって、商売人たちを全部、蹴飛ばして引っ繰り返した時と同じように、北朝鮮に行って、王の立場で君臨している金主席と、その思想である主体思想を批判しました。それは正に命懸けの行為でした。

**イエス様がエルサレムに上がっていって、商売人たちを全部、け飛ばして引っ繰り返した時と同じ行動を執らなければならないのです。それは、生命を懸けてすることなのです。北の国会議事堂の万寿台に行って、「金日成の座を差し出せ」って？　考えてもごらんなさい。そのようなことをして戻って来たのです。**（文鮮明1992.1.26，ソウル）（『ファミリー』1992.8，10）

私は北へ行って、一番悪い話から先に語ったのであり、先に良い話をしたのではありません。そのように、生命を投げ出して対決しなければなりません。そうでなければ、根が抜けないのです。私が根を抜いてあげなければなりません。スコップを根の下まで差し込んでやらなければなりません。適当に合わせていては、根の途中を切ってしまうのです。そうなれば、根が再び生き返るのです。

私は、そのように戦ってアメリカを屈服させ、ソ連を屈服させたのです。北韓ともそのように戦ったのです。彼らは文総裁の思想がどんなに偉大であるかよく知っているのです。南北の統一は、共産主義理論をもってもできないし、主体思想をもってもできないということをよく知っているのです。……

「神様はいない」と言っている彼らに、「神様はこのように生きている」と教えて、科学的論理でもつて武装されていた共産主義理論を抜き取ってあげ、その空白を埋めることのできる精神的、思想的、宗教的内容をもって、神様の確証を提示できる理論的な宗教の教理は、この文総裁にしかありません！（文鮮明1992.1.26, ソウル）（『ファミリー』1992.8,23〜25）

文先生と共に北朝鮮を訪れて、金日成主席と会った韓鶴子夫人は次のように語っています。

大韓民国の統一は政治家によってのみ解かれていく問題ではありません。それゆえに、韓半島に絡み合っているこのような天の摂理をよく知っている私の夫、文鮮明総裁は、皆さんがよく御存じのように、一九九一年十二月初め、七日間の北朝鮮訪問を決行し、北朝鮮の統治者金《キム》日成《イルソン》主席と会って韓半島の統一問題に関連した天のみ旨、天命を通告したのです。「『主体思想』では南・北韓を統一することはできない。文総裁が提示する『神主義』と頭翼思想である『統一思想』によってこそ南・北韓が平和的に統一され、全世界を主導することができる統一韓国となる」と説破され、彼らの常套句になっている6・25北侵説に対しても、6・25は、南侵であると正面から激しく反駁したのです。（韓鶴子 1992「理想世界の主役となる女性Ⅱ」）（『真の家庭と世界平和』58）

金日成主席はそのような文先生に対して、文先生は自分よりも腹が大きいと感じて、かえって文先生に魅力を感じたのです。

天下に自分が第一だと思っている金日成主席に、「主体思想とは何か。立場を譲りなさい」と、誰が言えますか。かえってその言葉に魅力を感じているのです。自分が一番だと思っていたの

文鮮明先生御夫妻と金日成主席

に、文総裁は私よりも腹が大きいと思ったのです。……私がソ連に行った時も、ゴルバチョフに一言の称賛もしませんでした。（文鮮明1992.2.5，ソウル）（『祝福』⑮1992，32～33）

その後、金日成主席より「文師と一回会ったけれど、もう一度会いたくなった」という便りがありました。文先生は金日成の親の立場に立ったのです。

今回、金日成と会って帰ってきましたが、金日成といえば私を何回も殺そうとした人物なのです。彼と会うとき、私は少しも怨讐《おんしゅう》であるという気がしませんでした。もし、怨讐ということを考えたならば、彼との間に壁ができてしまいます。ですから、その壁を崩して入っていったのです。

最近、彼から便りがあり、「文師と一回会ったけれど、もう一度会いたくなった」ということです。そんなに敵でありながら、どうして、敵ではない立場に立つことができたのでしょうか。金日成にお父さん、お母さんがいれば、彼がどんなに悪人であっても、許してあげたいというのが親の心です。父母が自分の子供に対して、あらゆることを忘れ、愛の心を持つと、その子供は常に自分の足りなさを感じて反省するようになるのです。そのように、**先生は金日成の親の立場に立ったのです。**（文鮮明1992.1.1，ニューヨーク）（『ファミリー』1992.4.16）

文先生は、十二月七日、北朝鮮からの帰路、北京空港で「北朝鮮から帰って」と題して、次のようなメッセージを発表しました。

私は今回、妻と共に北朝鮮政府の招請を受けて平壌を訪問いたしました。これは、私が北朝鮮を最後にした一九五〇年十二月から、満四十年十カ月ぶりに実現した歴史的機会でした。**私は北朝鮮に対して恨（恨み）が多いといえばだれよりも多い人間です。**私が宗教指導者だという事実と、一貫した反共の信念のため、北朝鮮政府から到底話すことのできないような圧迫を受けた者です。私は到底言い表すことのできない拷問を受けて、三年近くの興南《フンナム》監獄生活で多くの罪なき囚人たちが死んでいくのを見ました。一言で言えば、私が今日、健在だということは一つの驚くべき奇跡であり、ただ神様の特別な加護と恩賜によるものでした。

私は統一教会の創始者として、真の愛の精神で北朝鮮に行ってきました。**真の愛というのは、愛することができないものまでも愛する精神です。**イエス様も「汝の敵を愛せ」と言われたではありませんか。今回、平壌《ピョンヤン》に行った私の心情は、秋の空のように晴れ渡ったものでした。怨讐の家に行くのではなく、私の故郷、私の兄弟の家に行くようでした。**「許せ、愛せ、団結せよ」という私の終生の信条を持って、北朝鮮の地を踏みました。**

私は過去四十年の東西冷戦時代に、誰よりも徹底した反共の指導者であり、「国際勝共連合」の創始者として、半生を勝共闘争にささげてきたことは、世界がみな知っております。しかし、**私の勝共思想は共産主義者を殺す思想ではなく、彼らを生かす思想、すなわち人類救済の思想なのです。**（北京空港での文先生のメッセージ「北朝鮮から帰って」1991.12.7）（『ファミリー』1992.8,76〜77）

文先生は金日成の主体思想には、神がいない、真の愛がないと言って批判されます。

主体思想とは何ですか？　創造性、それから何ですか？　意識性です。それから何ですか？　自主性です。それが神様と何の関係がありますか？　それは相対的概念です。本来、根本自体を解決できる何の内容もありえないのです。**自主性、創造性、意識性、その上にあるのが真の愛です。**（文鮮明2006.3.29，韓国・清平）（『ファミリー』2006.6,7）

ところが金日成の主体思想は、驚くべきことに、外見上、文先生の統一思想によく似ているのです。したがって文先生は、「金日成の思想は神様だけ受け入れるようになれば、完全に我々の思想とぴたっと合う」、と言われます。サタンは神の摂理を先取りして、原理型の非原理世界を造ろうとするから似ているのです。ということは、北朝鮮が神を受け入れるようになれば、金日成《キムイルソン》の主体思想は文先生の統一思想と一つになれるということを意味しているのです。

金日成はいくら韓国の宗教や宗教協議会の人々が来ても相手にしないというのです。いずれ宗教を受け入れるには、彼らの思想体系と最も近いものを受け入れようと考えるのです。**金日成の思想は神様だけ受け入れるようになれば、完全に我々の思想とぴたっと合うのです。**金日成が、「文先生の思想を私たち北側で適用することを許諾しますか、しませんか」と言う時、「私が許諾しなければどうするのですか」と言ったところ、彼が「頼んででもしなければなりません」と言ったのです。このような言葉は真に偉大な言葉です。（文鮮明『真の御父母様の生涯路程⑨』310〜311）

文先生の訪朝の直後、十二月十三日、ソウルで開かれた南北首相会談において、歴史的な合意文書――「南北間の和解と不可侵および交流・協力に関する合意書」と「朝鮮半島非核化共同宣言」――が調印されました。これはベルリンの壁の崩壊に匹敵するほどの劇的な展開でした。

しかしなぜ、突如として、このような事態に至ったのか、大きな謎でした。タス通信のジェービンは「それにしても、不倶戴天《ふぐたいてん》の仇同士をして、これほどまでに過激な、おおかたの観測筋にとっては予想外の妥協に走らしめた原因は、いったいどこにあるのか?」(『私が見た金王朝』文藝春秋、311)と問うています。そしてその結果、「冷戦が人類に残していった最後にして最大の難攻不落のバリケード」(同上、310)が崩壊する兆しを見せたのです。言うまでもなく、文師と金主席との劇的な出会いが、このような南北の歴史的な雪解けをもたらしたのです

## (15)ソ連帝国の崩壊

一九九一年十二月二十五日のクリスマスの日、文先生が宣言されたように、ソ連の崩壊が現実のものとなりました。

ジュネーブは、キリスト教文化圏が、反対を受けながら出発したキリスト教の発生地です。

**……ジュネーブのその講堂は、共産主義の滅亡を宣言した闘いの場です。それ(共産主義の滅亡)**

は夢のような話なので、だれも信じませんでしたが、本当にそのとおりになって世の中が驚いたのです。（文鮮明2006.3.29，清平）（『ファミリー』2006.6，22）

「共産党は、七十三年間が過ぎれば滅びる」と言ったのですが、そのとおりになりました、共産党が滅びる五年前に、「スイスで世界のあらゆる学者たちを招集して、ソ連帝国滅亡宣布をしなさい！」と言うと「気が狂った」と言われました。ソ連帝国を研究する学者や博士たちが、「どんなに考えてもそれはあり得ないことなので、レバレンド・ムーン（文牧師）、あなたはなぜ、そのように言うのですか？　どうか、そのように言わずに、『そうかもしれない』という話にしてください」と言って、二回もやってきました。「五年内に共産党が滅びれば、どうしますか？」と言ったのですが、実際、五年以内に滅んでしまいました。（文鮮明1997.3.10，清平）（『ファミリー』1997.5，25）

私は、（ゴルバチョフに）「マルクス・レーニン主義は終わった。レーニンの銅像を撤去せよ」と言ったのです。……虎の穴ではなく、虎の口であっても入って行かなければなりません。断固として、神様の御名と共にモスクワに行って、ソ連が行くべき方向を完全に引っ繰り返して来たのです。それから一年半たって共産党は消え去りました。（文鮮明1992.1.26，ソウル）（『ファ

ミリー』1992.8.9)

文先生は、一九九二年八月二十二日、ソウルで開かれた第十二回世界言論人会議において、ソ連崩壊に「ワシントン・タイムズ」が果たした役割を強調して、次のように語りました。

ついに共産圏は一九八九年十一月九日、ベルリンの壁の崩壊とともに音をたてて崩れ去り、一九九一年十二月二十五日のクリスマスの日を期して、七十四年間世界を恐怖のるつぼに追い込んだ無神論に立脚した共産主義帝国[ソ連]は、ついに地上から完全に消滅してしまいました。私は「ワシントン・タイムズ」がこの仕事のすべてをやったとは思いません。これは神様の摂理の歴史の中であるべき必然的結果なのです。しかし神様も、地上のことはすべて人間を通してなされるのです。**私は「ワシントン・タイムズ」が共産主義の終焉をもたらすことにおいて、決定的な役割を果たしたということに、寸毫の疑いも持ちません。**(文鮮明1992.8.22,ソウル)(『ファミリー』1992.12.16)

二十世紀の世界を震撼《しんかん》させた共産主義のソ連帝国が、ほとんど犠牲者を出すことなく、まるで幻のように消えていきました。これは正に二十世紀最大の謎でありました。評論家の佐伯彰一氏は、レーガン大統領の「スター・ウォーズ」計画（ＳＤＩ）が決定的な役割を果たしたのではないかと言っています。

私としてこれぞ「最大のナゾ」と声を大にして言いたいのは、「米ソ冷戦」が、ついに「ホット・ウォー」に至ることなく、決着がついたのは、いったい何故か、どうしてか？ という問題だ。第二次大戦後、ほとんど間もなく始まった米ソの対立は、見る見るうちに険しさを増して、「冷たい戦争（コールド・ウォー）」という呼び名が、忽ち広く通用するに至った。……いつ何時これが発火して、「熱い戦争（ホット・ウォー）」になり変わっても不思議はないとさえ思われた。

今からふり返ると、このレーガン流の奇手こそが、ソ連体制の息の根をとめる上で、思わぬ大役を果たしたのでは？ という気がしてならぬ。……レーガンのこの少々トッピすぎる「スター・ウォーズ」計画が、いわばとどめの一撃の役割を果たしたのではなかったろうか？ ……これをしも余りに奇想天外な愚答といわれるならば、ではソ連体制は、何故あぁもアッケなくほとんど一気に崩壊したのか？ 別の見事な解答をお示し願いたいものだ。（佐伯彰一「産経新聞」1997.12.30）

元ゴルバチョフ大統領首席顧問であったアレクサンドル・ヤコブレフは、ソ連の崩壊は一九八五年に始まったプロセスの帰結であったと言います。そして彼は、それが何によってもたらされたのかと問いながら、ゴルバチョフが成したのか、サハロフやソルジェニーツィンのようなインテリゲンチャがソ連を告発したためか、あるいはデモン（サタン、悪魔）のなせる業かと、問うています。

一九八五年以前には、議会制共和国、議会型政権など考えることすらできなかった。複数政党制度など問題外だった。帝国の崩壊などありえないことだった。……冷戦が終り、核超大国の対決が消えた。これは全て奇跡でも魔術でもなく、一九八五年に始まったプロセスの帰結だった。さて、そこで問うて見たい。ゴルバチョフ、あるいはその他誰でもよい。今や勝利者や英雄を気取りたい人間が五万と出ているが、その誰でもよい。その人間にこれ以上のことが果たして可能だったのだろうか？……だが、我が国のみならず全世界にとって新しい歴史的な時代が一九八五年に始まったことはまぎれもない事実なのだ。……だが、その急変それ自体がいったいなにによってもたらされたのかを問うてみてもよいのではないか？　デモンのなせる業だったのか？　魔力か？　それとも言論発表の自由のなさを嘆くインテリゲンチャのため息によってだったのか？（『歴史の幻影』日本経済新聞社、29〜30）

ヤコブレフはソ連の高官でありましたから、ソ連が崩壊したのは悪魔の仕業のように思われたのかもしれません。しかしそうではありません。神様と真の父母様（文先生御夫妻）がなされたみ業でありました。もちろん、サッチャー首相、レーガン大統領、ゴルバチョフ、そしてレーガン大統領を支えた日本の中曽根首相などが、大きな貢献をしたことは事実です。しかし彼らの背後にあって、彼らを導いたのは神様と文鮮明先生でありました。歴史はやがてそのことを明らかにすることでしょう。

かくしてソ連は崩壊し、冷戦は終結しました。そして一九九二年、ソ連崩壊後、歴史は新たな出発をすることになりました。

## (16) メシヤ宣言

一九九二年八月二十四日、文先生は世界の政治家、教授、言論人、宗教者などのＶＩＰを前にして、「私と私の妻、韓鶴子総裁は人類の真の父母であり、救世主、再臨主、メシヤでありま す」とメシヤ宣言をされました。統一教会のメンバーはそれ以前から文先生をメシヤとして受け入れていましたが、一般には、文先生はレバレンド・ムーン（文牧師）と呼ばれていました。

しかし、一九九二年、文先生は再臨主として公的に出発されたのです。

私は、今年七月初め、韓国の五大都市で開催された世界平和女性連合指導者大会において、**私と私の妻、韓鶴子総裁は人類の真の父母であり、救世主、再臨主、メシヤであることを宣言いたしました。**では、なぜ私が韓国の女性指導者たちを前にして、このような畏くも驚くべき発表をするようになったのでしょうか？　それは、人類の歴史を罪悪に染めたサタン・悪魔によって、人類の母となるべき女性であるエバが堕落したために、神様はサタン屈服させる第二の完成したアダムとしてメシヤを送られ、全女性を代表する完成したエバを探される摂理があるからです。また女性たちは、家庭を守る愛と平和と奉仕の中心であります。世界平和もその出発の起源は、健全な家庭でなければなりません。メシヤの存在を宣布した私の最も中心となる教えは、神を中心とした家庭倫理の確立と二世の教育問題にあります。家庭は汚れきったこの世界を浄化する聖所なのです。したがって、私はメシヤとして、私の妻であり、完成したエバの立場にある韓鶴子総裁を中心とした女性指導者たちに、このような宣言をしなければならなかったのです。（文鮮明1992.8.24,ソウル）（『ファミリー』1992.12,39）

一九九三年一月一日、成約元年が宣布されました。イエス様以後の新約時代が終わり、再臨主を中心とした成約時代となったのです。一九五四年五月一日、統一教会が創立されて四十年後の一九九四年五月一日、統一教会の使命が終わったと語られ、一九九七年五月一日、韓国において、正式に統一教会から世界平和統一家庭連合に移行しました。同時に、やがて宗教の使命が終わることも語られました。

**世界基督教統一神霊協会の使命が終わることによって、宗教の使命は終わり、救いを必要としない、人類史上初めて宗教を必要としない新時代に入るのです。**家庭連合は家庭を理想家庭にすることによって、神様の創造理想を復帰完成して天的理想世界を立てるものです。

（文鮮明『成約人への道』307）

二〇〇〇年八月十八日、ニューヨークの国連本部第二会議場で開催された世界平和超宗教超国家連合（ＩＩＦＷＰ）主催のアセンブリ２０００の開会総会の祝賀晩餐会の席上で、文先生は「国境線撤廃と世界平和」と題して、講演され、国境線撤廃を宣言されました。

ところで、私たちが記憶すべきことは、国境線の主人がだれであるかというと、それが神様ではないという事実です。**国境をつくり始めた主人はサタンなのです。国境のある所には、必**

ずサタンが潜んでいるということを知らなければなりません。悪魔と悪魔の実体が潜んでいるというのです。東洋と西洋についても、文明圏を中心として、互いに大きな国境線ができていますが、そこにだれが潜んでいるのかというと、悪魔が潜んでいるというのです。

文化の背景、伝統の背景、人種の差別、このようなあらゆる種類の差別をつくって国境線をつくったのは、神様ではありません。神様が願われるのは、統一の世界です。すなわち、一つの世界なのです。その世界は、国境のない世界です。（文鮮明2000.8.18,ニューヨーク）（『ファミリー』2000.10,32〜33）

サタンが国境をたくさんつくる大王であるならば、神様は国境をなくすための大王です。すなわち、神様は国境を最も嫌われる大王陛下であられるということです。（文鮮明2000.8.18,ニューヨーク）（『ファミリー』2000.10,34）

国境撤廃にも国連の国境撤廃、宗教の国境撤廃、民族の国境撤廃、地獄と天国の国境撤廃があります。また、撤廃するにおいては、偽りの父母がそれをつくったので、真の父母以外にはそれを成す人はいない、というのが事実です。神様もできず、サタンもできません。

サタンと神様が闘う戦争をだれが止めることができるのでしょうか？　それは、偽りの父母がそのようにさせたので、ひとえに人類の真の父母として来られたかただけが、このことを成すことができるのです。（文鮮明2000.8.18，ニューヨーク）（『ファミリー』2000.10,40）

さらに文先生は、二〇〇〇年十二月三日、地獄撤廃と楽園撤廃という、途方もない宣言をなされました。今日まで、悪を成敗して、地獄へ行けと叫んだ人は数多くいましたが、地獄よ無くなれ、と叫んだ人は誰もいません。そして楽園もなくなり、みな天国になれという、驚くべき宣言でありました。

二〇〇〇年十二月三日、先生が原理原則を中心として、地獄撤廃と楽園撤廃という、とてつもない宣言をしたのです。……教派はありません。仏教、儒教、イスラム教、キリスト教、すべて解体です。霊界は解体されました。……地獄にいる人たちも、天国に行くことができる門が開かれました。（文鮮明2001.1.1，韓国・清平）（『ファミリー』2001.2,69）

## (17) 神様の王権樹立と天一国時代の到来

一九六八年一月十三日、韓国で国際勝共連合が創設され、サタン主権との闘いが始まりました。それから三十三年後の二〇〇一年一月十三日、神様王権即位式が挙行されました。すなわち、サタン主権に対抗する神主権が樹立されたのです。韓鶴子《ハンハクチャ》夫人は次のように語りました。

真の父母様は、生涯を通して、人類歴史を全体的に復帰する蕩減条件を払われ、自然屈伏させた基盤のうえで、二〇〇一年一月十三日、ついに「神様王権即位式」を奉献されました。そして、神様の祖国、天一国を取り戻し、その土台のうえで、「天地父母統一安着生活圏大会」を通して、新天、新地の本然の世界を安着させせました。そして、「天上・地上和合統一大会」を通して、天地父母様を中心として、霊界と肉界が一つになり、創造理想が結実しました。(韓鶴子2003.2.5, 清心病院奉献式)(『祝福家庭』㉘ 2003,12)

二〇〇一年十一月十五日、「天宙平和統一国」(天一国)を創建することが宣布され、天一国時代となりました。天宙の天は天上(霊界)を、宙は地上を意味します。したがって天宙平和統一国とは、天上と地上の天国をいうのです。

二〇〇四年五月五日、五数で表されるアベル世界と、もう一方の五数で表されるカイン世界を一つにする雙合十勝日が宣布されました。そしてそれまでの人類歴史は対立と闘争の「先天時代」でしたが、これから平和と統一の「後天時代」が出発することが宣布されました。

ところで今日、既存の国連（ＵＮ）は共産主義国家等の横暴によって、神の摂理に支障となり、カイン的ＵＮとなっています。そこで文先生は、二〇〇五年九月十二日、アベル的なＵＮの役割を果たすために、ニューヨークにて天宙平和連合（ＵＰＦ）を創設されました。

皆様、二〇〇五年九月十二日には、神様の摂理史を花咲かせる「天宙平和連合」（ＵＰＦ）の創設を満天下に宣布しました。「天宙平和連合」は、今から後天時代のアベルＵＮ的役割を果たすことでしょう。カイン格の既存のＵＮの更新とともに、世界各地において、私の教えである「天父主義」、すなわち真の愛・真の家庭主義を伝授されて走っている、数百万の平和大使たちを動員し、「神様のもとの人類一家族」である天命を必ず完遂しなければなりません。（文鮮2007.9.23, ニューヨーク）（『ファミリー』2007.11,18〜19）

二〇〇七年九月二十三日、ニューヨーク、マンハッタンセンターで「平和ＵＮ」創設大会が開かれました。「平和ＵＮ」は既存のカインＵＮを神の摂理の方向へ導くためのアベルＵＮです。世界百九十四の国と地域の代表が参加しました。

神の摂理は天暦四年一月十三日（陽暦、二〇一三年二月二十二日）をＤ－デイとして定め、天一国の創建を目指しています（陰暦を主体として、二〇一〇年から天暦が定められました）。ところが、中国、ロシア、イスラム圏などの独裁国家が再びカイン圏を形成し、韓国、日本、アメリカを軸とする民主主義の環太平洋諸国からなるアベル圏と対峙し、第二次冷戦というべき、新冷戦が展開しています。特に世界第二の経済大国となった中国の急速な軍備増強は、アベル圏にとって大きな脅威となっています。

このような状況のもとで、日韓が一つになって、アメリカと連合し、さらに太平洋圏の島嶼国が連合して、好戦的な独裁国家、中国、ロシアの脅威を阻止しなくてはなりません。文先生は「神様のみ旨から見た環太平洋時代の史観――アメリカを中心とするUNと自由世界の方向――」と題して、次のように語っています。

**人類の未来が、韓国と日本、そしてアメリカを中心とする環太平洋圏の保全にかかっています。**……皆様、昨今の世界情勢を冷徹に分析してみてください。共産主義の仮面を脱いだと言いますが、今も中国やロシアのような周辺の好戦的な強大国は、虎視眈々と力のない小さな島嶼《とうしょ》国を狙っています。どの国家でも、小さな島嶼国としては、単独でこの強大国の政治、経済、軍事的攻勢にはかなわないでしょう。彼らがその気になれば、一日でも無血占領を敢行できる力を持っているのです。……怒涛のごとく押し寄せてくる周辺の強大国の途方もない津波を、独りでは阻止することができません。……赤道を中心に置き、南北に散在している太平洋圏の小さな島嶼国はもちろん、日本、台湾、フィリピン、インドネシア、ソロモン群島、オーストラリア、ニュージーランドなど、すべての国家が、一つの国のように協約を結んで連合戦線を広げ、人類の平和と安定を保証してくれる太平洋を守らなければなりません。（文鮮明2007.9.23，ニューヨーク）（『平和神経』276〜78）

そしてアベル圏が再び勝利すれば、中国、ロシアやイスラム圏などの独裁国家も民主化され、やがて「神の下での人類一家族」（One Family under God）の統一世界が実現するというのが、神の摂理であります。文先生御夫妻はその実現に向けて日夜、全身全霊を注いでおられるのです。

# II

# 共産主義の悲劇

カール・マルクスは、一八一八年五月五日、ユダヤ教のラビの家庭に生まれました。当時、ドイツは統一国家ではなくて、連邦国家でしたが、その中の強国プロイセン（英語ではプロシア）は東西に分かれていました。カール・マルクスは、西側のフランスと国境を接している、ライン地方のトリール市に生まれました。

## 一　思想成立の条件

思想の成立は次頁の四位基台構造で説明されます。すなわち、理想社会の実現という目的のもとで、主体的条件と対象的条件が作用することにより、一つの思想が成立するのです。対象的条件は家庭環境、社会環境、思想環境などの環境を言い、主体的条件は思想家の心理を言います。したがって、マルクス主義の成立にはマルクスの心理が決定的な影響を及ぼしているのであり、マルクス主義の分析にはマルクスの心理の分析が必須のものとなります。

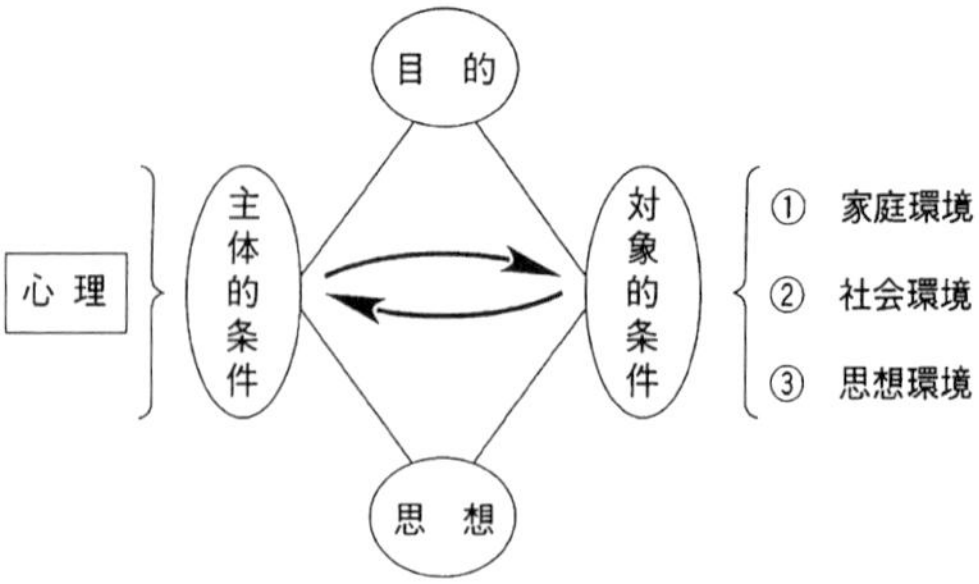


まず家庭環境ですが、マルクス一家はユダヤ人の家庭です。当時、ドイツ人はユダヤ人が社会に進出してくることを恐れていました。そこでプロシア政府は、キリスト教徒以外は公職につけないという、ユダヤ教徒を公職から排除する条例を作りました。カールの父は弁護士でしたが、彼はユダヤ教よりも、むしろフランス革命の啓蒙思想を信奉し、自由主義、進歩主義的な考えを持っていました。ユダヤ教徒では弁護士ができないために、彼はユダヤ教徒の誇りを捨てて、キリスト教に改宗しました。名前もユダヤ人固有の旧名ヘッシェルからドイツ人らしい、ハインリッヒに変えました。一方、母ヘンリエッテ・マルクスは厳格なユダヤ教徒であり、改宗に反対していましたが、父は七人の子供たちをキリスト教徒にしてしまいました。かくして幼いカール・マルクスはキリスト教徒として育ったのです。母も、最後はやむなくキリスト教に改宗しましたが、夫の死後は再びユダヤ教に戻っています。キリスト教に改宗したマルクス一家でありましたが、プロシア社会からはユダヤ人として差別され、ユダヤ社会からは裏切り者と

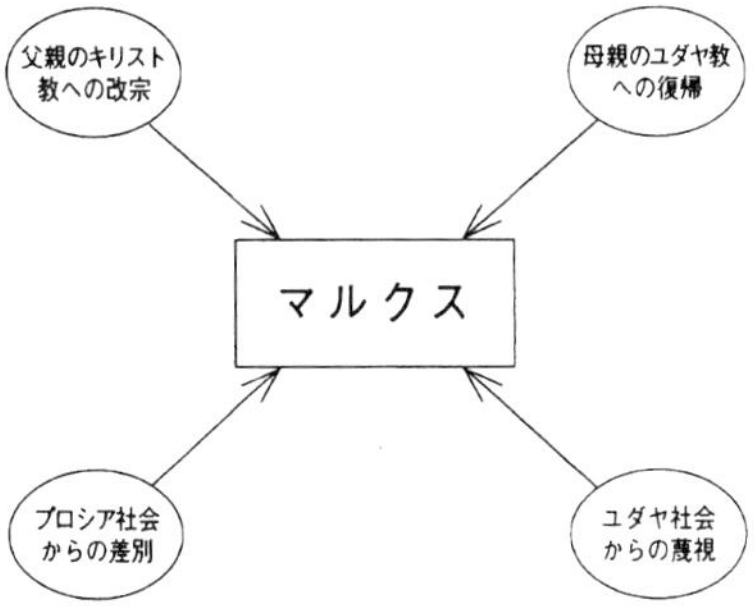


して蔑視されていました。マルクス一家は四面楚歌の状態でした。

次は社会環境ですが、十八世紀末、フランス革命が起きて、王制を倒し、自由の旗が翻りました。ところがフランス革命はロベスピエールの独裁による恐怖政治になり、やがてクーデターにより恐怖政治に終止符が打たれました。その後、ナポレオンが登場して、ヨーロッパの国王たちを倒して、自由の旗を翻しましたが、ナポレオンも独裁者になり、倒れていきました。それと同時に、国王たちが勢力を盛り返して、メッテルニヒ主導の自由主義運動の弾圧が行われるようになり、各地で保守勢力と自由主義勢力との衝突が繰り広げられていました。

イギリスでは、十八世紀後半から産業革命が起こり、ドイツ・ライン地方にもその影響が及んでいました。そして資本主義の興隆とともに、資本家の労働者に対する搾取と酷使がひどく、失業、飢餓、疾病、社会的犯罪などの惨状がしばしば繰り広げられていました。

思想環境としては、カール・マルクスに影響を与えたのは、一つはフランス革命を導いた啓蒙思想です。なかでもルソーがマルクスに大きな影響を与えました。もう一つは、ヘーゲルの観念弁証法であり、それがマルクスに決定的な影響を及ぼしたのです。マルクスに影響を及ぼしたヘーゲル的要素は「矛盾による発展」、「自由の実現」、「理想世界の必然的到来」などでした。

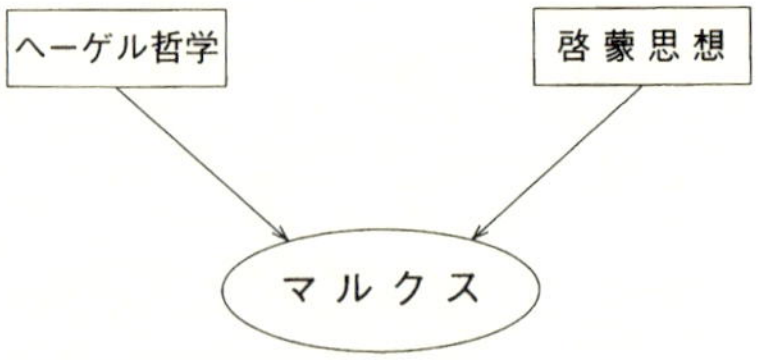


このような環境のもとで、カール・マルクスの思想が形成されていきましたが、彼の思想形成の決定的要因となったのは、彼の心理でした。

当時、ユダヤ人の子供たちはドイツ人の子供たちからいじめられていたので、小学校に通わない場合も多くありました。カール・マルクスも小学校に通った形跡がありません。家に閉じこもって、家庭教師による教育を受けていたのではないかと推察されます。したがって、幼少年期の彼の心理は、孤独感、疎外感、劣等感、屈辱感、敗北感に満ちていました。もし彼が精神的に弱い人間であったら、一生、内にこもった人生を送ったに違いありません。しかし彼は強力な精神力を持っていました。そして、青年期に至ると、彼の中で、反抗心、復讐《ふくしゅう》心、憎悪心が燃え上がっていきました。

ユダヤ人を迫害するプロシア政府に対して、そして宗教ゆえに差別や迫害が生じていることから、キリスト教に対しても、ユダヤ教に対しても、憎しみを抱くようになります。そして大学生になってから、彼の書いた論文や詩の中には、憎しみとか、復讐という言葉が、あちこちにちりばめられるようになりました。

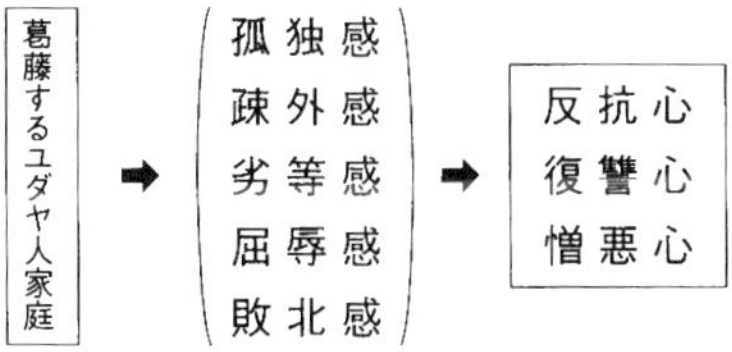


## 青年マルクスの心理

「神の世界は皆なくなっても、復讐だけ残っている。……高い所に君臨しているあの者に復讐したい」（絶望者の祈り　一八三七年）
「すべての神々を私は憎む」（学位論文　一八四一年）

しかしマルクスの心が、復讐心、憎悪心で一色であったわけではありません。もう一方で、彼の心には、神を求める良心の叫びがあり、二つの心が葛藤していたのです。それは、彼の書いた論文や、父との間に通わされた手紙の中にその事情を知ることができます。

カール・マルクスのギムナジウム時代の論文（十七歳）には、聖書のヨハネ福音書を題材として次のように書かれています。これがあの反神論者のマルクスの言葉かと驚かされます。

こうして、キリストとの合一は、内心の高揚、苦しみのなかのなぐさめ、安らかな確信を与え、また名誉心からでもなく、ただキリストのためにのみ、人間愛に対して、あらゆる高貴なもの、あらゆる偉大なものに対して、開かれる心をあたえてくれる。

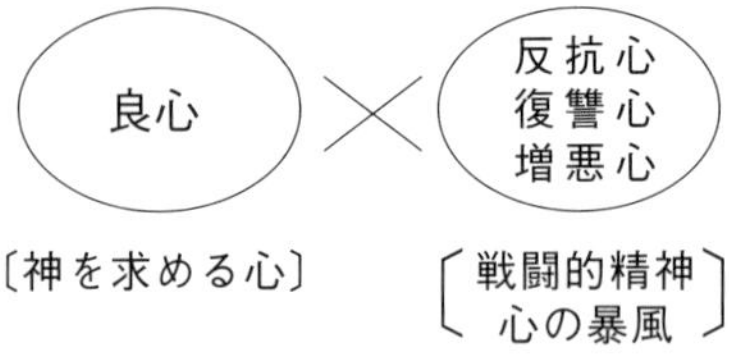


やがてカールは家族のもとを離れて、ボン大学を経てベルリン大学で学びましたが、カールは父を尊敬し、父との関係は良好でした。そしてカールは自分が書いた論文や詩を書き写しては、父に送っていました。その中には、憎しみとか、復讐など、激烈な言葉がちりばめられていました。驚いた父は、カールに、おまえの「心の暴風」を抑えるように忠告しています。

### 父からカールへ（十八歳）

私が今後おまえに頼みたい、心からお願いしたいのは、おまえには基本的に天分があり、形式がまだ滑らかでないだけなのだから、落ち着きをたもち、これらの暴風をおさえて静けさこそふさわしく、またそれを必要としている人の胸にも、この嵐を起こさせないようにすることだ。

それに対してカールは、私の感情が「戦闘的精神」に打ち負かされているように見えるのをお許しください、と弁解しています。そして、病気で臥している父に、「いとしき、永遠に愛する父上よ、すっかり回復してください」と、お見舞いの言葉を送っています。カール・マルクスにも、驚くべき好青年の一面がありました。

## カールから父へ（十九歳）

願わくはいとしき、永遠に愛する父上よ。あなたもまた、さまざまに揺らぐ私の気持のありかたをお察しくださって、感情が戦闘的精神にうち負かされて、たびたび道を迷ったかにみえるのをお許しくださるように。そして父上がまもなくまたすっかり回復されて、私自身、あなたを私の胸にだきしめて、思いのたけを打ち明けることができますように！

ところが、カールは相変わらず、激烈な文章を書いては、父に送っていました。父は息子が悪霊に取りつかれて、取り留めもないことを考えているのではないか、と心配していました。そして、もうこんなものは送らないでくれ、と息子を諌めていました。

## 父からカールへ（十九歳）

私は正直なところこんなものを受けとるよりは、むしろ追っ払いたいくらいだ。それは、愚劣な駄作で、たんにおまえがおまえの天分を浪費し、幾晩も徹夜して化け者をうみだしていること、またおまえが新しい妖怪どものまねをしていることをしめすだけだ。

カールがベルリン大学で学んでいる間、敬愛する父が亡くなりました。そして、カールの心を諌める人がいなくなってしまいました。やがてカールはベルリン大学を卒業し、イェーナ大学哲学部で博士の学位を受けて、社会に出ていきました。そこで彼は三次にわたって、追いつめられる事態に直面しました。一次、二次の時には、怒りに身を震わせながら、怒りを収めて、行く道を方向転換していきました。しかし、三次の時には、怒りを爆発させて、憎悪心、復讐心に身を任せてしまいます。そこから暴力革命のマルクス主義が形成されていったのです。

## 二　初期マルクスの思想の変遷

### ⑴ 第一の心理的撃発（一八四一年夏）

カール・マルクスはベルリン大学でヘーゲル哲学を学びましたが、ヘーゲル学派は右派と左派に分かれていました。ヘーゲル哲学とは、観念と観念の矛盾を通じて、神の言であるロゴスが自己発展し、最後は全く矛盾のない、自由な絶対精神に戻るという観念弁証法ですが、ヘーゲル右派は、ロゴスに導かれて社会は発展していくのだから、プロシアはこのままで、まもなく矛盾のない自由な理性国家になるという、保守派でした。他方、ヘーゲル左派は、ロゴスのような神秘的なものは認められないとしてこれを否定し、唯物論の立場から、物質的矛盾を通じて社会は発展しているが、その都度、矛盾を解決していくことによって次第に理性国家になると主張する改革派でした。左派の中心人物が、ブルーノ・バウアーであり、カール・マルクスはそのもとにいました。

ブルーノ・バウアーはボン大学の講師でしたが、まもなく教授に任命されることになっていました。マルクスは彼のもとで将来、教授の道が開かれると期待していました。そして教壇から、ヘーゲル哲学の目標である自由の実現を目指して、社会を変革しようと考えていました。

ところが、自由主義者の文部大臣が死去し、保守的な人物がその後を継ぐと事態は一変しました。ブルーノ・バウアーを教授に任命しないのみならず、大学から追放してしまいました。それと同時に、マルクスの大学教授の道も挫折したのです。一八四一年の夏のことでした。

マルクスは憤懣やるかたない思いでしたが、怒りを収めて、大学教授の道が駄目なら、別の道を行こうとして選んだのが、言論人（ジャーナリスト）の道です。これがマルクスの第一の撃発ですが、「撃発」とは、心理的な爆発が「引き金」となって、新しい段階に飛躍していくことを言います。

### (2) 第二の心理的撃発（一八四三年三月）

一八四二年、マルクスは当時発行されたばかりの「ライン新聞」に寄稿を始めましたが、やがてその才能を認められて、編集長に抜擢されました。彼は、言論の力によって政府の誤りを正しながら、社会を変革し、ヘーゲル哲学の理念である自由の実現を達成しようと考えました。したがって、この時には、政府を打倒するという考えはありませんでした。ところが、一八四三年三月、プロシア政府がライン新聞を反体制の危険な新聞とみなして、発行禁止にしてしまい、それと同時に、マルクスは編集長の地位を失いました。彼は憤懣やるかたない思いでしたが、再び怒りを収めて、言論人（ジャーナリスト）の道が駄目なら、別の道を行こうとして選んだのが、フリーの思想家としての市民運動の道です。

ヘーゲル哲学の限界を感じたマルクスは、フランスで生まれている新しい思想である、社会主義、共産主義を学ばなければならないと考えて、一八四三年十月、新婚早々のイェニーと共に、パリに向かいました。当時のマルクスは、社会主義や共産主義思想に対して全く無知でした。したがって、共産主義思想はマスクスが一人で築いたものではなかったのです。

マルクスが母と姉の反対を押し切って、ドイツの貴族の娘イェニーと結婚したために、母はマルクスへの遺産分配を拒絶しました。そこからマルクスの私有財産への反感も生じました。

### (3) 第三の心理的撃発（一九四五年二月）

パリでマルクスは新しい思想を吸収していきました。また、ドイツ・フランスに共通した『独仏年誌』を発刊する一方、ドイツ語新聞やニューヨーク・トリビューンなどに寄稿していました。ところが、プロシア政府の圧力を受けたフランス政府により、パリからの強制退去命令を受けて、一八四五年二月、ブリュッセルに亡命しました。パリに亡命した時は、自らの意志で、希望を抱きながら出発しましたが、パリから追放された時は、意志に反して、力づくで追い出されたのです。ブリュッセルでは、政治的な言論を禁じられたため、言論による収入の道が閉ざされ、経済的にも追い詰められました。母に助けを求めても、一切応じてくれませんでした。そのマルクスの窮地を救ってくれたのが友人のエンゲルスでした。

パリからの強制的な追放により、マルクスの怒りは爆発することになりました。そして、この第三の心理的撃発を契機として、マルクスは過激な思想家、革命家に変身していったのです。

## 三　人間疎外の構造

パリ時代のマルクスは、資本家が労働者を搾取しているとして、疎外の構造を研究しました。「搾取」とは、労働者から奪い取ること、しぼり取ることを言い、「疎外」とは、本来、労働者のものであったものが、資本家によって奪われて、よそよそしくなり、かえって労働者に対立するようになることを言います。マルクスは、『経済学・哲学草稿』（1844. 4～8）の中で、疎外の構造を次の四点にまとめています。

### (1) 労働者からの労働生産物の疎外

労働生産物（商品）は労働者が生産したものだから、本来、労働者のものなのに、資本家に奪われて、資本家の私有財産になっている。そしてそれが、お金に換えられて資本となっていると言います。

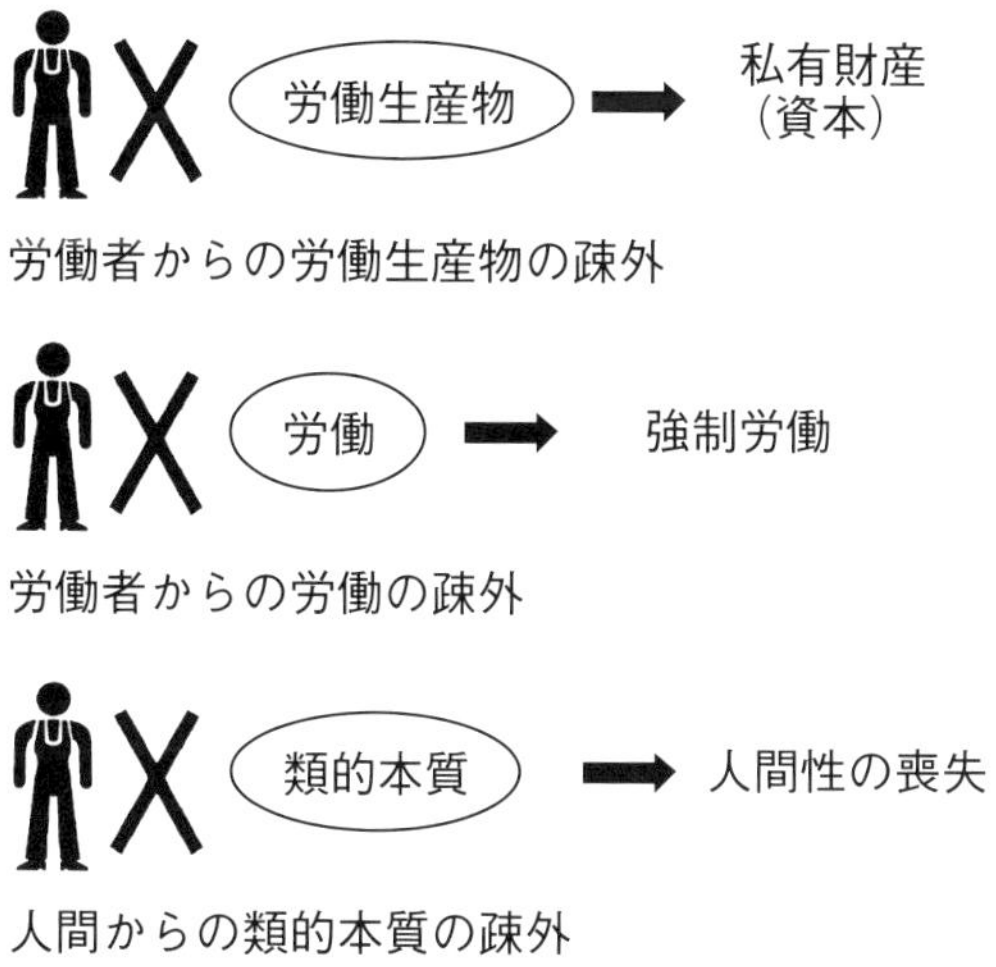


## (2) 労働者からの労働の疎外

本来、労働は労働者が自ら進んで喜びながら行うものであるが、資本家によって長時間の強制労働を課せられているとして、これを労働者からの労働の疎外と言います。

## (3) 人間からの類的本質の疎外

類的本質（人間の本質）は自由な生産活動であり、自由な創造活動である。しかるに、資本家は労働しないで奪う人であるから、自ら類的本質を喪失しており、労働者は強制労働を課せられているために自由な生産活動ができない。すなわち、類的本質を奪われていると言います。かくして、すべての人間から類的本質が疎外されていると言います。

### ⑷ 人間からの人間の疎外

人間は本来、互いに助け合うようになっている。ところが、資本家は、奪う人であって他人を助けようとしない。労働者は、自分と家族を養うための最低賃金しかもらえないので他人を助ける余裕がない。その結果、人間同士、互いに対立関係になっていると言います。

人間からの人間の疎外

以上の四つの疎外のうち、根本原因は最初の「労働者からの労働生産物の疎外」である、とマルクスは結論しました。したがって、疎外からの人間解放の道は、資本家に奪われた労働生産物の成果である私有財産を否定することであり、「私有財産の止揚は、すべての人間的な感覚や特性の完全な解放である」と言いました。すなわち、人間解放のための共産主義でありました。

ところがパリ時代のマルクスの共産主義観と、ブリュッセル以後のマルクスの共産主義観には大きな飛躍、断絶があります。パリ時代には、「私有財産の止揚（Aufhebung, transcendence）」と言っていましたが、ブリュッセル以後では、「私有財産の廃棄（Abschaffung, abolition）」という強い言葉になりました。そしてパリ時代には、人間解放のための人間主義的な共産主義でしたが、ブリュッセル以後では、人間解放という言葉は消え去り、暴力的な社会革命としての共産主義、プロレタリア階級による政治権力の奪取が前面に出てきたのです。この大きな飛躍、断絶の間には、第三の心理的撃発がありました。

## マルクスの共産主義観の変化

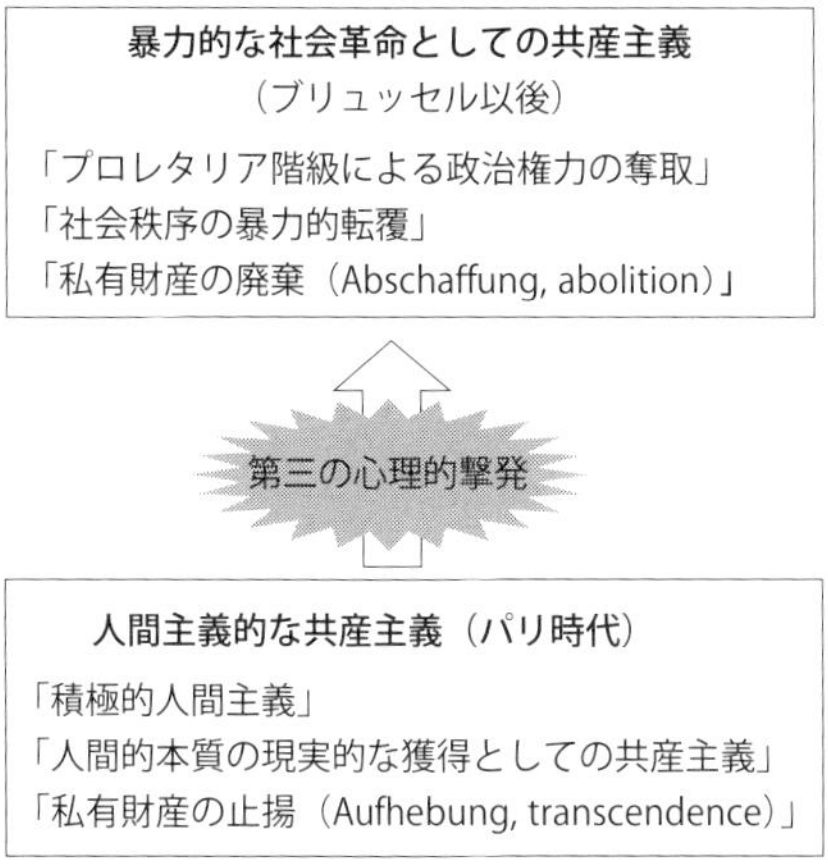


パリ時代には、マルクスは私有財産の止揚と言いましたが、「止揚」には、否定すると同時に、保存し、高めるという意味があります。それに対して、ブリュッセル以後の「廃棄」には、否定すると同時に、絶滅するという意味があります。これを資本家に当てはめると、パリ時代には、資本家も本来の人間に導こうという意味がありますが、

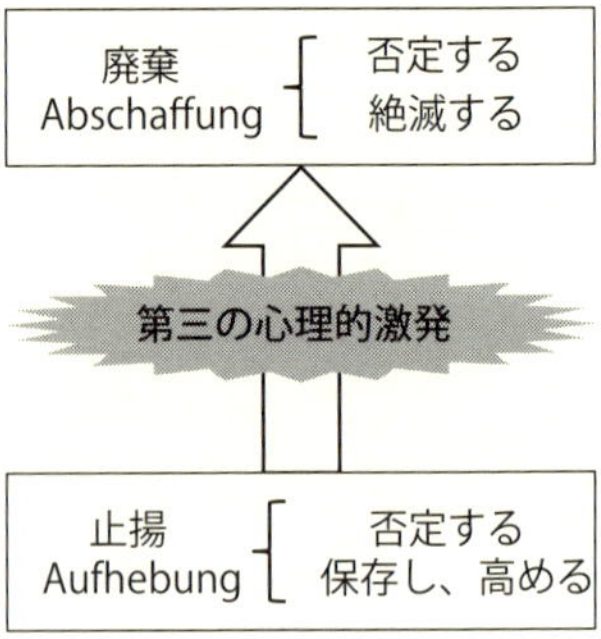


ブリュッセル以後になると、資本家を暴力的に倒せという意味があります。これはまさに暴力革命の主張です。

第三の心理的撃発において、マルクスは怒りに身を任せましたが、怒りの中にサタン（悪魔）が入ってきました。すなわち、背後のサタンがマルクスを支配し、操るようになったのです。

なおマルクスの人間疎外論については、フォイエルバッハの人間主義の影響があり、それはのちの科学的なマルクス主義では克服されているとして、疎外論の批判はマルクス主義の批判にはならないという公式マルクス主義者の主張があります。しかしパリ時代の疎外論が、その後のマルクスの理論形成へと発展したのであって、マルクス主義の分析に疎外論の理解は欠かせないのです。

## 四　人間解放の方案の変遷

マルクスの人間解放の変遷は次のようです。

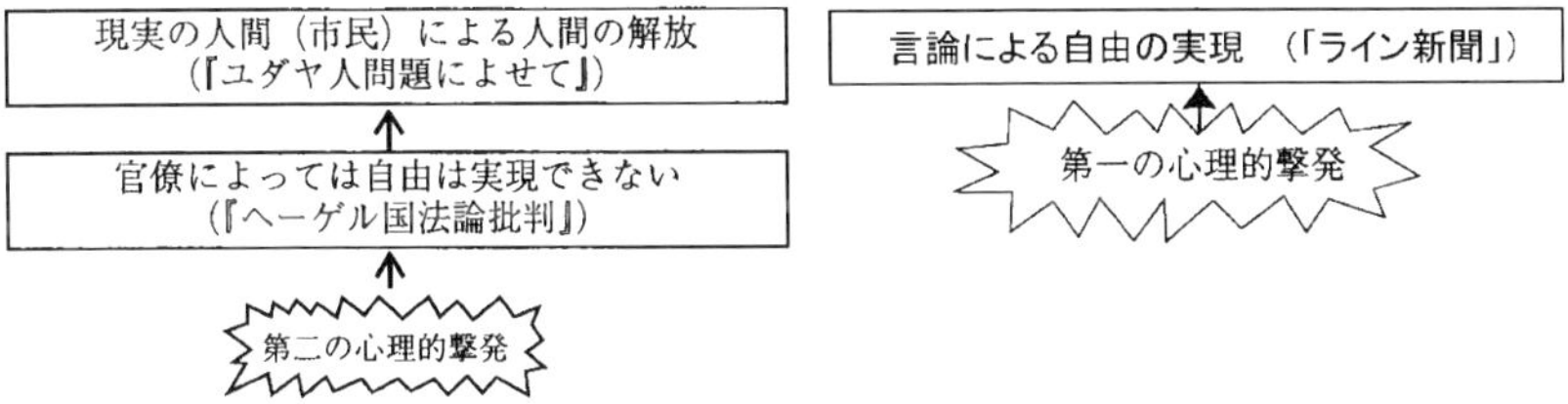


### (1) 哲学による自由の実現

マルクスは初め、哲学（ヘーゲル哲学）によって矛盾のない自由な理想社会を実現しようと考え、哲学の教授になることを目指していました。

### (2) 言論（新聞）による自由の実現

大学教授の道が挫折したマルクスは、第一の心理的撃発を通じて、言論（ペン）の力で政府の政策の誤りを正すことによって、自由の実現を目指すようになりました。

### (3) 市民による人間の解放（人間主義）

ライン新聞が発行禁止になり、編集長の地位を失ったマルクスは、第二の心理的撃発を通じて、フリーの思想家として、市民運動の立場に立

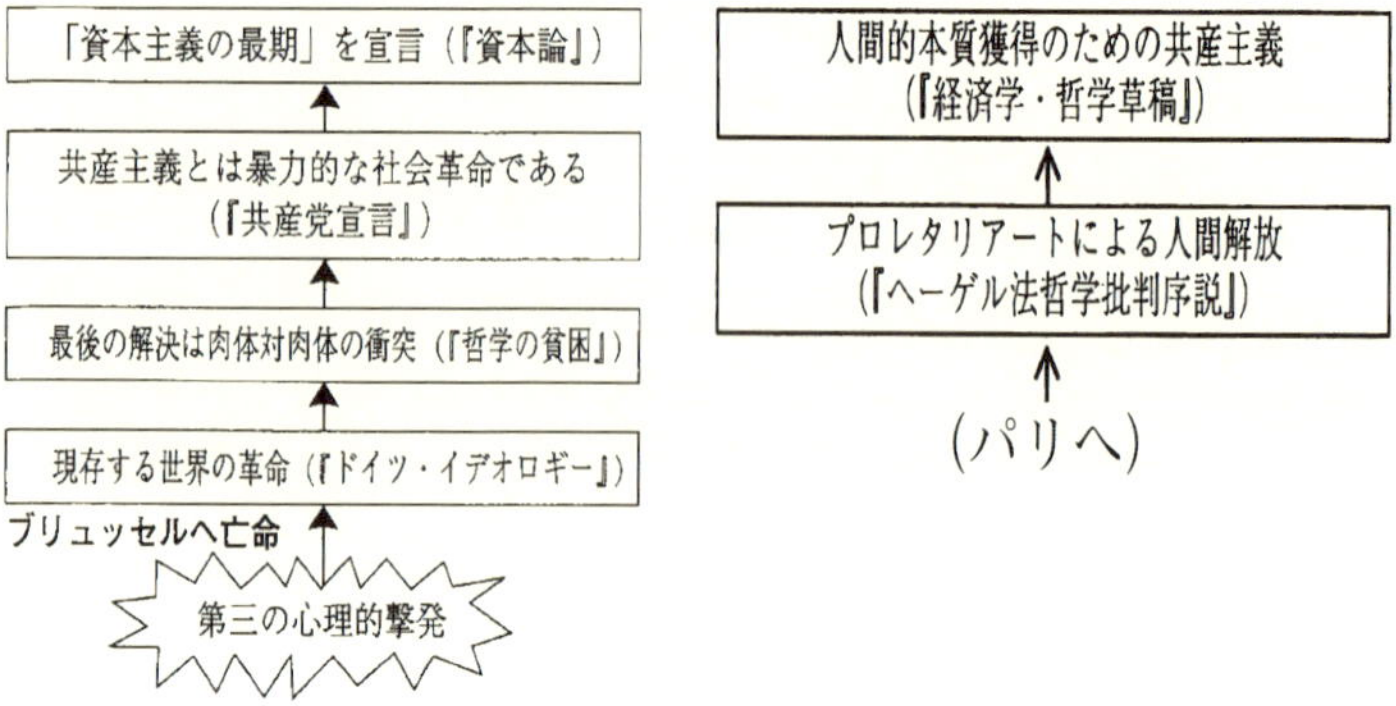


ちました。政府・官僚に期待することはできないと結論し、市民に期待をかけるようになりました。

### (4) 労働者による人間の解放（積極的人間主義＝人間主義的共産主義）

ヘーゲル哲学の限界を痛感したマルクスは、パリに行き、そこで初期の社会主義、共産主義思想に触れました。ドイツにいた時のマルクスの市民観は漠然としていましたが、フランスでは、市民にも支配層のブルジョアジー（資本家階級）と支配されているプロレタリアート（労働者階級）がいることが明確になりました。そこでマルクスは最下層のプロレタリアート（労働者階級）による人間の解放を目指すようになりました。資本家も労働するようになり、全ての人が労働者になれば、搾取とか疎外はなくなり、人間はみな本来の人間性を回復すると考えたのです。パリ時代のマルクスの人間解放の方案は積極的人間主義とか、人間主義的共産主義と言われます。

### ⑸ 暴力革命による共産主義

第三の心理的撃発を通過したマルクスの考えは大きく変わりました。人間解放という初期の目標は、どこかにいってしまい、暴力革命による権力の奪取が目標となったのです。それと同時に、マルクスの思想はヒューマニズムの立場から離れて、悪魔的性格を帯びるようになったのです。すなわち、背後のサタンがマルクスを動かすようになったのです。

## 五　人間疎外論の延長としてのマルクス主義

マルクスの思想形成を木に例えれば、次頁の図のようになります。人間の解放という疎外論から出発したマルクスですが、ヘーゲルの弁証法、フォイエルバッハの人間主義、アダム・スミス、リカードの経済学、サン・シモン、フーリエ、オーエンらの初期社会主義思想、私有財産を否定するバブーフ、少数精鋭による暴力革命を主張するブランキらの初期共産主義思想を吸収しながら、第三の心理的撃発を通過して、マルクス主義を形成していきました。そのマル

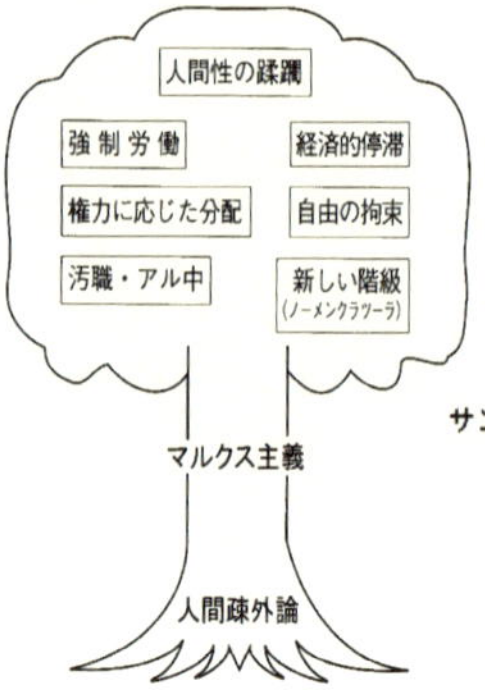


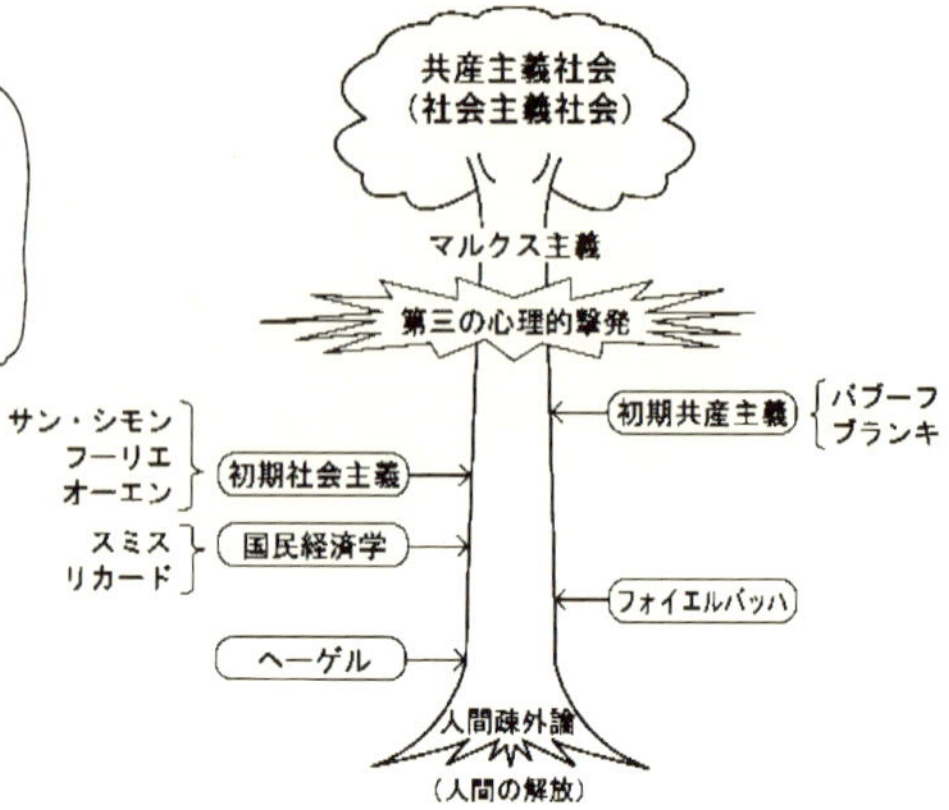


クス主義に基づいて社会主義社会、共産主義社会が形成されていったのです。ここで社会主義社会とは、初期段階の共産主義社会、すなわち現存の共産主義社会であり、共産主義社会とは、将来実現されるという理想的な共産主義社会のことです。

ところが、現存の共産主義社会（社会主義社会）の実態はどうでしょうか。マルクスは人間の解放を目指しましたが、共産主義社会では人間性は甚だしく蹂躙されました。マルクスは強制労働で苦しんでいる労働者を解放しようとしましたが、共産主義社会では労働者はもっとひどい強制労働を課せられました。マルクスは搾取をなくそうとしましたが、共産主義社会では権力に応じた分配が行われるようになりました。マルクスは、労働者が自ら進んで喜びながら労働すべきだと主張しましたが、共産主義社会では労働者は希望をなくして、アル中になり、官僚は汚職にまみれていきました。マルクスは、経済の泉は豊かに流れ出ると言いましたが、共産主義社会では、経済の泉は涸れ、経済は停滞しました。マルクスは自由の実現を目指しましたが、共産主義社会は自由を拘束する社会になりました。そしてマルクスは階級のない社会を目指しましたが、共産主義社会では共産党という新しい支配階級（ソ連ではノーメンクラツーラという）が人民を暴力的に支配する階級社会となりました。

マルクスが目指した社会とは、全く逆の結果になってしまいました。このようになったのは、マルクス主義が間違っていたためですが、さかのぼれば、初期の人間疎外論から間違っていたのです。

## 六　マルクスの人間疎外論の誤り

### (1) マルクスの人間疎外の本質的把握の誤り

1　人格的側面の無視

疎外には、人格的疎外（原因）と物質的疎外（結果）があります。人が人を支配し、虐げるという自己中心的な欲望による人格的疎外（原因）が本質であるにもかかわらず、マルクスは労働生産物の疎外、すなわち物質的疎外を疎外の本質と見たのです。そして労働生産物の暴力的な奪取を図りましたが、それはまさに復讐の論理でしかなかったのです。

2　誤った資本観

マルクスは、資本を労働者から労働を吸収する吸血鬼であり、資本は資本主義社会のみに成立すると見ました。これは大きな間違いです。資本は、経済活動になくてはならないものなのです。そして資本は資本主義社会のみに成立するものでなく、共産主義社会においても必要なものです。資本主義社会においては、資本は民間に分散していますが、共産主義社会では共産党が主管するのです。資本が民間に委ねられれば吸血鬼になり、共産党が主管すれば吸血鬼でなくなるという、理解し難い主張です。

3　プロレタリアートの偶像化

マルクスによれば、ブルジョア階級は「最も恥知らずで、汚らしくて、卑しくて、憎らしい欲情の衝動」に駆られた者たちであり、最悪の形容詞をつけています。それに対して、プロレタリア階級は「最高価値、絶対善、至高の正義」であると、ロシアの思想家、ベルジャーエフがマルクスの考えを代弁しています。

これも大きな誤りです。資本家にはディッケンズの『クリスマス・キャロル』に描かれた、回心する前の、金貸しのスクルージのように、他人から収奪しながら、お金を増やすことを人生の最高の楽しみと考えているような人もいます。しかし経営者・資本家がみなそうではありません。質素な暮らしをしながら、会社のため、従業員のために投入している経営者・資本家も多くいます。その反面、不平不満を抱きながら、サボりまくっている労働者も多いのです。ですから経営者・資本家は絶対悪で、労働者は絶対善と決めつけることはできないのです。

## (2) 疎外問題解決の方法の誤り

### 1　唯物弁証法の樹立

闘争によって事物は発展すると言うのが、唯物弁証法の本質です。それによって闘争を法則化し、暴力を崇拝するようになります。ベルジャーエフが指摘しているように、これはまさに、マルクス主義の悪魔的要素です。

マルクスは「古い社会の血なまぐさい死の苦しみと新しい社会の血にまみれた産みの苦しみを短くし、単純化し、一つにまとめる手段はたった一つしかない。……革命的テロリズムだ」

と言いました。またレーニンは「資本主義の崩壊の全過程や、社会主義社会の誕生には、暴力がかならず伴う」と言いました。結局、テロと暴力の生みの親はマルクスであり、レーニンであったのです。よく共産主義者は、マルクス、レーニンは正しかったが、スターリン、毛沢東らが間違ったと言います。しかしそうではありません。彼らはマルクス、レーニンの教えを忠実に実行しただけなのです。

**サタン主権の樹立**

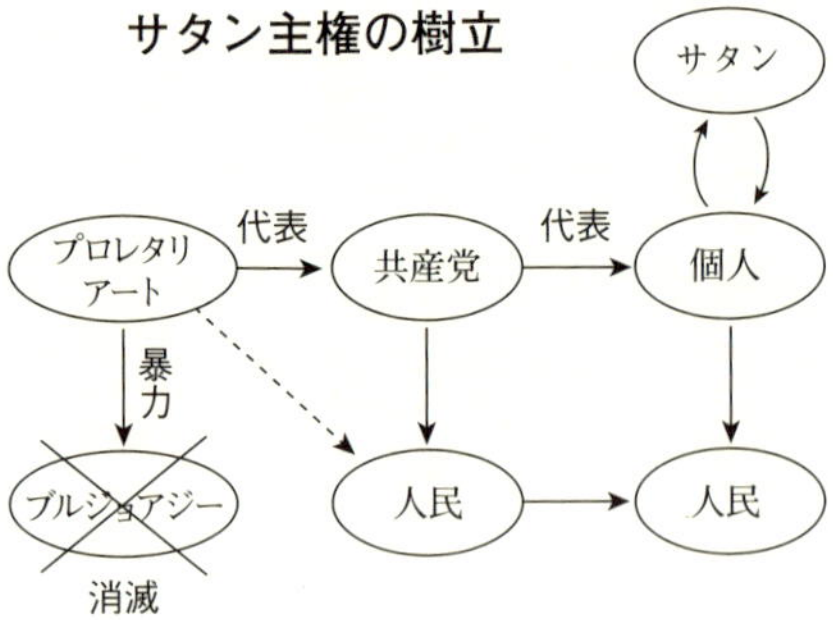


## 2　プロレタリアート独裁論の樹立

革命が起きたあと、多数のプロレタリアート（労働者）が少数のブルジョアジー（資本家）を暴力的に支配しなければならないというのが、プロレタリアート独裁論です。資本家たちをそのままにしておけば、彼らは反革命を起こして革命を覆すからだと言います。しかし実際はそうではありません。革命後、資本家たちは、国外に逃亡します。国内にとどまっていれば強制収容所に送られます。結局、資本家階級は消滅するのです。そこでプロレタリアート（労働者）の代表を自称する共産党が人民を暴力的に支配する体制にすり替えられてしまいます。さらに共産党の代表であるという個人（委員長、書記長）が人民を暴力的に支配する体制にすり替えられてしまい、人民に対する個人の独裁となるのです。

委員長とか書記長と言えば、権力とは無関係のような響きがあります。また彼は、人民に対して、「同志たちよ！」と叫んで、自分も同志の一人であると平等を装います。しかしそれは見せかけの平等にすぎないのです。神を否定する共産党ですから、その人の背後に神はいません。神を否定するとサタンが働き、その人は歴史上、かつてないほどの独裁者になります。結局、プロレタリアート独裁論は、サタンが人民を支配するサタン主権樹立の方案であったのです。

## 七　共産主義の犠牲者

### (1) ロシア革命、および全世界の共産主義による犠牲者

ソ連では、レーニンの死後、スターリンとトロツキーの後継者争いがありましたが、争いに敗れたトロツキーは身の危険を感じて、国外に逃亡しました。しかし彼は、最後の亡命先のメキシコで、スターリンの放った刺客により暗殺されました。そしてスターリンは秘密警察を張

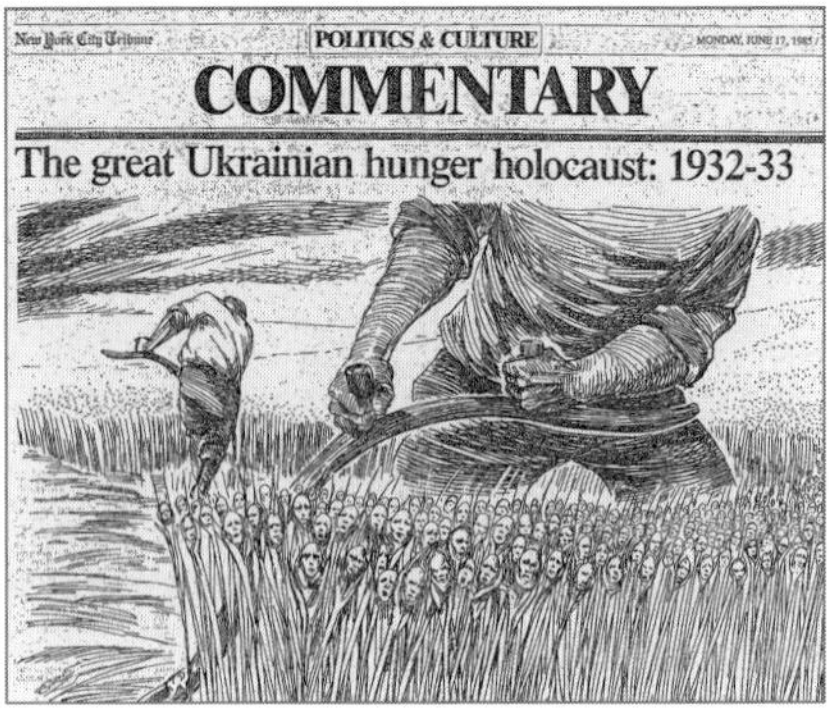

New York City Tribune,1985.6.17

り巡らせ、反対するものを摘発し粛清していきました。また、全面的な農業の集団化を決行し、多くの農民が、収奪され、さらに飢饉のために犠牲になりました。

一九三四年十二月から大粛清が始まりました。初めのうちは、党からの除名や収容所送りでしたが、間もなく秘密逮捕、非公開裁判、そして素早い処刑が行われるようになりました。一人の人物の絶対的権力のもとで、党全体が粛清のメカニズムとなったのです。党員たちは、恐怖で震えていました。スターリンだけは平安であったかと言えば、そうではありません。スターリンを憎むものは五万といるので、彼もいつ暗殺されるかもしれないという恐怖で震えていたのです。震えていなかったのは、背後のサタンだけです。結局、ソ連は悪魔が支配する、悪の帝国になったのです。

スターリンの粛清による犠牲者に対して、ソ連の歴史学者ロイ・メドベージェフは、四千万人に上ることを明らかにしました。（世界日報、1989.2.9）

ウクライナの大飢餓ホロコーストについて、New York City Tribune（1985.6.17）は次のように書いています。「一九三二年八月から一九三三年の春にかけての、身震いするような一年間に、三千万人のウクライナ人のうち、七百万人が徐々に苦しみもだえながら飢えて死んだ」。ヒトラーによる六百万人のユダヤ人の虐殺に勝るとも劣らないホロコーストでした。

一九九七年十一月六日のモスクワ放送は、ロシア十月革命八十周年記念日（十一月七日）を前にして、欧米の学者が推定した「勝利した共産主義の偉大なる思想」による犠牲者の数を紹介しました。それによると、「レーニンは社会主義建設のために国内で四百万人の命を奪い、スターリンは四千二百六十万人の命を奪った。中国で三千五百万人が殺された。カンボジアではポル・ポト元首相が二百万人以上の同胞を殺した。社会主義諸国全体では、合計一億一千万人が抹殺されたことになる」（読売新聞夕刊 1997.11.7）と言います。モスクワ放送が放送したということは、これを暗に認めたということです。文先生は共産主義による犠牲者は一億五千万人に及ぶと語っています。

## 共産主義の犠牲者は一億五千万人

私は、神の希望は世界の自由であると信じています。そして今日、その自由の最大の脅威は独裁主義であり、中でも共産主義です。これは、組織的に宗教の自由に反対します。共産主義は、これまで一億五千万人以上の人々を殺害しています。その多くは宗教人でした。私も共産主義者の強制収容所で、ほとんど死の寸前までいきました。今日の世界で、共産主義は非人間性の最たるものです。

この十年間、自由が後退しています。一九七五年、自由は東南アジアから後退しました。数百万の人々が消されてしまったのです。アフリカや中南米の各国が、次々に共産化されていきます。これまでに十五億人が、共産主義の暴虐の虜となっています。

そして現在では、米国の裏庭である中米が戦闘の前線になっているのです。私は、自由の敵はその最終目標である米国を征服しない限り、進軍を止めないと思います。私は、レーガン氏を支持しましたが、それは、彼が大統領として共産主義の拡張を停止させ、米国を神と建国精神に立ち戻らせることを期待したからでした。（文鮮明1984.6.26, 米国上院司法委員会憲法小委員会）（『為に生きる』336〜37）

今日、民主主義と共産主義間の世界的な対決は光と闇の闘いであり、真理と偽りの闘いであり、生命と死の闘いです。ご存じのように、七十年という短い歴史の間に、北朝鮮の強制収容所やソ連の集団労働収容所、東南アジアのジャングル地帯や世界の至る所で、共産主義の犠牲となった数は約一億五千万人を超えており、今もその殺戮がほしいままに続けられています。（文

鮮明1987.9.21、ソウル）（第9回世界言論人会議でのメッセージ）

マルクス理論を実験し、実践してきた歴史が七十年になるソ連当地での結果は、一言にして悲劇的な失敗というほかありません。共産主義の勢力を強固にするために一億五千万の無辜《むこ》の人命が犠牲になりましたが、マルクスが約束していた正義と繁栄の世界はそのどこにも実証することができませんでした。（文鮮明『神様の摂理から見た南北統一』597）

## (2) 中国の共産主義による犠牲者

### 1　毛沢東の圧政による大躍進運動

一九五八年、毛沢東は中国を後進農業国から近代的工業国へと飛躍せしめるべく、大躍進運動を展開しました。中国を急速に工業化し超大国にするために必要な兵器や生産施設を得るための資金の支払いとして、農民から過酷な食糧提供を強いたために、そして農民たちを鉄の生産に駆り立てたために、折しも三年間の自然災害も加わって、数千万人の餓死者を出すという大惨事に終わりました。最近になって、大躍進運動の実態があからさまになってきました。

二〇〇七年二月、中国人民大学元副学長の謝韜《しゃとう》氏が月刊誌「炎黄春秋」に発表した論文が大きな話題を呼びました。

昨年二月、北京の月刊誌「炎黄春秋」に発表された論文が大きな話題を呼んだ。筆者は名門、中国人民大学元副学長の謝韜氏で「民主社会主義モデルと中国の前途」と題し、民主社会主義へ移行、民主政治を実現してこそ「中国を救える」と主張した。……同書は、大躍進運動（五八年）で三千七百五十五万人が餓死、子供や死体を食した例などを暴露し、毛沢東時代の抑圧と貧困を詳述。空想主義に陥った毛沢東の極左主義を徹底的に批判した。（『鄧小平秘録』産経新聞、2008.2.21）

月刊誌「炎黄春秋」の副社長の楊継縄《ようけいじょう》氏による『毛沢東・大躍進秘録』（二〇一二、文芸春秋）においても、現地調査やインタビューを通じて、不正常な死者（餓死者）は三千六百万人に上ると発表しています。

さらにロンドン大学教授のフランク・ディケーター（Frank Dikötter）による『毛沢東の大飢饉』（*Mao's Great Famine*, 2010）という歴史書が英国で刊行されました。大躍進運動と大飢饉に関する党の資料を収集して、隠ぺいされてきた秘密を調べ上げたといいます。それによれば、総死者数は四千五百万人に達するとされています。そこには、人間の死体を食べた例、人を殺して食べた例、泥土を食べた例など、地獄絵図が書かれています。

## 2　中国の文化大革命における蛮行

一九六六年から一九七六年にかけて、「封建的文化、資本主義文化を批判し、新しく社会主義文化を創生しよう」という名目で文化大革命が行われました。実質的には大躍進政策の失政によって政権中枢から失脚していた毛沢東が、中国共産党指導部内の実権派の劉少奇、鄧小平らに対して、自身の復権を画策して引き起こした大規模な権力闘争でした。若い学生たちを、紅衛兵として用いて、彼らに『毛沢東語録』を掲げさせながら、肉体労働を行わないインテリ層、命令だけしている共産党員らを資本主義分子として批判させました。学生たちは、「同志にあらざれば、敵である」という精神の圧力下において、紅衛兵に参加するか否かの選択余地は全くなく、皆、否応なく紅衛兵にならざるを得ませんでした。名前は文化革命ですが、実体は残虐な暴動でした。

元紅衛兵でのちに台湾に逃れた陳永生氏は、自ら体験した紅衛兵の暴行とその惨絶さを絵に描き、『紅衛兵暴行の真相』として、文化大革命を告発しています。その中には目も当てられない惨状が描かれていますが、例えば次のような例が絵と共に紹介されています。

 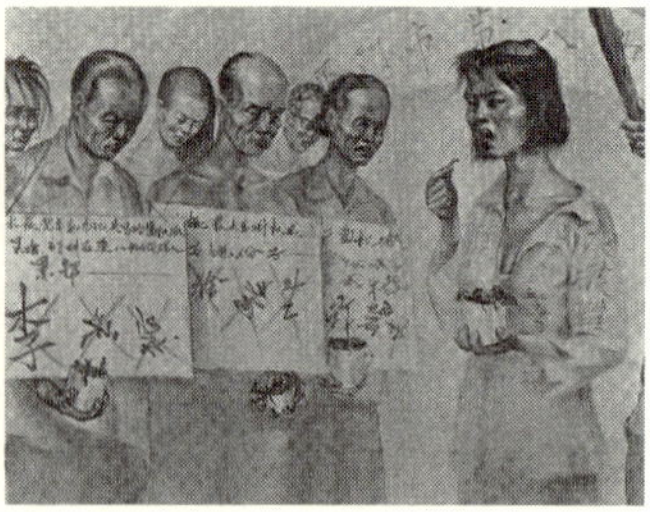

一九六六年七月、アモイ市第八中学校の紅衛兵は、一種の最も新しい刑法を編み出した。それは『学術の権威』と呼ばれている教師たちを一箇所に集中し、皆の頭髪を悉く奇々怪々な格好に刈り上げたばかりか。更に教師各自に昆虫を百匹ずつ捕まえて来させ、大衆の前で、無理になまのまま食べさせた。紅衛兵の言をかりれば、「この様にしてこそ、初めて彼等の霊魂を刺激することができる」とのことである。

一九六六年八月、『四旧除去』運動の最中に於いて、あらゆる宗教は、総べて除去の対象となり、南普陀寺の高僧、李覚生、鼓浪嶼三一教会の牧師、盧思古等宗教界のリーダー達は、市中を引き廻された揚句、『一体如何なる神が救いに来るのか？』と言う紅衛兵の好奇の試験台として、アモイ公園の樹木に縛られ、飢餓の苦しみに遭った。

最後、紅衛兵の利用価値が失くなったあと、毛沢東は紅衛兵たちに「三方（農村、辺境、基層）に目を向けよ」と要求して、彼らを山間僻

（『ワイルド・スワン』講談社より）

赤衛兵時代の著者（前列、左から2人目）

地に追い立ててしまいました。

十四歳で紅衛兵になったユン・チアン（張戎）が、自身の体験をつづった『ワイルド・スワン』（一九九一）（講談社一九九三年）が、当時ベストセラーとなり、世界の各紙誌で絶賛されました。

紅衛兵になったばかりの少女ユン・チアンは「毛主席の偉大な時代に生きられるなんて、なんと幸せなんだろう」と、感激でいっぱいでした。

「毛主席の偉大な時代に生きられるなんて、私はなんと幸せなんだろう。信じられないような幸福だわ」。私は心の中でそうくりかえしていた。「毛主席のいない世界で、いつの日か毛主席の姿をあおぎ見る希望さえ持たずに生きていかなければならない資本主義世界の子供たちは、なんと気のどくなことだろう」。不幸な資本主義世界の子供たちのために何かしてあげたい、あの

子供たちを苦難の人生から救ってあげたい、と思った。（ユン・チアン『ワイルド・スワン』上巻、378）

ところが、ユン・チアン十六歳の誕生日に、彼女の中に「これを天国と呼ぶなら、何を地獄と言うのか？」という疑問がわいてきました。

一九六八年三月二十五日、十六才の誕生日だった。誕生日が来たって、お祝いをするわけでもない。両親は、隔離審査で拘禁されていた。夜になった。あちこちで銃声がしていた。造反派の拡声器が、血も凍るようなおそろしい文句をがなり立てていた。そんな音を聞きながらベッドに横たわっていた私に、その夜、人生の転機が訪れた。それまでずっと、私は自分が社会主義中国という天国に住んでいるのだと教えられ、それを信じてきた。資本主義の世界は地獄だと教えられ、それを信じてきた。けれどもいま、私の心に疑問があった。これを天国と呼ぶなら、何を地獄と言うのか？（ユン・チアン『ワイルド・スワン』下巻、157）

そして彼女は、毛主席から離れていく自分を「風に吹かれていく枯葉」にたとえた詩を書きました。

こんな気分のなかで、私は詩を作った。毛主席の教えを心から信じていた無邪気な過去が自分の中で死んだことを、私は枯葉にたとえて書いた。一陣の風に吹かれて木の枝を離れ、くるくると舞いながら、二度ともどることのできぬ世界へ運ばれてゆく枯葉。（ユン・チアン『ワイルド・スワン』下巻、158）

その後、彼女は毛沢東思想に対決してゆきました。一人の若き女性が歴史上かつてない独裁者に闘いを挑むというのは、驚くべきことです。彼女によれば、毛沢東思想の根底にあるのは、果てしない闘争を必要とする論理、無知の礼賛、憎しみを通じての統治でした。

**毛沢東思想の中心にあったのは、はてしない闘争を必要とする（あるいは希求する）論理だったと思う。**人と人との闘争こそが歴史を前進させる力であり、歴史を創造するにはたえず大量の「階級敵人」を製造しつづけなければならない――毛沢東思想の根幹は、これだったと思う。これだけ多くの人を苦しめ死に至らしめた思想家が、ほかにいただろうか。（ユン・チアン『ワイルド・スワン』下巻、359）

**毛沢東主義のもうひとつの特徴は、無知の礼賛だ。**……毛沢東は正規の学校教育を憎み、教育を受けた人間を憎んでいた。また、誇大妄想狂で、中国文明を築きあげた古今の優れた才能を蔑視していた。さらに建築、美術、音楽など自分に理解できない分野には、まるっきり価値を認めなかった。そして結局、中国の文化遺産をほとんど破壊してしまった。毛沢東は残忍な社会を作りあげただけでなく、輝かしい過去の文化遺産まで否定し破壊して、醜いだけの中国を残していったのである。（ユン・チアン『ワイルド・スワン』下巻、359〜60）

私の見るところ、毛沢東は生来争いを好む性格で、しかも争いを大きくあおる才能にたけていた。嫉妬や怨恨といった人間の醜悪な本性をじつにたくみに把握し、自分の目的に合わせて利用する術を心得ていた。**毛沢東は、人民がたがいに憎しみあうようしむけることによって国を統治した。**ほかの独裁政権下では専門の弾圧組織がやるようなことを、憎しみあう人民にやらせた。憎しみという感情をうまくあやつって、人民そのものを独裁の究極的な武器に仕立てたのである。（ユン・チアン『ワイルド・スワン』下巻、359〜60）

ユン・チアンは中国を去るに当たり、過去を回想しながら、憎しみと暴力の渦巻く、毛沢東の支配する中国においても、何よりも強い愛の力を知ることができたと語っています。

私は、これまでの二十六年間を思った。特権を味わい、苦難も味わった。勇気を見、恐懼も見た。人の温情や忠節を知り、また人の醜い本性も知った。苦痛と崩壊と死のまっただ中で、何よりも強い愛の力を知り、生き抜いて幸福をつかもうとする人間の不屈の力を見た。（ユン・チアン『ワイルド・スワン』下巻、374）

ユン・チアンはジョン・ハリディとの共著『マオ：誰も知らなかった毛沢東』（二〇〇五年、講談社）の中で「毛沢東は一九七六年九月九日に死去した。中国に君臨した二十七年のあいだに、毛沢東は七千万人をはるかに超える中国人を死へ追いやった」と書いています。

中国が公式に認める文化大革命における死者数は二千万人ですが、実際は三千万人以上とも言われています。大躍進運動の犠牲者と合わせれば、毛沢東独裁のもとでの犠牲者は七千万人を超えることになります。これはまさに史上最大の大惨事でした。

### 3　毛沢東を崇拝したポル・ポトのキリング・フィールド

カンボジアを支配したポル・ポトは、毛沢東の崇拝者であり、肉体労働をしない、インテリ層、支配層を文字どおり抹殺しました。総人口七百万人のうち、実に、およそ二百万人が虐殺されたのです。野原が処刑場になり、キリング・フィールドと呼ばれました。発見された犠牲者の頭がい骨は割られたものが多く、撲殺されていました。

ポル・ポトの虐殺による犠牲者の頭がい骨
産経1997.6.25

4　文先生の見る共産主義の正体

文先生は共産主義の残虐な正体に関して、次のように語っています。

**学生たちが教師を拉致して、頭を刈って殴るのは悪魔の業**

学生たちが校長を拉致して、頭を刈って殴るということがありますか？　それは悪魔の業です。終わりの日の兆しです。サタンの全権大使なのです。街頭で青少年たちが乱舞して騒ぐのは、アダムとエバが青少年時代に世の中を台なしにしたので、世の中にけりをつけようとする青少年たちの蛮行です。本来あり得ないことなのです。

（文鮮明1993.1.1, ソウル）（『ファミリー』1993.3, 53〜54）

**物質をもって世界を制覇しようという共産主義**

共産主義は労働者と農民を中心にしたものです。足の裏だというのです。下部、下級階級、労働者、農民を中心にして糾合するのです。今、サタンは下部構造にまで下がってきたので、ここから追い出される日には自分が行く所がないのです。自分が行く所がなく、人類に侍られることもなくなるので、神様も侍られなくするために「神様はいない、神はいない」と言うのです。それがサタンの主義なのです。

それで、地の主義、唯物主義というのです。そして経済主義というのです。経済をもって世界を主管してみようというのです。マルクス主義は何かといえば経済哲学なのです。内的な神様、心の部分は全部除いてしまうのです。私だけが人類を所有するという主義なのです。このようなことを見る時、どれほど悪賢く狡猾なサタンであるかを皆さんは知らなければなりません。ですから、最後に残ったサタンの知恵の学問が共産主義であることを、皆さんが知らなければなりません。

人間を立てて世界を制覇しようというのではなく、物質をもって世界を制覇しようというのです。人間よりも物質を上にする人々です。物質が祖先だから、物質の世界を認定しますが、人間の価値を認定しないのです。（文鮮明『神様の摂理から見た南北統一』601）

## 脅迫と恐喝をして、相手の力がなくなれば侵攻する

私は共産党がよく分かります。脅迫と恐喝をして、相手の力がなくなればいつしか侵攻しま

す。皆さんはこのような共産党の戦術をよく知らなければなりません。サタン魔鬼は、いつでも攻勢を取ろうとします。神様には自分より力が優勢なので攻撃できません。しかし、神様の息子、娘が自分より弱いならば、いつでも攻撃をしてきたのは歴史的な事実です。（文鮮明1981.4.26）（『神様の摂理から見た南北統一』545）

## 共産主義は心情的な関係を破壊する

今日、クリスチャンたちが共産党のために、どのくらい虐殺されたのか分かりますか。今も、ソ連においてもそうであり、北韓においてもそうであり、中共においてもどれほど虐殺されているか、分かるでしょうか。

共産党は、本当の共産党になったか、本物の党員になれるかという基準を何によって確定するのかと言えば、お母さん、お父さんを党命に従って除去することができるかどうかに置きます。父を殺せというのです。父母、兄弟を除去できなければなりません。共産党は粛清をする時には、一番身近な人を通してします。世の中にこのような者がいるでしょうか。これは全く異質的な存在です。善に対してそれはこの上なく悪いものです。真に対してそれは、この上なく反対となるものです。（文鮮明『神様の摂理から見た南北統一』551）

今日共産世界について言えば、「世界を全部制覇しなければならない」、このように言ってそこに反対するものは全部首を切り、粛清をしたでしょう。自己の同僚もお構いなく、父母もお構いなくみんな粛清したのです。しかし、そこに行ってみると、これでもなかったというのです。また、出掛けなければならないというのです。人を虐殺して成したものを見れば、そうできるでしょうか。親友も見忘れ、父母も見忘れ、みんな見忘れるのです。「ただ党だけがある」。やせっぽちの党だけです。見れば見るほど恐ろしく、見れば見るほど冷徹であり、見れば見るほど情が離れていく党だけが「第一である！」と、こう言っているのです。（文鮮明『神様の摂理から見た南北統一』614～15）

共産主義者たちは、人間の愛を無視するために、今まで伝わってきた歴史的なすべての情的な関係を根本的に否定しています。しかし、彼らがどのように否定しても否定できないのです。（文鮮明『神様の摂理から見た南北統一』651）

## 人間を虫けらのように殺す

もし誰かが、人権について語りたいと思うならば、まずその人は、強烈な反共主義者にならなければなりません。なぜなら、歴史上、共産主義ほど人権を侵したものはないからです。共産主義は、人間の生命を否定しています。彼らにとって、人間の生命は、虫けらの生命と全く変わりありません。虫けらのように、何百万の人々が首を切られるのです。

人権も大切ですが、それ以上に大切なのは、共産国家のもとにある人々の生きる権利を保障することです。それが、私が、共産主義者の頑強な敵とし、先頭を切って闘っている理由なのです。私は、共産主義を「人類の敵」とし、「神の敵」として宣言しています。そこから、微動だにしないと決意しています。共産主義者は、レバレンド・ムーンが共産主義者にとって最も手強い敵であると知っています。（文鮮明1977.2.23, ニューヨーク）（『祝福家庭と理想天国Ⅱ』545〜46）

## 家一軒壊すよりも簡単に人間を消す

人間は神様を中心として成された内容をもってこそ価値があるのですが、それを全部否定するので、この世の中は物質だけが残った世界になりました。ですから、人間一人を消すことを家一軒壊すよりも簡単にするのです。家を一件つぶすのか、人間を十人処分してしまうのかといえば、人間十人を処分してしまうのです。人を消すのは問題にもならないのです。この主義が今、世界を激しく揺さぶっているのです。（文鮮明『神様の摂理から見た南北統一』601〜602）

## 共産党は、目的達成のためには手段方法を選ばない

共産党は、目的達成のためにはうそ、手段方法を意に介しません。謀略中傷は普通のことです。あることないこと全部ひっかぶせて、その人がまずその環境で生き残ることができないようにするのです。そうではありませんか。今まで四十年間、以南から以北を侵攻したと宣伝しておいて、全世界の国家には北韓が南侵したという考えをもつ国はありません。全部南韓が北侵したと考えているのです。真っ赤なうそであっても継続するのです。当事者でなければ分からないことでしょう。純然たる悪魔です。（文鮮明『神様の摂理から見た南北統一』546～47）

## 平和攻勢をしながら、奇襲作戦を通して独裁政権を確立する

共産党の戦略戦術は何ですか。奇襲作戦を通してプロレタリア独裁政権を確立することです。それが定義です。その方便は何ですか。平和攻勢をすることです。それでブルジョア階級たちがみんなそこに陶酔して相対となり、彼らの誘いに簡単に応じて喜び、踊りを踊るその時において最後の鉄槌を加えてたたきのめして、その政権を剥奪しようするのが共産主義の骨髄思想です。（文鮮明『神様の摂理から見た南北統一』544）

**フランス革命を継承して、暴力と社会工学的技法を応用した**

共産主義は人類歴史においてより外面的であり、世俗的な思潮の結実です。啓蒙思想とフランス革命を経てきた後、マルクスは暴力と社会工学的技法を応用して、神様に対する信仰を追い出し、**暴力による社会秩序の構築を主張しました**。マルクス主義の社会工学的技法は、神様を否認する人間観に根拠を置いています。

しかし、その結果は何ですか。マルクスの見解や主張を擁護する人たちがいるにはいますが、マルクス理論を実験し、実践してきた歴史が七十年になるソ連当地での結果は、一言にして悲劇的な失敗というほかありません。（文鮮明『神様の摂理から見た南北統一』597）

**共産党は脅威、恐喝、脅迫によって強制的に従わせる**

共産党の主張がまさにそのような主張です。共産党は脅威、恐喝、脅迫をして強制的に従わせます。ここに立ち向かえば、打たれるので無理にでも一つになるのです。仕方なく外的にでも一つになります。しかし、そのように一つになったものは、強制力さえなくなれば、すぐに背を向けるようになります。（文鮮明『祝福家庭と理想天国Ⅰ』1091）

**サタンの戦略は、真の家庭理想を破壊すること**

罪の根源であるサタンの戦略は、真の家庭理想が実体化して根を下ろさないように常に破壊することです。……どれほど多くの罪なき人々が、共産主義によって殺されたでしょうか？　一億以上の人が犠牲になり、また、数億の人々が追放されたり、強制奴隷生活をし、虐待と飢えを被り、戦争で傷ついて生涯を苦難の中で送らなければなりませんでした。それのみならず、神様を否定する非真理を伝播することによって、人をして、究極的な価値を見つけられないようにした罪過は、実に大きなものです。（文鮮明1997.11.27，ワシントン）（『ファミリー』1998.1，36〜37）

## 八　人間疎外解決の真なる道

### (1)　悪魔的宗教となったマルクス主義

共産主義社会は地上の天国ではなく、まさに地上の地獄でした。マルクスも霊界から地上を見つめながら、まさか自分の思想が、このような悲惨な結果をもたらすとは思わなかったことでしょう。マルクスは巧妙にサタンに操られたのです。

マルクス主義はサタンに操られた思想であり、サタンに操られた宗教にほかなりません。ベルジャーエフは、いみじくも「共産主義は石をパンとこの世の王国に代えようとするサタンの誘惑に負けた宗教である」と見抜いています。

現存の共産主義者は、自分たちはスターリン、毛沢東、ポル・ポトのようにはならないと言います。しかし彼らは厳然と存在する霊界を認めず、神の存在を否定します。神を否定すれば、サタンが侵入するのです。そして共産主義者は、我知らず、サタンに支配されていくのです。文先生は次のように語っています。

**共産主義は悪魔的宗教**

それでは、共産党は何ですか。**悪魔的宗教と同じ、悪なる群れの宗教と同じ形態を備えて現れるのが共産主義です。**悪魔の理論完成のために道具として使用されている唯物論的立場の宗教形態が共産主義である、このように見ます。それはなぜですか。悪神であるからです。（文鮮明『神様の摂理から見た南北統一』540）

**共産主義は唯物的宗教**

共産主義とは何かと言えば、唯物思想によって宗教を統一しようとするものです。キリスト教の形態とそっくりに生じて、外的問題を中心とした唯物的宗教形態のような集団が共産主義なのです。人間が神様の身代わりになろうとしているのではないですか。そして絶対視しています。仮想的に神格化させるのです。それは、宗教思想と同じです。外的な形態もそっくりです。内容も全部、宗教思想のような内容を中心として単一化させています。ですから、偽物と本物はそっくりなのです。（文鮮明『神様の摂理から見た南北統一』540〜41）

**共産主義が邪悪であることの核心は神を否定するところにある**

私は共産主義が邪悪であることの核心が神の実存を否定するところにあることを知りました。人間の永遠な生を否定するものであるということを発見しました。人間が神を否定するとき、その人間は徹底して無責任となります。このような場合、法は人間の犯行を正当化する道具になります。目的は手段を正当化します。人間は神の位置を占めてしまいます。このような信条に立脚して共産主義理論が出現しました。（文鮮明1987.9.21，ソウル）（第9回世界言論人会議、創設者メッセージ）

### ⑵ マルクスの出発点への回帰

マルクスは人間の疎外を解決し、人間を解放しようと立ち上がりましたが、現実の共産主義社会では、より一層人間は疎外される結果になりました。マルクスが提示した、人間疎外を解

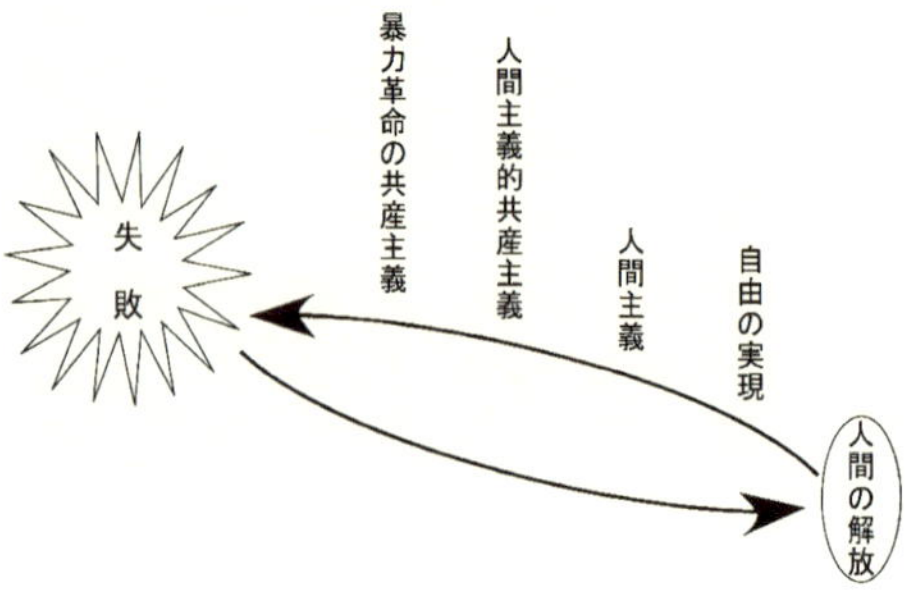


決するための方案は、(i)神の否定、(ii)労働生産物の疎外という外的な疎外観、(iii)暴力による解決でしたが、その結果、サタンが侵入するようになったのです。

ベルジャーエフも「[初期マルクスにおいて] 新しいヒューマニズムの可能性があった。彼は非人間化に対する反抗から出発したが、後には彼自身が非人間化過程におぼれた」と述べています。

マルクスの出発点であった人間の解放と自由の実現は、人間の本来の理想に適うものでした。しかしマルクスの進んだ道は、彼の意図に反して、人間の解放ではなくて、人間をより一層、蹂躙する道でした。したがって、マルクス主義者は人間解放の原点に帰り、人間解放の道を新たに求めるべきなのです。文先生も、マルクスの出発点は正しかったが、神を否定したところに間違いがあったと語っています。

**カール・マルクスが人間の苦痛と搾取に憤慨した点は正しい**

私は、四十数年前からマルクス主義の反対者でした。私が、カール・マルクスが嫌いだったからではありません。カール・マルクスが人間の苦痛と搾取に憤慨した点は正しいのです。しかし、それと同時にマルクス主義は、神様はいないと主張しています。しかし、私の明らかな霊的な体験によれば、神様は私に「神は存在する。神の心情を尋ね求め、それを知ること以上に重要なことはない」ということを見せてくれました。（文鮮明1989.10.8, ソウル）（ソ連の言論人とのインタビュー、『真の御父母様の生涯路程⑨』97）

**共産主義の理想は、搾取をなくし、階級のない社会を建設すること**

今日の人類社会には各種各様の対立、闘争があります。人種間や国家間、あるいは社会間などにおいて上層階級と下層階級の対立が存在します。その中でも最も深刻な問題は、貧富の差異による上下の対立であります。

このような観点からみる時、上層階級の人々をどのようにして自らの意志で地位を下げるようにさせるかが問題となります。有史以来人類はこの上下間の格差を解消しようと、たゆまぬ努力を続けてきたのであります。

このような流れの中で、最も代表的な例が共産主義です。**共産主義の理想は、人類社会の中**

で階級間の搾取をなくし、階級のない社会を建設しようとすることであります。しかし、共産主義の最大の問題点はその無神論であり、神を否定した土台の上で理想世界を建設しようとするところにあります。また現実の共産主義体制の下では、一部の独裁者の私意によってすべてのことがなされてしまうところに問題があります。（文鮮明1981.11, ソウル）（『為に生きる』254〜55）

## 共産主義の理想は神を中心とすれば実現できる

しかしながら今日、科学技術の空前の発展にもかかわらず、現代は問題を抱えています。現実世界の諸問題に対する宗教の無力さのゆえに、社会変革の立役者たちは反宗教的立場の共産主義のもとに集まっていったのです。共産主義は革命のためなら暴力をもいとわず、窮極的には神を否定し、宗教に反逆し、そしてすべてのものを物質的次元に局限しようとしています。共産主義者の中には、彼らなりに崇高な理想を抱き、人種と国家と文化の壁を超えて活動しようとする人々のいることもよく分かります。しかし、彼らの情熱と理想主義は神中心の思想と活動によってのみ補完され、完成することができるのです。（文鮮明1984.8.11, ソウル）（『続・為に生きる』124〜25）

## (3) 共産主義を凌駕する統一思想

共産主義は、サタンの誘惑に負けた宗教であり、悪魔的思想です。したがってそれに打ち勝つことができるのは、神の存在を明確にした、神に立脚した思想でなければなりません。それがまさに文先生の提示した統一思想なのです。

### 生死を決する闘争は理念の戦争である

収容所での二年八カ月間、私は共産体制が邪悪であることを身にしみて体験しました。私は実際にマルクス主義の最悪の非人間性を目撃しました。万一、共産主義を阻止できなければ、全世界は彼らの手で破滅させられるということを知るようになりました。それ以後私は共産イデオロギーと闘争し、これを克服するのにこの身を捧げることに決めました。

火は火によって勝たなければならないように、一つのイデオロギーはもう一つのイデオロギーによってのみ崩すことができます。そのために今は、われわれが処している生死を決する闘争は理念の戦争なのです。この戦争は軍事力のみで闘うのではありません。共産主義者らを買収して放棄させることはできません。共産主義に打ち勝つことのできる道はただ一つだけです。光が闇を押しやるように、誤った理念は正しい理念によってのみ征服され得るのです。（文鮮

明1987.9.21, ソウル）（第九回世界言論人会議、創設者メッセージ）

## 統一思想は、共産主義への代案

共産主義は、包括的で体系的な世界観をもってはいますが、それは偽りの仮定と歪曲された事実に根拠をおいています。したがって、世界の社会には、新しい真理に立脚した運動としての第三の代案が必要です。このような代案こそ、真理と絶対価値に立脚した完璧で体系的な世界観である「統一思想」であり、統一運動です。（文鮮明1983.11.25, シカゴ）（第十二回ＣＵＳでのメッセージ）

## 統一思想は共産主義の虚構を暴露している

皆さんは、共産主義者がなぜ私と統一運動に対してこのような恐れと敵意を抱いているのか、さらにわれわれを破壊するためになぜ必死になっているかについて、よく理解できないかもしれません。皆さんも知っているように、共産主義の究極目標は無神論的唯物論を唯一の真理とする共産党の一党独裁です。共産主義理論は労働価値説、剰余価値論、史的唯物論、弁証法的唯物論などから成り立っていますが、これらは虚構の理論にすぎません。これらすべては暴力革命を正当化するために使われているのです。今日まで歴史上、共産主義の恐ろしい現実を克服できるのは何もありませんでした。しかし、**統一思想は共産主義の虚構を暴露しています。**共産主義者はこれを知っており、そのため統一主義をその根源から抹殺しようとしています。共産主義者はその本性が暴かれるのをとても恐れているのです。（文鮮明1983.11.25、シカゴ）（第十二回ＩＣＵＳでのメッセージ）

## 統一思想によって共産主義の虚構性が白日のもとに暴露される

　では共産主義は、何の理由で私の統一運動をそのようにしつこく反対するのでしょうか。**それは統一思想が、神を彼らにはっきり知らせるのみならず体恤させてくれるので、無神論的共産主義の虚構性が白日のもとに暴露されるためです。**

　悪魔は、太陽の光を避けて夜にだけ暴れるように、共産主義は神を避けて、今日まで闇の世界でのみ権勢を振るってきました。**統一思想によって、神の真理の光を照らすとき悪魔としての正体が暴露されるために、彼らはどんなことがあっても統一運動に反対してきたのです。**実際に共産主義者のうちには、統一思想に接してみて共産主義が虚偽であるということを悟って、転向して統一運動に加担した例が少なくありません。……統一思想がまさに神の思想であり、神の願われた統一運動がまさに神の願われる運動であるからです。神はこの運動を通じてすべての矛盾と社会悪を除去し、統一された一つの真のユートピアを実現なさろうとしておられま

す。（文鮮明1983.12.20, ソウル）（「世界と韓民族の決意」『為に生きる』324～25）

## 偽りの思想は、真の思想によってのみ征服できる

第三次大戦は思想戦です。共産主義を軍事的にだけ破ることはできません。共産主義思想を凌駕する、より優秀な思想でなければ共産主義を破ることはできません。その思想とは、正に真理に立脚した思想を言います。

偽りは、真によってのみ征服できます。その思想が正に「神主義」です。これから自由世界が「神主義」すなわち「統一思想」で武装して、理念的攻勢に転換しない限り、共産主義に勝つとはできません。……共産主義がなかなか衰退しないのは、私たちの明確な代案がなかったからです。また、より優れた思想で武装されていなかったからです。（文鮮明1987.5.15）（『南北統一と世界平和』270～71）

## 神様がいないという思想には、神様がいるという思想によって勝てる

ですから、神様の実存を信じる我々は、その神様を我々の日常生活で実存として見ることができなければならず、世界が否定できない神様として刻み込まなければなりません。神様がいないという思想には、神様がいるという徹底した実証によってのみ、勝つことができます。こ

のようになれば、共産主義の問題は、その根本から崩れていくのです。このような使命を置いて始まった精神運動が、まさに統一教会の統一運動です。（文鮮明1982.10.8）（『神様の摂理から見た南北統一』709〜10）

### ⑷ 統一思想による、人間疎外の解決の真なる道

マルクスが提示した、人間疎外を解決するための方案は、(i)神の否定、(ii)労働生産物の疎外という外的な疎外観、そして(iii)暴力による解決でありました。その結果、サタンが働くようになりました。統一思想は、その逆の道を提示します。すなわち、(i)神の肯定、(ii)内的な疎外観：人間の心の中にある自己中心的な欲望と愛に由来する疎外、そして(iii)真の愛による解決です。

**解放運動の原動力は、憎悪ではなく、人類に対する真の愛**

私は、共産主義の支配下で呻吟している多くの人々を解放するために、私たち自由人が一致団結してこれを履行すべき神聖な義務があることを信じてやみません。

**私たちの目的は単なる反共ではなく、共産世界の解放です。**一九七六年、私たちはワシントン・モニュメント広場において、三十万人のアメリカ人を集めた大会を開きました。これは、

私がアメリカで行った大衆演説の絶頂でした。正にその翌日、私はそのような形態の集会を、次はモスクワで開催すると宣言しました。

この解放運動の原動力は、憎悪ではなく、人類に対する真の愛そのものなのです。私たちはすべての人間が自由を勝ち取るために努力しなければなりません。全世界の隅々で自由の鐘が鳴り響くようにしなければなりません。

私は、共産独裁の統治下に生きている約二十億の人々が解放の日を渇望しているという事実を知っています。自由世界の人々がちゅうちょして、義務感を欠如し、優柔不断になっている間に、数百万人もの人々が今日も、そして明日も死んでいくことを私たちは忘れてはなりません。(文鮮明1987.9.21,ソウル)(『続・為に生きる』108)

## 心の壁を崩して人類一家族を実現

人類が一つの家族となり、お互いに心の壁を崩し、天宙的次元で国家間の国境までも除去しようという共生・共栄・共義社会の実現運動も、このように一つの家庭から始るのです。もし全世界が、このような真の家庭で満ちあふれるならば、そこには弁護士も、検事も、さらには判事も必要なく、天道と天法が治める、道理に従う世界となるでしょう。……天理と天道が治める世界は、自然のままの世界です。遮るもののない真理と道理に従う世界です。影が生じな

い絶対価値による「正午定着」の世界です。（文鮮明2007.2.23, 韓国・清平）（『平和神経』254〜55）

## 物質よりも愛が必要

共産主義者たちは、愛を知っているでしょうか、知らないでしょうか。物質より愛をより貴く思うでしょうか。共産主義も、理想的な世界、私たちの心に平和をもたらすためには、物質よりも愛が必要だという論理を立てなくてはならないというのです。（文鮮明1977.5.22）（『南北統一と世界平和』184〜85）

## 統一思想は愛主義

神主義（統一思想）とは何ですか。愛主義です。我々統一教会は絶対的な神様に従う、神様による愛を中心とした、み業をしている者です。（文鮮明『神様の摂理から見た南北統一』676）

統一思想とは何でしょうか。神様の愛を占領して、真の父母と真の家庭と真の氏族、真の民族、真の国家、真の世界まで占領できる、そのような思想です。（文鮮明1985.4.15）（『神様の摂理から見た南北統一』677）

## ⑸ 統一思想は神主義、頭翼思想

統一思想（Unification Thought）は、神主義（Godism）または頭翼思想（Head-Wing Thought）ともいいます。神主義とは、神の真理と愛を核心とする思想という意味であり、頭翼思想とは、右翼でもなく左翼でもなく、より高い次元において両者を包容する思想という意味です。神の愛を中心とした新しい価値観による愛の精神をもって、左の思想である共産主義からは、憎悪心、闘争心や物質主義を取り除き、右の思想である民主主義からは、利己主義、自己中心主義を取り除いて、対立する両者を和解せしめ、共同して、神と人類の宿願である理想世界の実現に向かって進むように導いていくための思想が、神主義であり、頭翼思想であり、統一思想なのです。文先生は次のように語っています。

### 共産世界と西欧文明を解放する統一思想

互いに相反する、この二つの価値観の対決は、韓半島のみならず、今や世界の至るところで起こっています。正に、世界的な価値観の南北戦争をしている時代なのです。この価値観の対決を世界的な次元で解決せずしては、共産主義問題は解決できないし、私たちの南北統一も単なる妄想にすぎないでしょう。それゆえ、世界問題の解決なくして南北統一はありえず、また韓国問題の解決なくして世界問題の解決はありえません。同じ方法をもって、世界問題と韓国問題が解決されるからです。

このような見解を持ちまして、私がこの世界的な価値観の混沌を解決すべき鍵として提唱してきた思想を、「神主義」または「統一思想」と申します。神主義とは、神の実在を明白にし、神より付与された神聖不可侵なる人権を明らかにして、共産世界を思想的に解放し、もう一方において今日没落しつつある西欧文明を、世俗的な人本主義と退廃的な物質主義から解放せんとする思想です。（文鮮明1987.5.15, ソウル）（『続・為に生きる』258～59）

## 新文化革命のための統一思想

それでは、民主主義と共産主義は、なぜ解決策となることができないのでしょうか。二つの思想を注意深く分析すれば、どちらも究極的な意味の真理の核をもっていないということを見せています。民主主義は、政治制度の根幹としての貢献をなすかもしれませんが、決して明確で包括的な世界観ではありません。共産主義は、包括的で体系的な世界観をもってはいますが、それは偽りの仮定と歪曲された事実に根拠をおいています。したがって、世界の社会には、新しい真理に立脚した運動としての第三の代案が必要です。このような代案こそ、真理と絶対価値に立脚した完璧で体系的な世界観である「統一思想」であり、統一運動です。この運動によって新しい文化革命が起こりつつあり、すべての学者と専門家たちは新文化創造への参加を要請されているのです。私たちはこのような第三の世界観を発展させ、現世の問題解決を目的として「科学の統一に関する国際会議」（ICUS）を始めました。十二年前にICUSを創設した時、私は絶対価値を中心主題として掲げました。

ICUSにつけ加え、すべての人類が希望し、夢見てきた理想社会の建設を準備するために、私は、様々な会議とプロジェクトをつくりました。私が一生をかけて追求してきた統一運動の目的は、新たな体系的世界観に立脚した新文化革命を創造することだったのです。（文鮮明 1983.11.25,シカゴ）（第十二回ICUSでのメッセージ）

## 神様と人間がともに好む主義

皆さんは民主主義者になりますか、世界主義者になりますか。（世界主義者です）。宗教は、世界主義のみではありません。人間だけよくしようという主義ではなく、神様までもよくしようという主義です。しかし、共産主義や民主主義は、人間だけよくしようという主義です。ですから、神様までよくしようという主義と、人間だけよくしようという主義と、どの主義がよりよいですか。言い換えれば、神様も好み人間も好む主義がよいですか、主人を抜いて僕同士のみ好む主義がよいですか。（神様と人間が互いによいと言う主義がよいです）。（文鮮明『神様の摂理から見た南北統一』680）

## 物質だけ、人間だけ、神様だけの思想や宗教は滅びる

　神様だけ好む主義ならばよいですか。原則的に言えば、神様だけ好んでもだめなのです。神様も好み、人間も好まなければなりません。共産主義者たちが主張することを見れば、神様がいないと言います。彼らは、物質がすなわち生命であると言います。おそらく地獄には行かない、とそう言うでしょう。共産主義は、結局、終わりに行っては滅ぶのです。宗教も、神様だけを主とする宗教は滅びます。また、人間だけを主とする宗教や主義、思想も滅びます。

　では、神様と人間をよくする主義を神様の世界で歓迎しますか、しませんか。また、人間の世界でも歓迎しますか、しませんか。歓迎するのです。（文鮮明『神様の摂理から見た南北統一』680）

## 万民の解放のみでなく、神様まで解放しようという思想

　我々がもっている、共産主義より一歩さらに進んだ高い思想である天宙主義とは何ですか。これは、万民解放のみを目的にするものではありません。神様まで解放しようというものです。したがって、心情の世界でなければなりません。心情の鎖に連結されている父母なので、子女

が解放されない限り、父母は解放されません。ですから、心情の歴史をつくりましょう。心情の伝統を立てましょう。心情の世界をつくりましょう。そうして、神様を解放してあげましょう。（文鮮明『神様の摂理から見た南北統一』681）

## 統一思想は天宙主義

統一教会は、何をもって出現したのでしょうか。統一教会の思想は一言で言って、悲劇の人類歴史を終結させ、希望に満ちた新歴史を成就するという内容と目標をもっていると言うことができます。

統一思想は、天宙主義という思想です。天宙主義は、霊界と現象世界を一つに統一、または一致させるという思想です。統一思想である天宙主義の中に全世界が入ってきたとしても、その一部を占めるくらいですから、統一思想の膨大なことといったら、人間の想像力を超越していると言えます。天宙主義は、全世界のみならず宇宙と霊界、神様までも、一つに連結できる思想であるということを知らなければなりません。統一思想である天宙主義は、理想的な法度基盤の上に立った主役なのです。（文鮮明1986.10.21）（『神様の摂理から見た南北統一』682～83）

## 統一思想は最後に残る思想

最後に残る思想とは何ですか。結論をつけましょう。世界のためには、自己の国や民よりも世界をもっと愛することのできる運動、神様をもっと愛することのできる運動だけが、最後に残ることのできる主義となるのであり、思想となるでしょう。ですから、その国を越えることのできる超民族的な運動を世界的に提示して、超民族的に天が愛することのできる立場を、あるいは世界人が愛することのできる立場を自由に行くことができるように、どのように模索するかという主義だけが問題となるのです。（文鮮明『神様の摂理から見た南北統一』689〜90）

## ⑹ 共産主義を解放する統一思想

マルクスは「一つの妖怪がヨーロッパに現れている。――共産主義という妖怪が」と言って、資本主義の最後を宣言しました。しかし今、真理の光がアジアの天に昇り、その光の前に妖怪は終末を告げました。そして文先生は、共産主義者を倒すのではなくて、彼らを悪魔の手から救おうとされているのです。共産主義が、神を受け入れ、闘争的弁証法でなくて、和合的、調和的弁証法になれば、共産主義と統一思想は、人類の宿願である、理想世界の実現に向かって、ともに進むことができるのです

# Ⅲ

# 唯物弁証法への批判と代案

マルクスの構築した共産主義理論に基づいて、ロシア、中国、東欧などで革命が起きましたが、地上の楽園を目指した共産主義社会は楽園ではありませんでした。それは共産党が支配する独裁社会でした。

一九九一年十二月二十五日、二十世紀の世界を震撼させたソ連帝国は崩壊しました。しかし共産主義思想は今なお生き続けており、中国を初めとする共産独裁国家を支えています。この共産主義思想を克服しなければ、共産党独裁のもとで虐げられている人々を解放し、平和な理想世界を築くことはできません。共産主義思想は唯物弁証法に基づいています。したがって唯物弁証法を崩すことができれば、共産主義思想は根拠を失い、崩壊せざるを得ないのです。

## 弁証法が覆ればマルクスの全ての理論は覆る

すべてのものは相対的に存在しています。相対が定められれば目的観は自動的に出てきます。その目的は、二つを合わせたものよりももっと大きい価値をもつのです。ですから二つが合わさることは互いに矛盾対立して合わさるのではなく、共同の目的達成のために互いに合わさるのです。これが統一教会の理念の根本を成しています。ですからこのような根拠をもって弁証法さえ覆しておけば、共産主義の唯物史観とか経済理論などマルクスのすべての理論はみんな覆されるようになっています。(神様の摂理から見た文鮮明『南北統一』610～11)

共産主義思想の根本問題を知らなくてはならない

指導者は説得力がなければなりません。説得しようとすれば、相手をよく知らなければなりません。共産主義思想を持っている人を説得しようとすれば、共産主義について知らなければならないし、神学者を説得しようとすれば、神学について知らなければなりません。ですから、いつも根本が問題なのです。つまらない枝葉のことより、根本を知らなければなりません。それを知らなければならない枝葉ではないのです。(文鮮明1984.7.19.)(『真なる子女の道』88)

唯物弁証法には次のような主要な三つの法則があります。

① 対立物の統一と闘争の法則(矛盾の法則)
② 量から質への転化の法則
③ 否定の否定の法則

以下、それぞれの法則について検討し、それらに対する統一思想からの代案を提示します。

# 一　対立物の統一と闘争の法則（矛盾の法則）

## ⑴「対立物の統一と闘争の法則」への批判

唯物弁証法の三つの法則の中で最も基本的なものが「対立物の統一と闘争の法則」（矛盾の法則）です。ここで統一と闘争と言いますが、レーニンが注釈を加えているように、統一は一時的、条件的、相対的であり、闘争が絶対的なのです。すなわち、この法則の真意は、事物は闘争によって発展するということです。それではなぜ、統一を前に持ってくるのかと言えば、闘争を前面に出せば、人々に不安を与えるからです。つまり平和的、社会革命を願う人民大衆を欺くためです。平和、統一という看板を掲げながら、人々を惹《ひ》きつけて、やがて闘争理論によって暴力革命へと導いてゆくのです。

「対立物の統一と闘争の法則」によれば、事物の中には、必ず「正」と「反」という対立物があり、その対立物の闘争によって事物は「合」となって発展するというのです。これを「正反合」作用と言います。「正」と「反」の間には中心となるべき共通目的はありません。「対立物の統一と闘争の法則」を図示すれば次頁のような逆三角形になります。

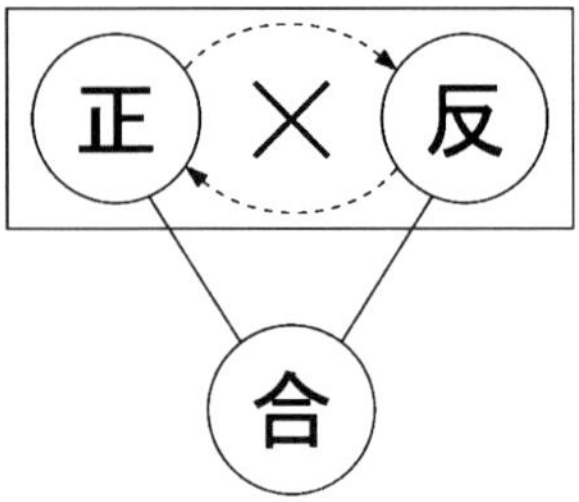


なお正反合の弁証法はヘーゲルに由来する概念ですが、マルクスはヘーゲルの弁証法に闘争概念を入れて、対立物の闘争による発展理論としたのです。ここではマルクスの対立物の闘争理論をヘーゲルの正反合形式で捉えて論じます。

にわとりの卵の孵化《ふか》にこの法則を当てはめてみると、卵の中では黄身、白身、殻からなる「正」と卵を否定する「反」としての胚の闘争が行われて、卵は孵化し、ひよこが生まれることになります。

闘争による発展ですから、胚が黄身・白身を食いつぶしながら、ひよこになり、ひよこは最後に邪魔になる殻をぶち破って飛び出してくるということになります。しかし、ひよこの誕生をこのように、闘争的に見つめるのは、明らかに異常です。

文先生も対立物の闘争によって発展するというマルクスの闘争理論をヘーゲルの正反合の形式で捉えて批判しています。

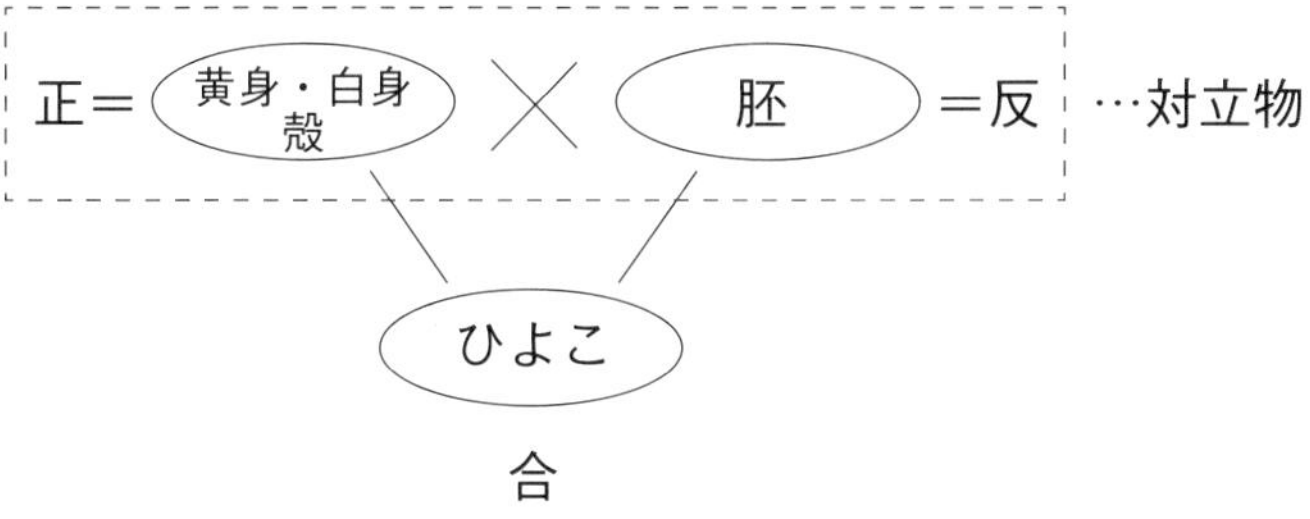


## 闘争しながらの平和はあり得ない

民主世界は、心主義です。そこにはまだ同情があり、未来があります。また、ここでは平和を論じます。しかし、共産主義の理念は、弁証法による闘争を主張します。彼らは、闘争過程が発展の要因だといっています。ここには平和はあり得ません。（文鮮明 1971.8.22）（『南北統一と世界平和』172）

## 闘いながら一つになり得るか

共産主義とは何でしょうか。主体も認めない、対象も認めない、方向性もない、目的性もないというのです。この中でどれか一つでも認定すると、すべて崩れ去ってしまうのです。ここでは、主体と対象関係を闘争として見ています。闘うことで一つになるというのです。全くそのような道理がどこにありますか。女性と男性と闘って一つになる、心と体が闘って一つになるというのです。……これは、歴史発展の原則にも、宇宙の存在原則にも違反するものです。（文鮮明 1980.6.22）（『南北統一と世界平和』180）

正反合から見た、にわとりの卵の孵化

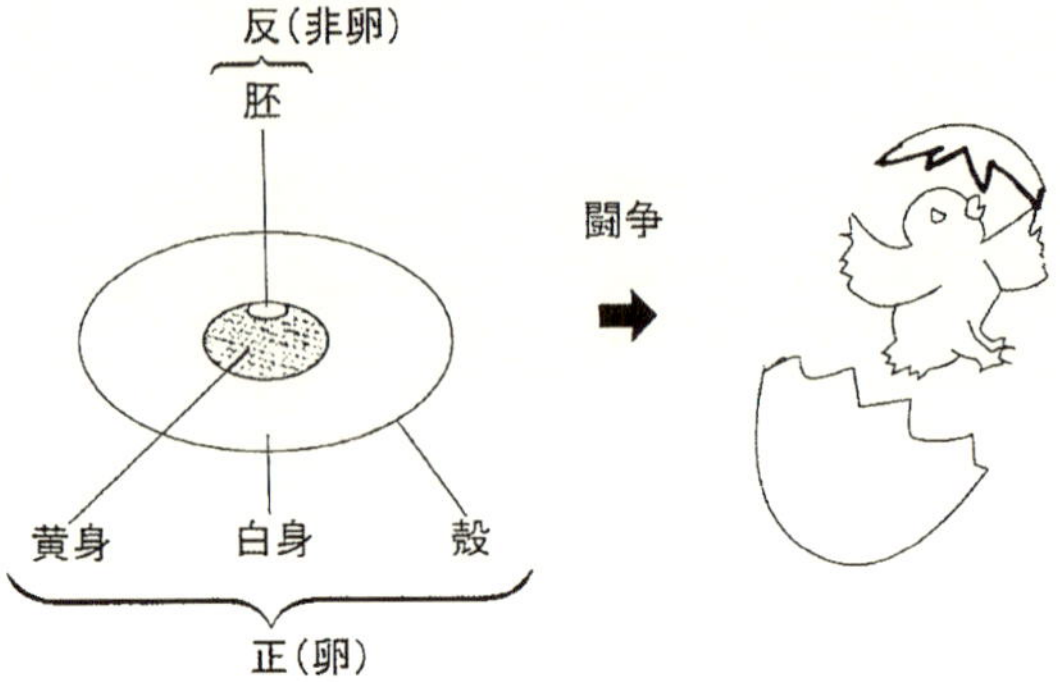


愛によって一つになるのであって、闘争によって一つになれない

弁証法的唯物論の核心は闘争なのです。闘争して栄えることがありますか。そのような論理が正しいですか。男性と女性が愛することが闘争ですか。男性と女性は愛によって一つになるのであって、闘争によって一つになりますか。(文鮮明『神様の摂理から見た南北統一』616〜17)

戦って一つになるという弁証法は、こっけいなものである

弁証法、それはこっけいなものです。二つが対立して、戦って一つになると言うのです。それは、女性と男性が毎日のようにけんかして、あさっての朝にはもっと発展

するという論法です。そのようなことがあり得ますか。とんでもないことです。戦えば互いに損害を受け、後退するようになるのです。（文鮮明『神様の摂理から見た南北統一』617）

## 闘えば滅びるのです

共産主義は何ですか？　正反合です。……正反が合になることができますか？　闘争です。永遠に闘争するのです。……闘って滅びるのです。最後まで闘います。怨讐になって刃物で刺し合い、子女が父親を殺し、父親が子女を殺します。そこまでいくのです。

（文鮮明2003.7.13）（『祝福家庭』㉚2003,28）

## 弁証法から見れば、赤ん坊は父母の怨讐

赤ん坊は母親の胸をかきわけて食い入るのですが、愛を抜きにしてみれば、そうできますか？　そうはできないというのです。それでも赤ん坊に父母の愛を肌で感じさせ、赤ん坊を抱くことによって自分が幸福だというよりも天地がすべて平和の境地に入ることを感じ、全体の雰囲気に良いものが芽ばえるということを感じるようになるときには、その赤ん坊がいくら自分の胸にかき分けて入るとしてもそれを許し、「さあ、飲みなさい、飲みなさい」と言えるおおらかな心が生まれてくるのです。それゆえ、父母たちは子どもを無限に愛することができるのです。

見方によっては、赤ん坊は父母の怨讐なのです。ホースをつけてあてがい、自分の血肉を吸っていく怨讐だというのです。しかし、母親としての新しい希望の刺激、夫に対する新しい刺激など、その赤ん坊によって見いだされるものが実に多いというのです。そのような境地では通じる何かがあるのです。その境地はだれも立ち入ることはできないのです。（文鮮明1971.10.3、ソウル）（『み旨にかなった子女指導』232〜33）

## 闘争を通して統一をするというのは論理的な矛盾である

千年、万年過ぎても変わらないその基準をどのように立てておくのでしょうか。億万年後の人たちが過去の一つの絶対的な基準を中心としてすべての精誠を尽くし、死力を尽くしてもそこに届くには不足であると言うことができ、そうでありながら、絶対的にもたなくてはならないという信念に徹することのできるよりどころの上に立った主義ならば、その主義を中心として世界は自動的に統一されるのです。

このような点から見れば、共産主義の唯物弁証法を中心とした現象世界では絶対に統一はあり得ません。闘争を通して統一をするということ自体が論理的な矛盾なのです。彼らは未来に望みをもって統一を追求していますが、そのような方法によっては統一した世界を成すことはできません。（文鮮明『神様の摂理から見た南北統一』620）

### 世界を破壊する正反合の理論

これからは、宗教解放が起き、国家解放が起きます。政策というものはありません。堕落した世界、百九十一か国がすべて、政策によって戦場になっています。弱肉強食という論理を中心として、闘争概念を中心としているのです。唯物論の正反合という言葉があり得ますか？　キリスト教文化世界すべてを破綻させるのです。（文鮮明2003.7.13）（『祝福家庭』㉚2003.35）

### 闘争理論の根源はギリシャ思想哲学

ギリシャ思想哲学は、〝万宇宙は、すべて闘争である〟と見るのです。お互いが、〝怨讐である〟と見ているのです。……共産主義理論である「資本論」や（唯物）弁証法を見れば、そこでは「闘争して発展する」といいますが、そうではありません。闘争ではありません。（文鮮明2003.5.10, ニューヨーク）（『ファミリー』2003.7,25）

「神はいない」というギリシャ哲学のぼろきれの中で、闘争する中で平和の論理などというのは、とんでもない話です。平和の世界の門前にも行けません。それはすでに終わったのです。ソ連のＫＧＢ（圏家保安委員会）もすべて終わりました。彼らの哲学思想は闘争思想ではないで

四位基台と正分合作用

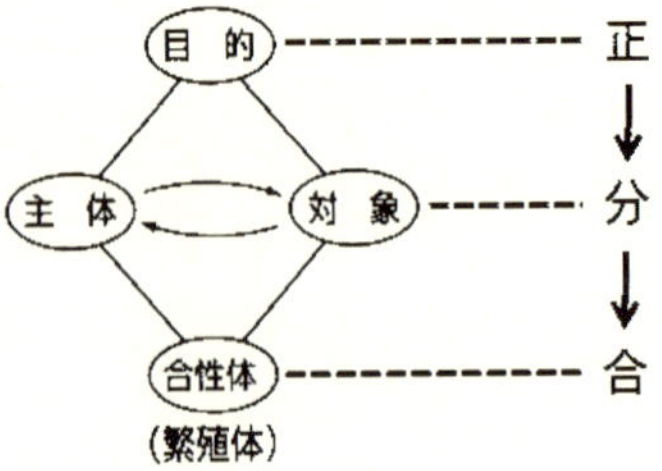


すか？（文鮮明2006.7.31，韓国・清平）（『ファミリー』2006.10,30〜31）

### (2) 代案としての「相対物の授受作用の法則」

統一思想は「対立物の統一と闘争の法則」への代案として、「相対物の授受作用の法則」を提示します。事物の中にあるのは対立物ではなくて、主体と対象という相対物です。主体と対象は共通目的を中心として、円満な授受作用を行って合性体を形成したり、繁殖体または新生体を生じます。主体は目的を中心として対象に働きかけ、対象はそれに応じるという関係であり、そこには対立とか闘争はありません。「相対物の授受作用の法則」を図示すれば、菱形《ひしがた》の四角形になります。このような四点からなる構造を四位基台と言います。

目的（正）を中心として主体と対象が相対的な関係（分）を結んで作用し、合性体または繁殖体（合）を形成するので、作用のプロセスから見れば、正分合作用となります。

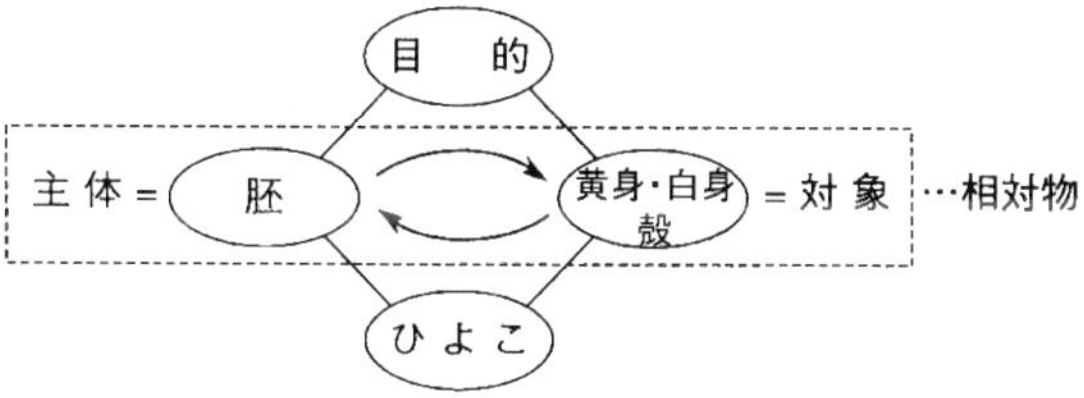


にわとりの卵の孵化《ふか》にこの法則を当てはめてみると、主体的要素である胚《はい》と対象的要素である黄身・白身・殻が、ひよこから鶏になるという共通目的のもとで、円満な授受作用を行って卵は孵化し、ひよこが生まれるのです。

その際、黄身、白身は胚が成長するための栄養分であり、白身は胚を保護する役割も兼ねています。殻は卵を保護していますが、卵の中で孵化が進んでひよこが出てくるときには、殻は薄くなって、壊れやすくなっています。そのように、ひよこを生み出すためにみな協力しています。そこには、対立とか闘争は見られません。

統一思想は、闘争によって発展するという唯物弁証法に対して、共通目的を中心とした主体と対象の調和的な授受作用によって発展すると主張しています。

正分合からみた、にわとりの卵の孵化

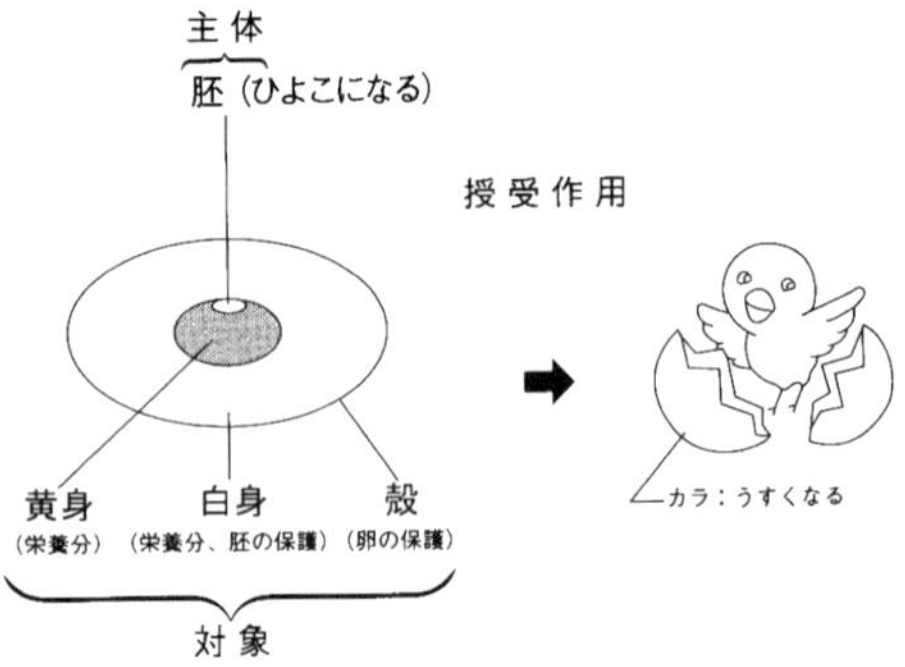


## 宇宙は矛盾による闘争から由来しない

この宇宙の最初の出発は、どのようになされたのでしょうか。それは唯物論者たちがいうように、矛盾による闘争から由来したのではなく、相対的な関係が成立するところから始まったのです。すなわち、相対的な関係を追求するところから宇宙が発生し始めたというのです。（文鮮明1967.8.13，ソウル）（『訓教経・上』564）

## 闘争論理に代わる「ために生きる」論理

弁証法による闘争論理の共産主義は、平和、調和の原理を適用させれば収拾することができるのです。今の自由世界を滅ぼすものが個人主義です。この個人主義の自由世界がどのように生き残るのかということが問題ですが、これは簡単です。「ため」に生きよということです。「ため」に生きよと、この一つですべて救われるのです。（文鮮明1989.3.19）（『南北統一と世界平和』196）

右側の目は左側の目のためにあり、この右側の目と左側の目は、人間全体のために存在します。四肢もすべてそうです。自身のためにあるものはありません。それゆえに、このような思想だけが理想世界を創造することができるのであって、共産主義的な打倒の思想をもってしては、闘争の概念をもってしては平和の世界は永遠に訪れることはできません。（文鮮明1988.10.16）（『南北統一と世界平和』197）

## 共通目的を中心として相対基準が造成されて作用が生じる

共産主義者が言うのですが、大宇宙には力があってすべてのものが発展するというのです。……それならば力が存在する前に何が必要ですか。力が存在するためには相対基準がなくてはなりません。相対基準を認定するためには主体と客体の観念がなくてはなりません。主体と客体、プラスとマイナスが授受するためには共同目的の基準がなくてはなりません。ですから作用とか力の現象は、力の共通目的において生じるほかないのです。そうであるならば、共産党がいう弁証法は崩れてしまうのです。

正というものと反対になるものがあり、それらが闘争して合体していくというのです。正というものと反対になるもの、それらは二個の違う観念として全く違うものです。違う目的圏です。互いに違う目的圏が一致することができるのでしょうか。……相対作用は共同目的圏内に限って作用するのです。絶対に、マイナスとなり損害となるところには作用しないのです。

共同目的を完遂する圏内において互いに引っ張り合いながら作用するのであり、これを見てみるならば、共産主義の弁証法は根本的に間違いであることが分かります。（文鮮明『神様の摂理から見た南北統一』609〜610）

### 目的のないところに発展はない

今日世界的に問題になっている、共産主義者たちが重要視する哲学、弁証法はとても大きな問題になるのです。目的観念をもたない存在はないのであり、より素晴らしい目的を追求しないところには発展がないのです。人間を見てみれば、我々人間は結果的な存在です。何かの原因があって存在しています。（文鮮明『神様の摂理から見た南北統一』613）

### 主体と対象によってアクション（作用）が生じる

今日の科学者は宇宙がエネルギーから出来ていると言いますけれど、エネルギーが最初ですか？　アクションが最初ですか？……アクションがあるとしたら、アクションよりも先に何かがなければなりません。アクションが先か、それともアクションの前にある何かが先かということを考えてみるとき、アクションというのは、ひとりでに成されるのではありません。主体と対象の関係が成立しないときには、アクションというそのような作用、アクションという言葉は成立しないのです。……ですからより発展するためには、主体と対象が作用しなくてはなりません。すべてがより価値あるものに向かって相対的関係をもとうとしています。ですから宇宙は連続的段階の因縁をもつようになっているのです。（文鮮明1984.5.20、ニューヨーク）（『ファミリー』1984.9、8～9）

### マイナスとなるところには作用は生じない

主体と対象は、互いの目的を中心として見てみても、自己一人で願う目的よりもプラスとなることのできる内容を相対から見つけられなければ授け受けしようとしません。言い換えれば、好ましい結果が現れなければ授け受けしないのです。

好ましいとはどういうことですか。プラスとなるということです。悪いとはどういうことですか。ひっきりなしに取っていって、全部なくなってマイナスになるのです。良いとはプラスとなり盛んになるものであり、悪いとはマイナスとなり滅びるものです。ですからマイナスとなるところには、どんなに強力な力を加えてみても授け受ける力が出てこないのです。力が生じることができないのです。そうでしょう？　そうですか、違いますか。

このような点から見る時、共産主義の弁証法はこれが分からない論理なのです。力の対決を認定するためには主体と対象の関係を結ばなくてはなりません。これが先決要件です。皆さんが化学実験をする時、元素のイオン化傾向を見ても元素が無条件に作用しないことが分かります。しかし元素が目的とする結果により好ましく、もっとプラスになることのできる要素が少しでも備わればいっぺんに作用するのです。もしマイナスとなる要素が少しでも入っていって、自己自体に侵害を受けるようになる時には絶対に作用しません。この宇宙は自己自ら保護作用をするのです。これが原則です。科学的な原則であるというのです。分かりますか。（文鮮明『神様の摂理から見た南北統一』612〜13）

## 闘争でなく投入することによって発展する

唯物論の弁証法には闘争概念が入っています。矛盾を中心として、それを克服するところから闘争概念が出てくるのです。しかし、理想的な世界を成すところにおいて、結論は、闘争概念ではない投入概念にあります。すなわち、主体となるものが投入しなくてはならないのです。（文鮮明『神様の摂理から見た南北統一』616）

## 毛沢東の闘争論理ではなくて文総裁の和合論理

毛沢東は、民族解放をすることはしましたが、世界平和を建設できる内容がありません。毛沢東の思想は、弁証法の論理なので、今まで闘争論理を介在させて戦略戦術を取ってきたのです。しかし、文総裁は、闘争論理ではなく和合論理です。和合論理を通して戦略戦術を成就させ、既に弁証法的闘争論理を吸収した段階に入ったのです。（文鮮明1990.10.7）（『南北統一と世界平和』144）

**和合的弁証法でなければ平和な世界を築くことはできない**

闘争的弁証法ではない。和合的弁証法、ハーモナイズ弁証法だ。少し字を変えればそのまま共産党のイデオロギーだね。物を中心とした弁証法ではなく、神を中心とした和合弁証法だ。それさえ変えれば共産党はそのままでよい。分かった？　一つ超えれば、すぐ神中心の弁証法になるのだよ（文鮮明1989.8.15，ニューヨーク）。

弁証法的唯物論が世界的平和理論か？　そうはいきません。和合の弁証法、先に相手を助けるような方法でなければ平和を築くことはできません。（文鮮明1989.8.27，アラスカ）

この前、十二月に三十六名の中国の教授が統一思想を研究したね。中国では、神といえば鬼を連想するらしいね。唯一神が分からないね。それでこれを解決するために、神に天をつけて天神とすれば神様になると感想文の中に書いてあった。感想文をずっと読んでみたらね、みんな感動していたね。先生が提案したのは何かというと、戦闘的弁証法ではなく和合的弁証法だ。（文鮮明1989.8.27, アラスカ）

## 統一思想と中華思想の一体化

今、共産主義が大変です。それは、弁証法的な憎悪の哲学を中心として正反合の理論をもっています。それは和合のハーモナイズ、闘争の弁証法ではなく、神様を中心として和合すると共産党以上の体制を固めることが可能です。「統一思想」と中華思想の一体化ができると地上天国実践時代に入っていきます。（文鮮明1989.7.4）（『南北統一と世界平和』115）

## 正反合では落ちていき、正分合によって発展する

「正」に対して分かれていくのは、より大きくなるためです。しかし、「正」に「反」していけば、後にはより小さくなるようになっているのであり、大きくなるはずは決してあり得ません。闘う場からは、発展はありません。分かりますか？　破壊であり、自分の本来の状態から落ちていくのです。「闘争理論」という概念は、そのようなものです。

そのために、**統一教会は正分合の論理を主張するのです。正から分かれて合わさるのです。**

より大きなものを願うので、そのようなことが起こるのです。それゆえ、神様の愛の対象者はより大きくなければならないというのです。より大きなものを得るために分かれて合わさるので、神様は無形の主体たるそのプラスの前に、対象的な存在が大きくなるそのような喜びと衝撃を感じるようになるのです。

ところが、皆さんを見れば、正分合することのできる体になっていません。正反合になっているというのです。正反合ではいけません。これは合の基盤ではありません。正反になれば、分散してしまいます。動けば動くほど、闘争すれば闘争するほど、だんだん落ちていきます、結局は神様まで否定してしまうのです。神様がいないというのです。このような闘争論理を立て、これを正当化し、世界制覇を夢見てきたのです。しかし、闘えば下がっていくのです。分かりますか？（はい）。その反面、神様は和合しなさい、奉仕しなさい、為に生きなさいというのです。それゆえ、聖書を見れば、「和睦しようとする者は神様の息子であるという称号を受ける」とあるのです。（文鮮明1994.6.9）（『ファミリー』1994.8.25）

## 神様も「正分合」の形で存在されている

この宇宙の根本に返って考えるならば、神様が「正」・「分」・「合」という形をとって存在されていることが分かります。「正」から分かれるのです。共産党たちは「正反合」と言いますが、

正分合の形で存在する神

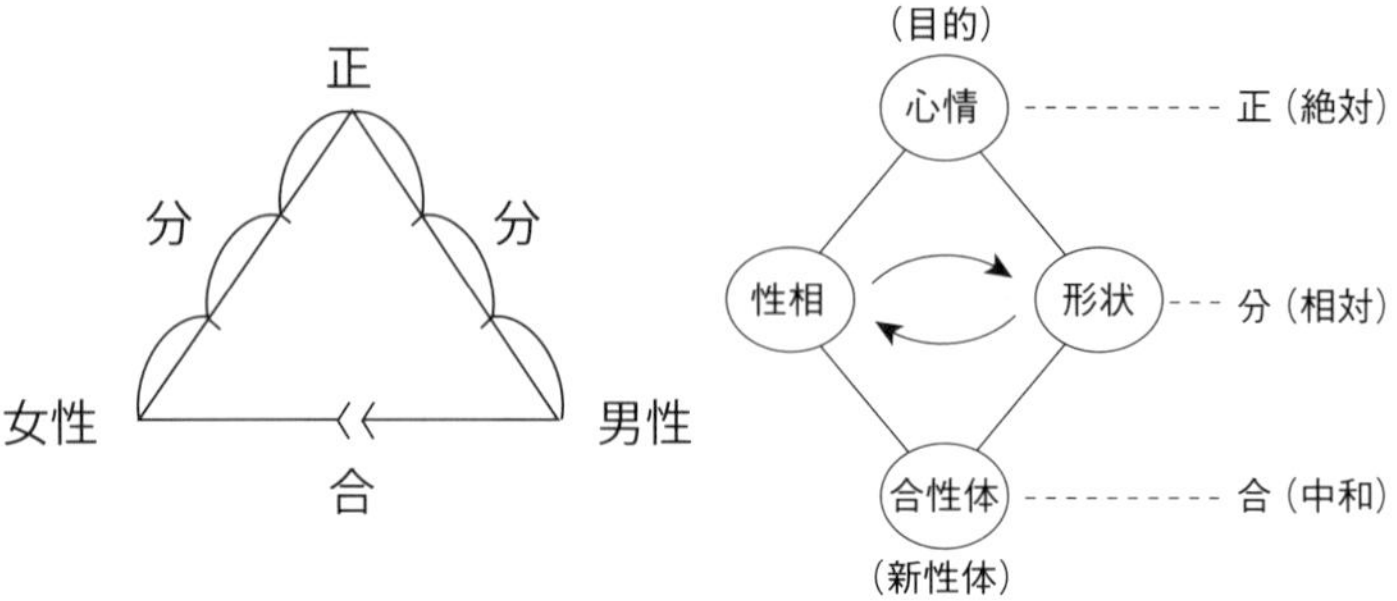


そうではなく、「正分合」です。反対なのです。（文鮮明1996.1.1, ニューヨーク）（『ファミリー』1996.2,40）

## 神様は愛ゆえに二つに分かれて、そして一つになる

神様が、なぜ始まりにおいて二つに分かれたのかということが問題です。二つに分かれることにおいて、男性と女性が願って二つに分かれたのか、神様が願って二つに分かれたのかということが問題です。（神様です）。二つに分かれることも神様がさせたのです。神様が何の目的で分けられたのでしょうか？　いたずらするためでしょうか？　神様は、なぜ二つに分けられたのでしょうか？　**愛ゆえに二つに分けられたのです。**……神様の愛とは何ですか？　……神様の愛と一つになるためには、アダムとエバが一つとなって、目にみえない神様のプラス・マイナスの性相に似た実体的アダム・エバになって、プラス・マイナスにならなければ、神様の愛の対象者になることができないという結果が出てくるのです。「正分合」です。……この男

女が、それぞれ成長してプラス・マイナスとなります。しかし、その男性と女性が闘争して一つになるのではありません。（文鮮明1996.1.1，ニューヨーク）（『ファミリー』1996.2，46～47）

## 二　量から質への転化の法則

### (1)「量から質への転化の法則」への批判

「量から質への転化の法則」は、事物の発展において、漸次的な量的変化が次第に蓄積されて、ある一定の点に達すると、突然、飛躍的な質的変化が生じることを言います。

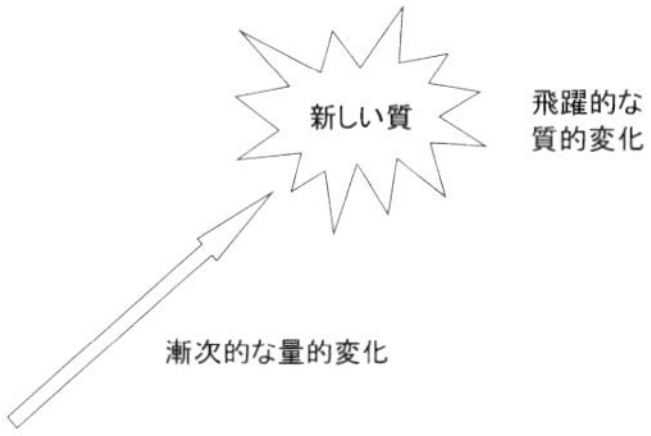


「量から質への転化の法則」は、暴力革命を合理化しようとするものです。すなわち、資本主義社会において、デモ、ストライキ等の階級闘争を積み重ねていくと、ある時点に達すると、突然、革命が起きて資本主義社会から共産主義社会に変わるというのです。

### 水の状態変化の例

| 唯物弁証法 | 批　判 |
|---|---|
| 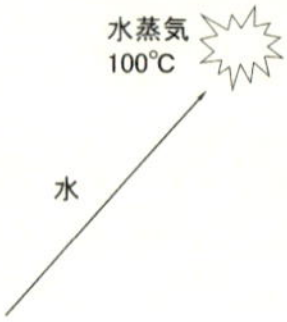 | 熱を加えるにつれて<br>（量的変化につれて）<br>水は徐々に水蒸気になる。<br>熱を取り去れば水蒸気は徐々に水になる。 |

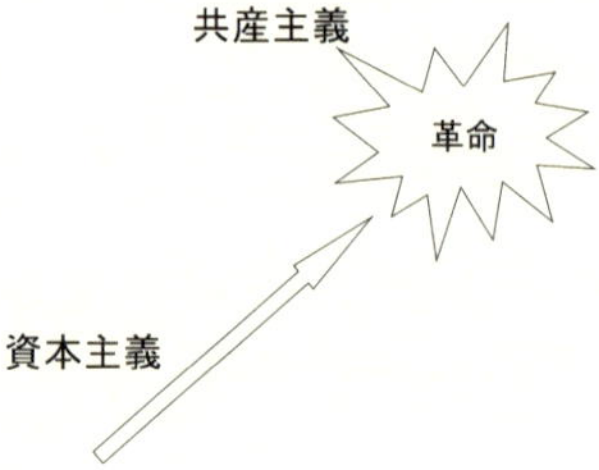


エンゲルスは「量から質への転化の法則」の実例として、水の状態変化を挙げています。すなわち、水は熱すると徐々に温度が上がり、摂氏一〇〇度に達すると突然、沸騰して水は水蒸気に変わるのであり、「量から質への転化の法則」に従っているといいます。しかし、熱を取り去れば、水蒸気は水に戻るのであって、これは共産革命の根拠にはなりません。共産主義社会になって階級闘争が終われば、元の資本主義社会に戻ると言わなければならないからです。

英国の共産主義者、コーンフォースは「量から質への転化の法則」の実例として、綱の切断を挙げています。綱にどんどん加重していくと、ある一点に達すると綱は切断されるというのです。しかしこれは綱が切断されただけで、綱が質的に変化したわけではありません。

コーンフォースはさらに、ボイラーの爆発の例を挙げています。ボイラーのなかの蒸気圧をどんどん上げていくと、ある一点に達す

**ボイラーの爆発の例**

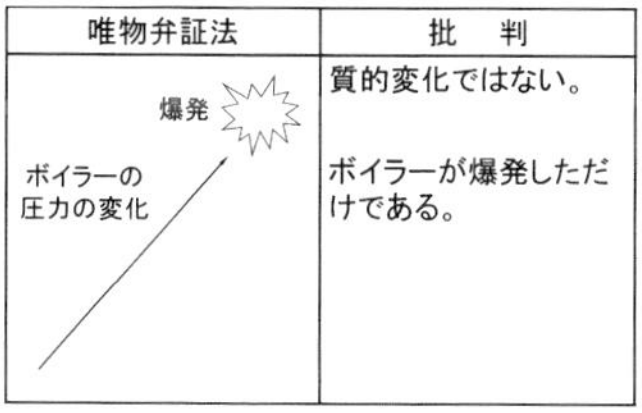

| 唯物弁証法 | 批　判 |
|---|---|
| 爆発<br>ボイラーの<br>圧力の変化 | 質的変化ではない。<br>ボイラーが爆発しただけである。 |

**綱の切断の例**

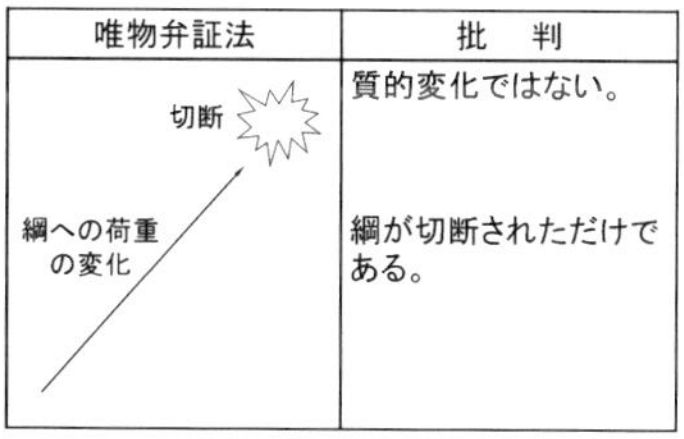

| 唯物弁証法 | 批　判 |
|---|---|
| 切断<br>綱への荷重<br>の変化 | 質的変化ではない。<br>綱が切断されただけである。 |

るとボイラーは爆発するというのです。しかしこれは、ボイラーが爆発するだけで、ボイラーが質的に変化したわけではありません。

**闘争を通じて突然、飛躍的に理想世界が実現することはあり得ない**

矛盾した人間が飛躍とか闘争とか言って理想世界を実現するという、このような論理は不可能なものであるとの結論が下されるのです。今日、弁証法という論理だとか共産主義理論をもっては不可能なのです。そうできるパターンの基準がないのです。これは基準を無視するものです。（文鮮明『神様の摂理から見た南北統一』619）

**突然発展するというのは仮想的な論理にすぎない**

弁証法では、方向性とか目的性を認定しません。その次に、作用性に対する根本問題に触れないようにします。なぜ作用しようとするのか、なぜ一つになろうとするのか、という問題に触れませんでした。それ自体を中心として発展するというのです。発展する場合必ず大きなものに発展する、ここに突然変異という仮想的な論理を立てて、補填しようと努力しています。（『神様の摂理から見た南北統一』588）

質（性相）
量（形状）｝同時的、漸次的、段階的に発展

## (2) 代案としての「質と量の均衡的発展の法則」

量的変化が質的変化に転化するのでなくて、質と量は、同時的、漸次的、段階的に変化し、発展しているのです。

鶏の卵の孵化《ふか》を例に取ってみます。卵を温めると、外からは見えませんが、中では質的変化も同時的に、徐々に進んでいます。ある時点で、突然、卵がひよこに飛躍するのではありません。しかも孵化のプロセスは、受精卵→2細胞期→4細胞期→8細胞期→桑実胚期→胞胚期というように、段階的に発展しているのです。

## 三　否定の否定の法則

### (1)「否定の否定の法則」への批判

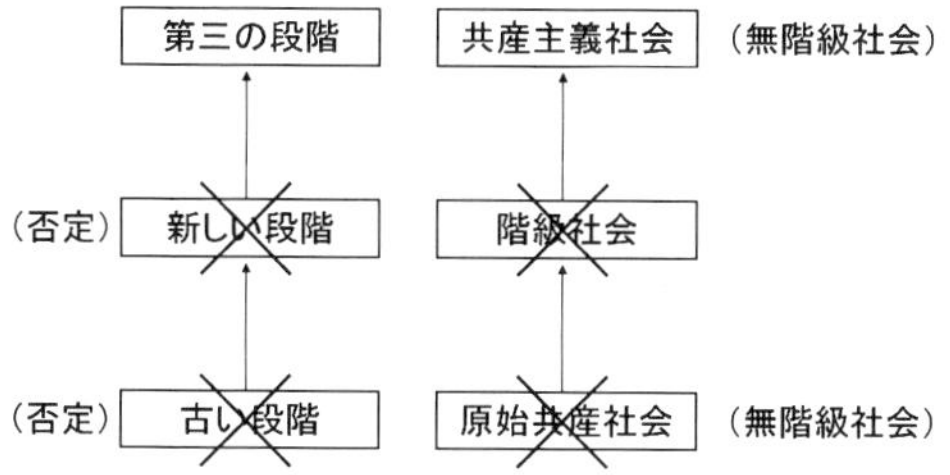


「否定の否定の法則」によれば、事物の発展において、古い段階が否定されることによって新しい段階に移り、それが再び否定されることによって第三の段階に移るが、この第三の段階への移行は、高い次元における最初の段階への復帰であると言います。レーニンはこれを螺旋《らせん》形の発展と言います。

この法則を社会発展に適用して、無階級社会の原始共産主義社会が否定されて、階級社会に移行し、それがさらに否定されて、再び無階級の共産主義社会に戻るが、原始時代の共産主義でなくて、文明の発達した高い次元の共産主義になるのだというのです。

「否定の否定の法則」の実例として、エンゲルスは大麦について述べています。すなわち、一粒の大麦の種が否定されて芽を出し、植

蝶の例

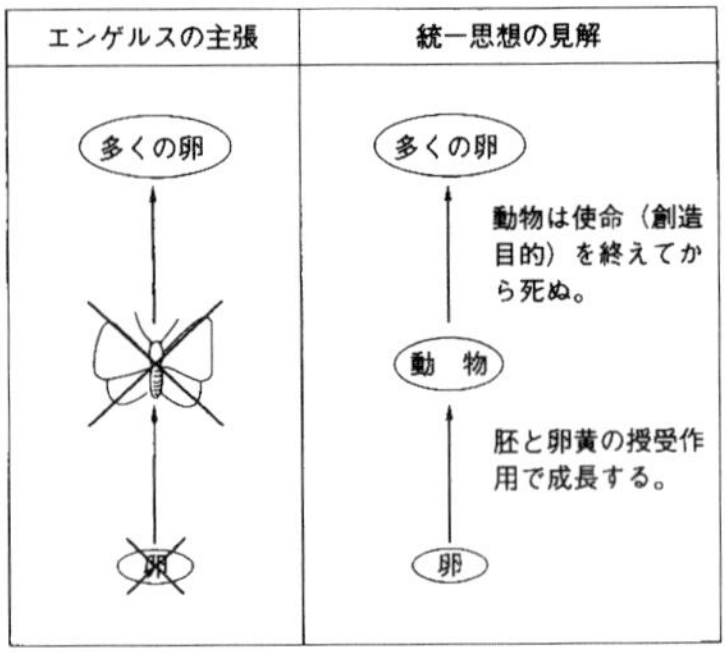


一度の産卵や仔を産んでも死なない動物が多い。
（例）にわとり

大麦の例

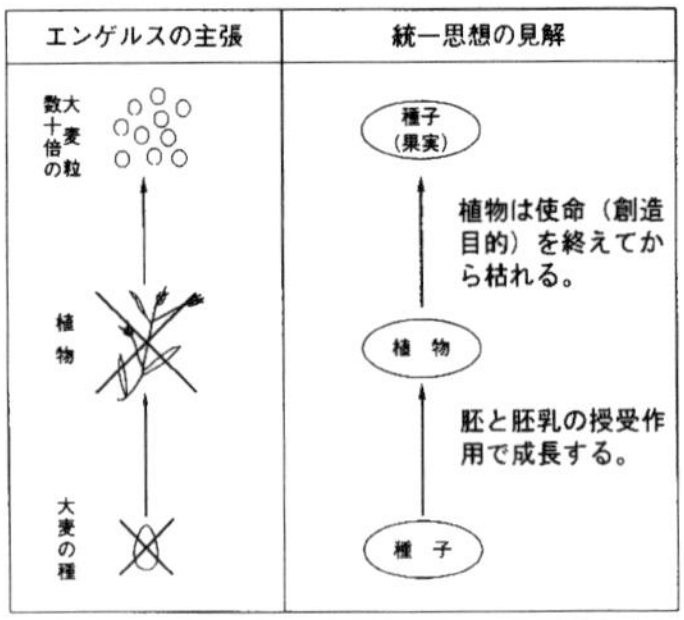


多年生の樹木の場合、種子（果実）を実らせても枯れない。
（例）リンゴの木

物になり、それが枯れて否定されることによって大麦の種に戻るが、最初の一粒から数十倍、数百倍の種になっているというのです。

しかしこれはおかしな主張です。種が焼却されたりすれば否定ですが、種が芽を出すのは否定ではありません。種は芽を出すようになっているのです。また大麦の茎や葉が枯れるのも否定ではありません。数多くの種を実らせて創造目的を達成したから枯れたのです。ちなみに、リンゴのように、枯れないで毎年多くの果実を実らせる多年生の植物はいくらでもあるのです。

エンゲルスはまた蝶《ちょう》の例を挙げています。卵が否定されて蝶になり、蝶が再び否定されて死んで、多くの卵を残すといいます。しかし卵が破壊されるなら否定ですが、卵が蝶に孵化するのは否定ではありません。また蝶が多くの卵を産んで死んでいくのも否定ではありません。子孫繁殖の使命を果たしてから寿命が尽きて死ぬのです。ちなみに、にわとりのように、卵を産んでも死なないで、何年も生き続ける動物も多いのです。

否定の否定の法則について、エンゲルスは「形式のみが否定され、内容は保存される」と言います。これを社会に適用すれば、資本主義から共産主義に変わっても、内容である人民は保存されるという意味にとれます。しかしマルクスが「資本主義の外皮は爆発される」（『資本論』）というように、否定には暴力的な意味が込められているのです。したがって外皮の爆破とともに、内容である人民の多くも爆破（粛清）されるのであり、決して平和的な意味の否定ではないのです。

**共産主義世界へと戻っていくというのは間違い**

**復帰は弁証法に適用できません。**発展をしないのです。発展する世界、共産主義世界へと戻っていくという言葉は全く間違った言葉です。それはみんな荒唐無稽《むけい》な論理です。（『神様の摂理から見た南北統一』618〜19）

目的性と時間性と段階性

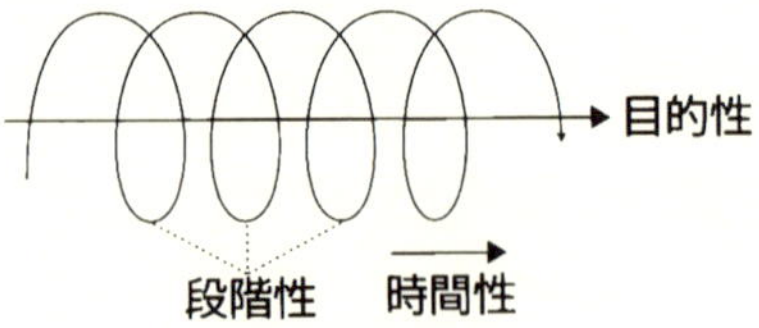


円満な授受作用による発展

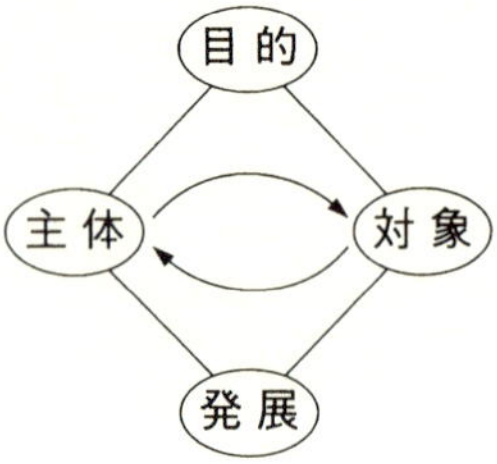


## (2) 代案としての「肯定的発展の法則」

すべての事物は、自然においても、社会においても、その中にある主体的要素と対象的要素が、共通目的を中心として、円満な授受作用を行うことによって、あるいは他の事物との間に主体と対象の関係を結びながら共通目的を中心として、円満な授受作用を行うことによって、肯定的に発展しているのです。否定しながら発展しているのではありません。

「否定の否定の法則」による発展運動は、前進性をもつと同時に高次元的な復帰であると唯物弁証法は主張していますが、統一思想では発展運動とは、生命体の運動であり、そこには目的性と時間性と段階性があると見ます。すなわち、発展運動とは、ある目的を実現する方向に向かって、一定の時間を経過しながら、段階的に前進していく運動のことです。

さらに統一思想は、すべての存在は主体と対象の授受作用による円環運動を行うことによって、その存在の永遠性を維持していると見ます。そのとき無生物の場合は、例えば地球が太陽の周りを回るように、文字どおりの円環運動をしていますが、生物の場合は、種の保存と繁殖のために、継代現象として、時間的な円環運動、すなわち螺旋《らせん》形運動を行っていると見ます。

しかし、これは自然現象に対する説明であって、歴史的事実の説明には当てまりません。歴史に関しては、統一思想では、一方では、人類始祖の堕落によって失ってしまった創造理想世界を取り戻すための復帰歴史であり、他方では、創造の法則（授受作用の法則）に従って文化的、科学的に発展していく歴史であると見ます。すなわち、一方では復帰歴史であり、他方では発展の歴史（再創造歴史）です。

したがって、唯物弁証法のように、自然界における螺旋形運動の法則を社会発展に当てはめて、人類歴史は原始共産社会（無階級社会）への復帰型である共産主義社会に到達するというのは、全く誤りです。もしそうであるとするならば、自然界の螺旋形運動は、果てしなく回転していく運動ですから、その法則を歴史に適用すれば、ひとたび共産主義社会ができても、やがてそれは再び階級社会に移行していくという結論になるのです。

## 四　弁証法によっては説明できないもの

弁証法によって説明できないものがあります。それは真の愛であり、本然の愛です。

### 真の愛は変わらないものであって、革命できない

真の愛とは何ですか。変わるものでしょうか、変わらないものでしょうか。(変わらないものです)。では、この愛を中心として、何とかこの世の中で変わらない愛の種類を一度探してみましょう。何ですか。夫婦だけで愛することですか。(違います)。では、父母が子供を愛することですか。どちらが変わりませんか。(父母の愛です)。

さあ、父母の愛ですが、子供が父母を愛する愛と、父母が子供を愛する愛とどちらがより変わらないものですか。(父母の子供への愛です)。父母が子供に対する愛はこの世の中の愛がみんな変わっても変わらないでいるという事実を、我々は歴史を通して知ることができます。

では、ここで問題となるものは何ですか。今日、共産主義が弁証法によって、父母が子供を愛するそのような考え、あるいはそのような愛の力を説明することができるのかというのです。それが問題です。できますか、できませんか。(できません)。絶対にできないのです。絶対にできません。……このような真の愛、本然の愛は、共産主義とか民主主義とか、その他の何か

をもってしても革命できないのです。革命できないのです。変更できないというのが結論です。分かりますか。間違いなく認定しますか。理論的に認定しますか。では、その父母の愛はなぜそうなのでしょうか。なぜ、そのような愛が人間の世の中に残っているのかというのです。その愛がどこから出てきたのですか。その父母の愛を、生まれる時からもって来たのでしょうか。どのような動機の結果でしょうか。原因がどこにあるのかというのです。その愛を私がもたなければならないと考えてそのようになるのでしょうか、自分も知らない動機の結果でしょうか。動機的な立場でしょうか、結果的な立場でしょうか。それはどのようなものが起源ですか。（神様です）。（文鮮明『神様の摂理から見た南北統一』621〜22）

## 父母が子供を愛する心は革命できない

父子関係の愛、それは善いですか、悪いですか。（善いです）。世の中にどんなに革命と変遷があるとしても、今まで弁証法的変化によって発展するという論理がいくら膨張していたとしても、父母が子供を愛する心を革命する力はありません。ありますか、ありますか、ありませんか。（ありません）。鳥たちが自分の雛を愛することを革命できますか。（できません）。それは変わることができるでしょうか。（できません）。絶対的です。千年前でも万年前でも同じなのです。（文鮮明『神様の摂理から見た南北統一』622〜23）

## 変わらない愛の哲学理想が人間に幸福をもたらす

永遠に変わらず絶対的なもの、良いもの、すべてのものが吸収され、すべてのものが和することのできる良いもの、それが何ですか。(神様)。そうですが、神様がいらっしゃるならばその変わらない中心体、その変わらない中心体の心をもってもだめなのです。そこには愛がなくてはなりません。愛を探さなくてはなりません。

共産党にも尋ねてみると、愛は永遠であることを願い、愛は全体的であることを願っているのです。そのようなことも言っているのです。同じなのです。

ですから、弁証法的哲学理想が人間に幸福をもたらすことはできず、変わらない愛の哲学理想が人間に幸福をもたらすことができるという結論は、理論的結論です。何の話か分かりますか。それは誰も不平を言う人がいません。王も好み、労働者も好みます。階級を超越するのです。(文鮮明『神様の摂理から見た南北統一』623～24)

## 五　ヘーゲル弁証法の誤り

マルクスの唯物弁証法はヘーゲルの観念弁証法を逆立ちさせて唯物論的に焼き直したもので

す。したがって、マルクスの唯物弁証法はヘーゲル弁証法の誤りをそのまま受け継いでいるのです。

## ヘーゲルの誤りは堕落した人間を本然の基準として考えたところからきている

ヘーゲル弁証法は間違っている。ヘーゲルは弁証法における「闘争」という観念をどこから引き出してきたのか。人間の心の中に深く入ってみれば、良心と肉身は闘っている。そこで闘争観念がもともとからあるというように考えられてきたのである。だから、神が創造した世界そのものに闘争があると曲解されてきた。それは堕落観念が分からなかったからで、根本的問題である。

人間の本心を深く探ってみれば、人間は相反する二つの性質でもって対立しているというように考えられてきた。ですから、そういう二つの要素が組み合わされた人間の、良心的な基準と肉心的な基準に対応しながら、歴史が発展してきたという観念がすぐ生まれるのです。それゆえ、ヘーゲルにおいては「堕落観念」を生み出すことができなかった。これは、根本的問題である。堕落した結果としての人間自体を分析してみれば、相反する二大性質で結合している。それが、そもそも神の創造の原則だと思うから、宇宙はそうなったとする根本的原論を立てるようになった。

そういうふうに考えてみた場合、今の共産主義思想は現在のすべての事象を弁証法理論による歴史的発展の中で主張する。現実の一切を上部構造と下部構造〔支配階級と被支配階級〕に分立させ、論争、対決の相対圏を立たせて解決し、発展させようという戦闘的な理論を引き出している。発展するには、以前のものを破壊しなくてはならないという理論が必要になってくる。そもそも、ヘーゲルの弁証法は、その基準を堕落しなかった人間の立場から考えた。しかし、事実はそうではない。堕落した人間であったから、良心と肉身の対立、闘争が始まったのである。もともと、人間の中には矛盾した性質はなかった。

そういう面から見た場合に、我々は、本源の基準に一致する現実的な運動というものが絶対必要である。ヘーゲルは、「生活の場」が矛盾をはらんでいると見た。それが平常なものであって、宗教は異常なものだと思うようになったのである。そうではありません。ヘーゲルの考えは間違っている。**堕落した結果の人間を中心として、堕落前の本然の人間の出発基準を考えた点が間違っていたのである。**

我々がここで強調しなければならないことは、堕落観念を早く宣布することである。我々人間自体の中で、良心と肉身とが相争って闘っている。その二つの力の拡大が、世界の分立体として、民主主義世界と共産主義世界、唯心、唯物の世界として現れている。その結実として収穫期に向かって進んでいるのが、末世紀〔終末時代〕の時代思潮の現象である。はっきりしているんだよ。

ここで、我々「統一思想」はどうするか。出発点が間違っているから、我々は一次元高い本源の元に帰らなければならない。一次元高い本源の元という人間は何か。**これは良心と肉身が闘っている人間ではなくして、良心と肉身が一致している人間である。**（文鮮明 1983.5.13, 韓国・済州）（『祝福と理想天国Ⅱ』919〜20）

まだ我々はみんな偽者です。見てみなさい。なぜ偽者かというのです。心と体が一つになれずにあえいでいるではないですか。それが何の本物ですか。二つが戦っているのに本物ですか。本物と言うことができますか。（できません）。**このような人間自体を見て弁証法という矛盾した論理が見いだされたのです。**人間自体の闘争からすべてみつけ出したのです。ヘーゲルのような人たちのことを言っているのです。（文鮮明『神様の摂理から見た南北統一』609）

今日一般の哲学者たちが堕落という観念を知らずに人間の心を開いてみたので、「そのようなものである」として、弁証法とか何だとか全部このように出てくるのです。**闘争が起源であるということも**すべて一理あることのようですが……。堕落したその立場から見る時のことですが、人の心をじっと探して入っていくとまさに闘争しているのです。**堕落した結果から見れ**

ばまさにそのように見えるのです。（文鮮明1978.3.26）（『神様の摂理から見た南北統一』609）

## 六　摂理史から見た唯物弁証法の意義

再臨の時が来ると、サタンは神にその地位を奪われるようになります。そのためにサタンは正反合の闘争理論を打ち立てて、反としての自己の存在位置を確保しようとしたのです。毛沢東の「造反有理」（反の立場の謀反にこそ、正しい道理がある）という言葉にそれがよく表されています。サタンは人々を互いに争わせながら、「暴力の君」として背後から世界を支配しようとしてきたのです。それに対して、再臨主は「平和の君」として、真の愛を中心とした平和な世界を実現しようとして来られたのです。ところでサタンの正体は最高の知恵の天使ルーシェルですから、共産主義思想は多くの知性人をひきつけてやまない装いをしていたのです。

### 科学的装いをして知性人を掌握した共産主義

彼らが思想的にどんなに賢い人々なのか分かりますか？　共産主義理論も自分勝手になっていないのです。理論的に見た時に否定できない内容を備えていたので、世界的な知性人層を全部、掌握していったのです。（文鮮明1991.7.1，ソウル）（『ファミリー』1991.9.31）

「神様はいない」と言っている彼らに、「神様はこのように生きている」と教えて、科学的論理でもって武装されていた共産主義理論を抜き取ってあげ、その空白を埋めることのできる精神的、思想的、宗教的内容をもって、神様の確証を提示できる理論的な宗教の教理は、この文総裁にしかありません。（文鮮明1992.1.26, ソウル）（『ファミリー』1992.8,24）

## サタンは闘争論理によって世界制覇を夢見てきた

今までサタンは、神様の代身の役事をしましたが、終わりの日には、神様の代身をすることはできません。追い出さなければなりません。追われていくところがないので、神様がそのまいるというときは、自分も生き残ることのできる環境がありましたが、神様が訪ねてくるようになれば、自分は追い出されるべき立場にあるので、無神論世界観を主張するのです。

それが正反合論理です。「反」の概念をどのように説明しますか？「正」に「反」があるなら、神様自身が善悪の主体になるという論理が生じます。そうなることはできません。善は善です。善に闘争的概念はあり得ません。統一された一つの体に闘争的概念はあり得ません。ところが、彼らは正反合論理を主張するのです。これは完全にサタンの論理です。「正」に対して分かれていくのは、より大きくなるためです。しかし「正」に「反」していけば、のちにはより小さくなるようになっているのであり、大きくなるはずは決してあり得ません。闘う場からは、発展はありません。分かりますか。破壊であり、自分の本来の状態から落ちていくのです。「闘争理論」という概念は、そのようなものです。……

正反になれば、分散してしまいます。動けば動くほど、闘争すれば闘争するほど、だんだん落ちていきます。結局は神様まで否定してしまうのです。神様がいないというのです。このような闘争論理を立て、これを正当化し、世界制覇を夢見てきたのです。（文鮮明 1994.6.9, ソウル）（『ファミリー』1994.8, 24〜25）

このことをすべてサタンも知っているのです。自分本体の正体を否定することができません。サタンは、「正分合」的な立場で出発したすべての自然世界と反対の立場にいるので、自分の正体を介在させ、「正反合」ということを正しいと主張したのです。これが共産主義の主張です。この闘争概念というものは、あってはならないのです。……サタンが人類をだまして、神様の原則に反対した立場で自分を存続させ、世界制覇を夢見たのです。それが共産主義理論です。（文鮮1996.1.1, ニューヨーク）（『ファミリー』1996.2, 43-44）

## 破壊しながら自己の存続を謀るサタン

戦いながらの発展はあり得ません。共産主義の理論はすべて偽りです。弁証法的論理は偽りです。戦えば必ず消耗が生じます。消耗することを誰がさせるのですか？　悪魔です。正常で創造理想的な物を破壊させる仕業をするのが悪魔のやることです。悪魔はなぜそうしなければならないのでしょうか？　破壊してから修理が終わるまで、自分が存続できる時間を延長しようとする方法です。では神様はどうされるでしょうか？　サタンが破壊しておいたのを収拾されます。再創造過程で収拾してこられます。それゆえ、天を信じて、心と体が一つになったところには発展があります。夫婦が一つになるところで、兄弟が一つになるところで、民族が発展し世界が発展するのです。（文鮮明1994.11.3，ソウル）（『ファミリー』1995.1，14）

レーニンは「発展は対立物の闘争である」と言い、エンゲルスは「自然は弁証法の検証である」と言いました。それに対して、統一思想は「発展は相対物の授受作用である」、「自然は授受法の検証である」と主張します。かくして弁証法の時代は終わりを告げ、授受法の時代が到来したのです。

# Ⅳ 唯物史観への批判

## 一　唯物弁証法を歴史に適用した唯物史観

エンゲルスが「マルクスと私とは、ドイツ観念論哲学（ヘーゲル哲学）から、そこで意識的に用いられている弁証法を救いだして、唯物論的な自然観と歴史観とにとりいれた、ほとんど唯一の人間であった」（『反デューリング論』）と言っているように、ヘーゲルの観念弁証法を唯物論的に焼き直して、それを歴史に適用したものが唯物史観であって、その骨格は次のようです。

①　歴史発展の原動力：生産力の発展
②　歴史の始元：原始共同体（無階級社会）
③　歴史の方向：共産主義社会への必然的到達
④　歴史の性格：階級闘争の歴史

事物は闘争によって発展するというのが弁証法ですから、それを歴史に適用して、歴史は階級闘争によって発展すると言います。またヘーゲルの観念論ではなくて唯物論ですから、歴史を動かしている原動力は、神の摂理でもなく、人間の精神的な力でもなく、物質的な力、すなわち生産力であると言います。さらに、神の思考が自己を疎外して、自然界に現れ、矛盾を越えながら本来の自己である絶対精神に戻るという、ヘーゲルの帰還の弁証法に倣って、歴史は無階級の原始共同体（原始共産主義社会）から始まって、階級社会を経て、次元の高い無階級の共産主義社会に必然的に到達すると言います。

## 二 階級闘争による歴史発展

### (1) 唯物史観の主張とそれに対する批判

唯物史観によれば歴史は階級闘争によって発展するといいます。正反合の弁証法において、反を介在させながら、自己の存在を主張しようとしたサタンは、歴史においても、階級闘争を通じて背後から人類を支配しようと試みたのです。階級闘争を通じて反対勢力を粛清しながらサタン主権の独裁社会を築こうとしたのです。

## 戦闘的な唯物史観

　共産主義思想は現在のすべての事象を弁証法理論による歴史的発展の中で主張する。現実の一切を上部構造と下部構造［支配階級と被支配階級］に分立させ、論争、対決の相対圏を立たせて解決し、発展させようという戦闘的な理論を引き出している。発展するには、以前のものを破壊しなくてはならないという理論が必要になってくる。（文鮮明1983.5.13，韓国・済州）（『祝福家庭と理想天国Ⅱ』919～20）

## サタンは伝統破壊の魁首、破壊の先導者

　今、世界は民主世界と共産世界の二つになっていますね。どちらが本物ですか。お互いに本物であると言うでしょう。では誰が、本物であると公認しなければなりませんか。歴史が公認しなければならないのです。共産主義理論で言えば、歴史が公認しなければならないという言葉は成立しません。弁証法的論理によれば、歴史は闘争によって発展すると言うので伝統がありません。ですから、伝統破壊の魁首がサタンです。サタンが破壊の先導者です。（文鮮明『神様の摂理から見た南北統一』615～16）

**唯物史観の目指す理想世界とは、反動分子を粛清した世界**

彼らが追求するものは何ですか。ユートピア、理想とは何ですか。闘争の過程によってもたらされる平和の世界です。その平和の世界は今日民主世界でいう平和とは違います。平和に違背するすべての者を粛清します。反動分子であるというのです。ですから反動分子の首を全部切ってしまい、反動分子がいないようにしたその世界を平和と言うのです。（文鮮明『神様の摂理から見た南北統一』613〜14）

**反対する一切の要員たちが消え去った基盤のもとでの平和**

共産主義の平和戦術というものは……反動分子を除去して、絶対労働者、農民のための独裁政権、彼らがいうプロレタリア独裁政権を中心として、反対する一切の要員たちが消え去った基盤のもとで、単一的主張で一元化し得る基準の上で言う平和です。（文鮮明1988.5.15）（『南北統一と世界平和』178〜79）

## (2) 統一史観の見解

統一思想における歴史観、すなわち統一史観から見れば、社会は階級闘争によって発展した

授受作用および善悪闘争による歴史の変遷

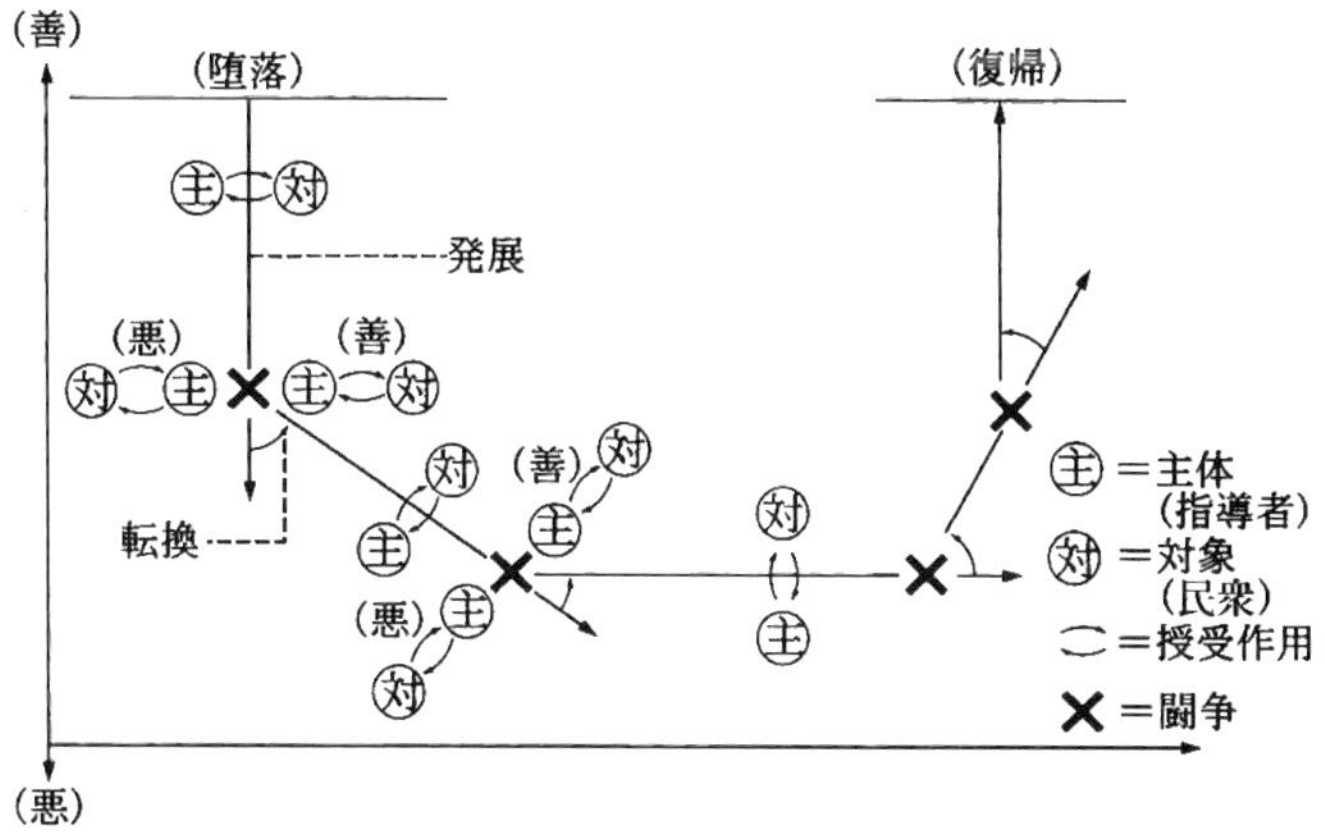


のではありません。科学、経済、文化は共通目的を中心とした主体と対象――人間と自然、政府と国民、経営者と従業員、指導者と部下、教師と生徒など――の円満な授受作用を通じて発展するのです。闘争しながら発展することはあり得ません。

一方で人類歴史は、より善の側とより悪の側の善悪闘争によって方向転換をしながら、人類始祖の堕落によって失われた創造理想世界を取り戻そうとしてきた復帰の歴史です。歴史の一時期において、悪の側が勝利したことがあっても、悪が永遠に栄えることはあり得ず、やがてより善の側が現れて悪の側は滅びていったのです。かくして歴史は階級闘争の歴史ではなくして、善悪闘争の歴史でした。

歴史は主体と対象の授受作用によって発展しながら、一方で善の側の主体（指導者）およびそれに従う民衆と、悪の側の主体（指導者）およびそれに従う民衆との闘争を通じて、より善なる方向へ復帰してきました。その変遷を図示すると前頁の図のようになります。

## 善悪が交替する闘争歴史

このめちゃくちゃな結果をもってどんなにしたとしても、問題は既に解決できない段階に越えてしまっているのです。ですから世界の人々は、今人間がなぜこのようになったのかという問題を知らなければなりません。今日、宗教では漠然と堕落してこのようになったと言いますが、具体的な内容を提示できないために、歴史は混乱の渦中で没落しているのです。

そのような観点から、我々統一教会はこの歴史を見る時、どのように見るのでしょうか。**闘争歴史は闘争歴史ですが、善悪が交替する闘争歴史である、**このように見ているのです。それが違います。これがだんだん世界的な戦争になっていけばいくほど、そこに対して悪なるものと善なるものが互いに戦って、悪なるものは除去され善なる世界へと移っていくというのが我々統一教会の歴史観です。**(文鮮明『神様の摂理から見た南北統一』618)

## 人類歴史は善悪闘争史

人類の歴史は、闘争の歴史であり、戦争の歴史でありました。それはあたかも人間存在をかけた、神とサタンの綱引きのようなものです。善なるものと悪なるものが、人間をそれぞれの側に勝ち取ろうとして闘ってきたのです。人類歴史は人間始祖の堕落で始まった為に、悪が善に先行することになりました。したがって歴史上、悪の側に立ったものは、常に侵略的、攻撃的立場をとってきました。しかし、神は善そのものである為に、最後には善の側が絶対に勝利を得るのです。善の側はこれまで常に〝負け犬〟とされてきました。しかし最終的には、勝利者であり、常にその勝利圏は広がっていきます。（文鮮明1976.9.18, ワシントン）（『為に生きる』208）

## 否定的な結果も飛躍のためのプロセス

これまでの神の摂理で一見否定的な結果が出たとしても、その摂理の目的は決して人類を滅ぼすことではありませんでした。それらは、劇的な飛躍のためのプロセスの一環にすぎなかったのです。すなわち、望ましくない結果は、新しく希望的なものへと引き継がれるためにあったのです。（文鮮明1985.11.29, 米国・ヒューストン）（『続・為に生きる』47）

## 今は、大発展時代であると同時に、大変遷、転換時代

今は、大発展時代であると同時に、大変遷、転換時代です。歴史は発展していくのです。発

展するところは、必ず変遷していかなければなりません。（文鮮明2002.3.24，米国・ニューヨーク）（『ファミリー』2002.5,18）

歴史は、変遷とともに、発展とともに転換するのです。それを知らずにいます。蕩滅法則がそうです。歴史的な発展法則を適用し、それから、発展ばかりするのではありません。引っ繰り返して、方向が変わらなければならないのです。（文鮮明2002.3.24，ニューヨーク）（『ファミリー』2002.5,27）

歴史は愛を実現する方向に発展

こういった事実から、歴史は、愛を実現する方向に発展してきたのではないでしょうか。歴史の中に、ある特定の方向に進めている、意識的な機能をもった中心軸があるのでないかと思います。そして、我々は、この軸の役割を果たしている本質的な存在を絶対者と呼ぶべきではないかと思います。人類歴史の背後にあって、絶対者が、人間価値の実現した世界を築く為、聖人・義人に語りかけてきたのです。（文鮮明『為に生きる』237）

### 歴史の終着点は平和な統一世界

神は必ず何かの歴史観をもっておられるはずです。その歴史観は摂理観を通して表れるものであり、この摂理観の中には摂理のみ旨に従う人、従わない人が、言い換えれば信仰生活をした人、しなかった人の二種類があります。……神のみ旨が指向する目的は、人類を破綻の渦中に投じるのではなく、人類を解放と平和の境地へと導くためのものなのです。ですから**歴史は平和の終着点に向かって、統一された世界に向かって動いているのです。**（文鮮明1988.2.7，ソウル）（『ファミリー』1988.5，7～8）

## 三　社会発展の合法則性

### (1) 唯物史観の主張とそれに対する批判

唯物史観では、社会の発展過程は、自然界における発展と同じく、客観的法則に従っており、その法則は人間の意志から独立していると言います。すなわち原始共同体から始まった歴史は、生産力の発展に従って、奴隷制社会、封建制社会、資本主義社会を通過して、社会主義社会（第一段階の共産主義社会）から理想的な共産主義社会へと、まっすぐ、決められたコース進んでい

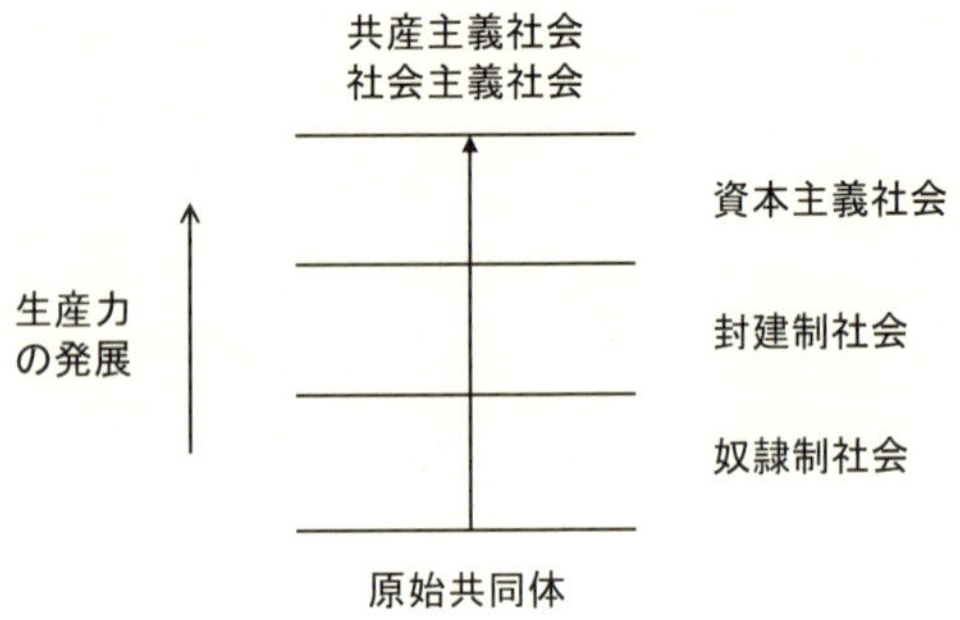


くというのです。しかし、唯物弁証法においては、目的も方向性もなく、ただ矛盾・対立を通じて発展していくだけです。したがって、歴史は理想社会である共産主義社会に到達するというのは、唯物弁証法と矛盾しているのです。

## 共産主義世界の到来は絶対的だと言いながら、共産党の命令を絶対化させる

共産主義の論理を通して見ると、「世界は闘争過程を経て私たちが指向する一つのユートピアの世界に挑戦するのだ。それは絶対的だ。だから党の命令はどのような命令よりも絶対視しなければならない」と言うのです。それが善なる側に立ち、自由と幸福と平和をもたらすことができる側に立ってそのように言うのであれば分かりませんが、共産主義の本質的内容を調べてみると、これは、かなり想像できない内容をもっているのです。自分たちの目的を達成するためには、手段方法を選ばないというのです。自分の父母も、自分の国も、自分の同志も、そ

の行く道に障害になるならば切るのです。そうして七十年歴史の共産主義は、世界の問題として登場しているのです。（文鮮明1985.12.15）（『南北統一と世界平和』176～77）

### 弁証法によれば共産主義社会も終着点ではない

それならばいつ、彼らが語るユートピア世界、真理に立脚した変わらない歴史的伝統基盤を共産世界が築くのでしょうか。彼らは、**社会主義社会を経て共産主義社会になっていくと言います。共産主義社会、それが終わりとなるのでしょうか。**矛盾した論理をもって世界をどのようにするというのですか。（文鮮明『神様の摂理から見た南北統一』616）

## (2) 統一史観の見解

統一思想の歴史観、すなわち統一史観によれば、人類歴史を動かしているのは物質的な力ではありません。神の摂理と人間（指導者）の意志と努力です。人間（指導者）が神の摂理に適うように責任を果たせば、歴史は善なる方向に転換し、責任を果たさなければ悪の方向に転換します。

その際、神の摂理は一定の客観的法則に従ってなされます。そして歴史の目標は創造理想世界の実現であって、決定的です。しかし歴史発展のコースは人間（指導者）の責任分担の遂行如何にかかっているので非決定的です。したがって歴史の進行はまっすぐ完成するAコース、あるいは人間の責任不履行の場合、後戻りしながら再び進んでいくBコース、二度挫折して、二度にわたって後戻りしながら再び進んでいくCコースなどがあるのです。実際、人類歴史は二度挫折して、Cコースを歩むことになりました。すなわち、復帰基台摂理時代、復帰摂理時代、復帰摂理延長時代という三段階で進行したのです。（詳細については『原理講論』を参照してください。）

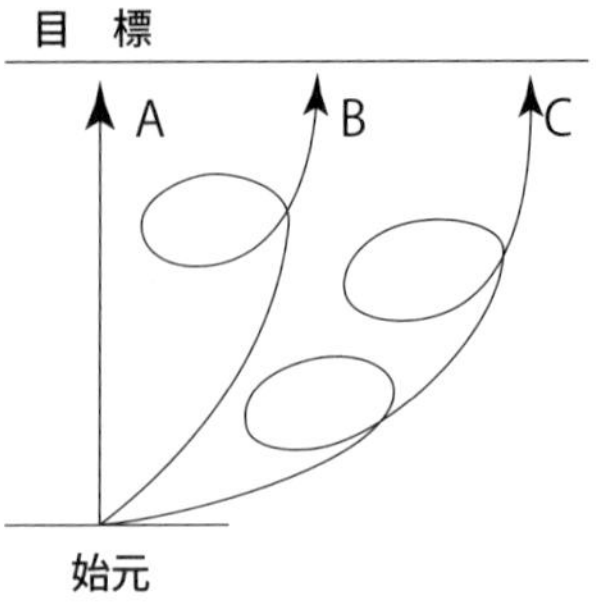


ところでサタンも、神の摂理に対抗して、サタン主権樹立を目指しながら、サタン的な人物を立てて歴史を動かしてきました。結局、歴史は神と人間、そしてサタンと人間が合同で歴史を変遷させてきたのです。

### み旨の成就や罪の成立は人間にかかっている

神様お一人では、いくらみ旨を成そうとしても成らないのです。また、サタンも善の立場に

神の責任分担 ＋ 人間の責任分担 ⇨ 歴史の発展
（神の摂理の法則）　（指導者の意思と努力）

神の摂理の法則……客観的法則
歴史の目標（創造理想世界の実現）は決定的
歴史発展のコースは非決定的

立とうとしても立てないのです。人間が救ってあげない限り、永遠に悪の立場にとどまるほかありません。しかし、人間はそうではありません。神様の前に栄えある姿で立つこともでき、背を向けてサタン側に立って、天に敵対することもできるのです。ですから、神様やサタンよりも、もっと人間は恐ろしい存在なのです。人間でなければ、神様のみ旨は成されません。また人がいなければ、サタンの計略も無駄になります。このようにみ旨の成就や罪の成立が、神様やサタンにあるのではなく、人にかかっているということを、皆さんは知らなければなりません。（文鮮明1957.9.15）（『訓教経・上』44）

### 神様のみ旨は神様お一人ではできません

ここで神様が解決してくださると言うのですが、必ず人を通して解決されます。神様お一人でみ旨を立て、神様お一人で解決するならば、人間を造る必要がないということになります。神様のみ旨は必ず相対的な関係、すなわち、相対的な立場にある人間を通してこの地と連結するようになっており、神様お一人ではできません。神様が直接できるようにはなっていません。法が、そうなのです。ですから神様がいらっしゃる限り、世界的な終末時代では、神様と密接な関係をもった人間を必要とするようになるでしょう。（文鮮明『神様の摂理から見た南北統一』693〜94）

## 四　生産力、生産関係は物質的なものか

### (1) 唯物史観の主張

マルクスによれば、生産力（生産用具と労働力）は人間の意志から独立して発展する物質的な力であると言います。また生産関係（生産過程において結ばれる人間関係）も、生産手段を持つ者（支配階級）と持たざる者（被支配階級）という物質的関係であり、人間の意志から独立して発展すると言います。

### (2) 統一史観の見解

**生産力の発展の原理**

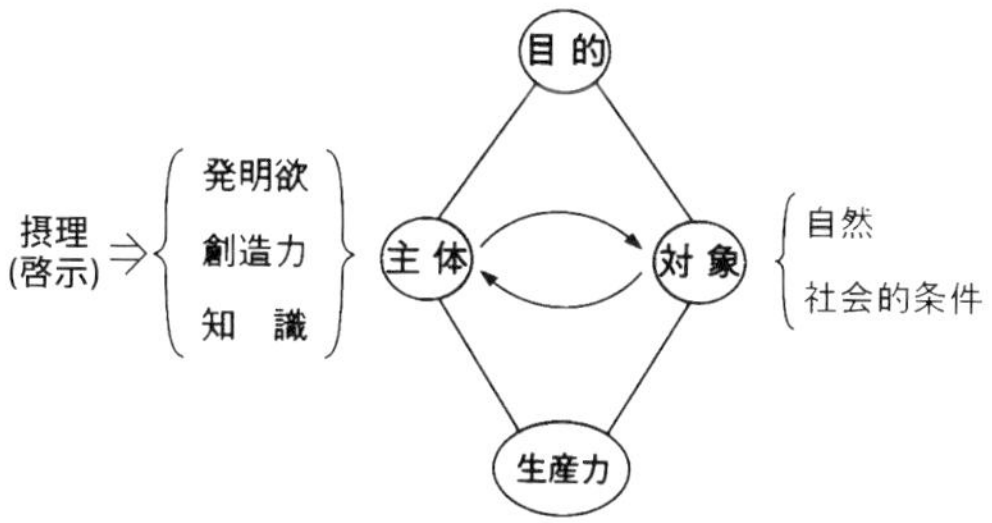


**生産力は人間の意志（創造力）によって発展した**

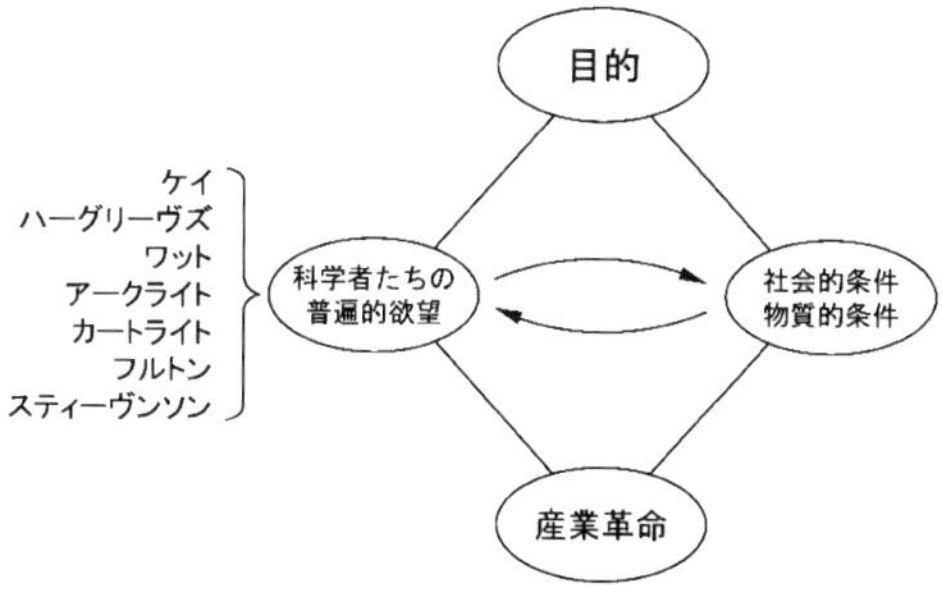


経済的な発展について言えば、人間（特に科学者）の意志と創造力が、一定の社会的条件（科学的知識と技術の水準）の下で、自然界に働きかけることによって生産力が発展し、経済が発展したのです。したがって、生産力は唯物史観がいうような物質的な力ではありません。さらに科学者の背後には、人間に豊かで安逸な生活環境をあたえようとする神の摂理（啓示）があったのです。結局、神の摂理と人間の意志、創造力によって、生産力は発展し、それに伴って経済は発展したのです。

英国の産業革命に例をとれば、ケイの飛び梭、ハーグリーヴズのジェニー紡績機、ワットの

## 生産関係は人間の意志（思想）によって発展した

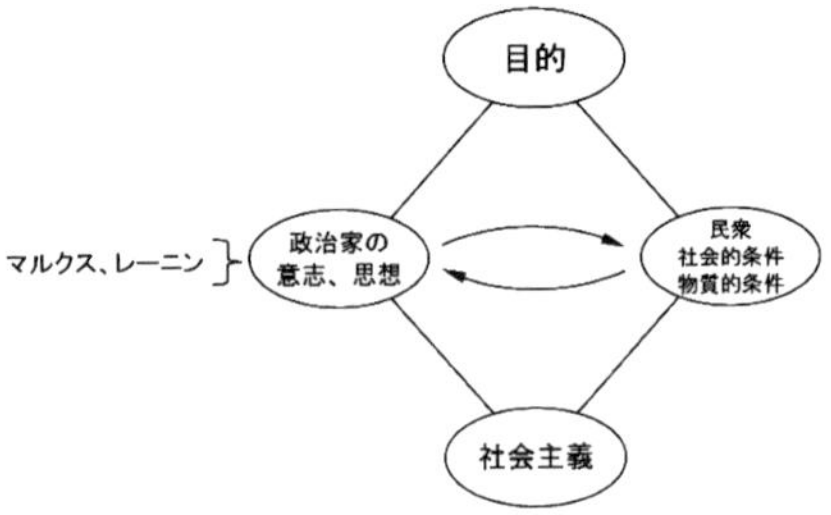


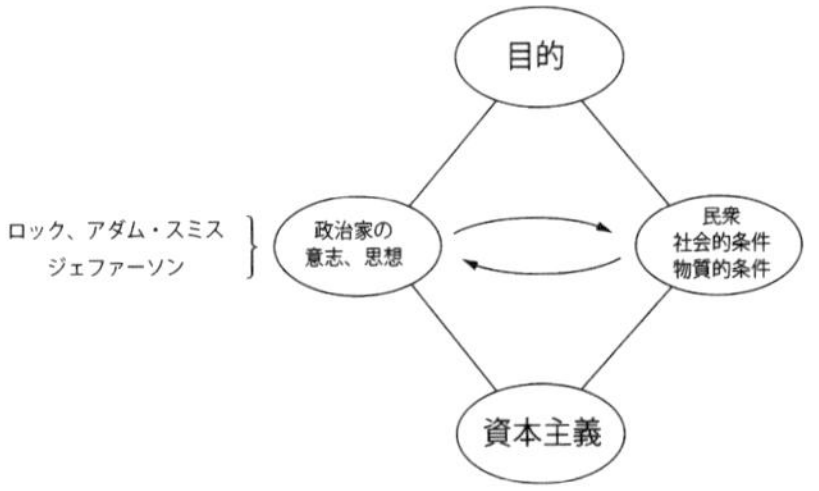


蒸気機関、アークライトの水力紡績機、カートライトの力織機、フルトンの蒸気船、スティーヴンソンの蒸気機関車など、科学者、技術者などの創造力が発揮されて産業革命が遂行されたのです。さらに、そこには英国を導いていた神の摂理（天運）があったのです。

生産関係に関しても同様です。生産関係を決定したのは思想家、政治家の意志と神の摂理（あるいはそれに対抗するサタンの業）であったのであり、人間の意志から独立した物質的な関係ではないのです。実際、社会主義社会（第一段階の共産主義社会）はマルクス・レーニンの思想と意志によって形成されました。そして自由民主主義の資本主義社会はロック、アダム・スミス、イギリスやアメリカの指導者たちの思想と意志によって形成されたのです。

# 五　社会の基本は生産関係か

## ⑴　唯物史観の主張とそれに対する批判

生産関係とは、生産過程において結ばれる人間関係であるが、その基本になっているのが、生産手段に対する所有関係であると言います。すなわち、生産手段を持てる者と持たざる者の関係であり、持てる者が持たざる者を搾取する支配・被支配の関係です。そしてこれは客観的、物質的な関係であって、社会のあらゆる諸関係の中で最も基本的なものであると言います。

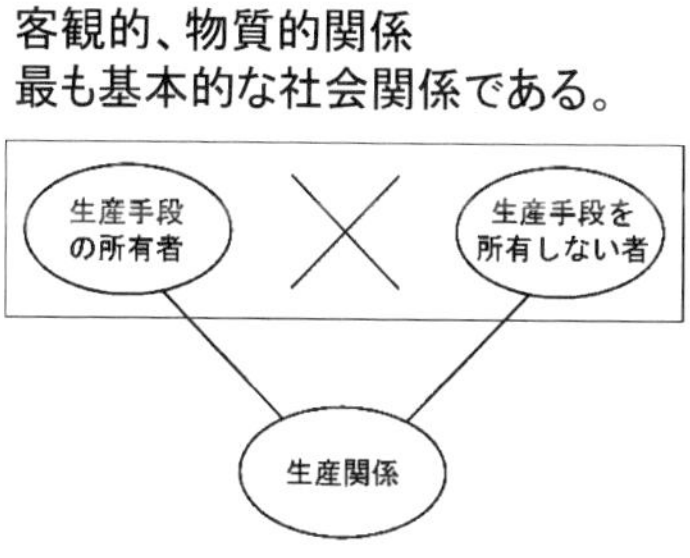


エンゲルスが『家族・私有財産・国家の起源』の中で「家族のなかでは夫がブルジョア（資本家）であり、妻がプロレタリア（労働者）を代表する」と言っているように、マルクス主義では、家庭の中に支配・被支配の構造があり、家庭が階級支配の原点になっ

ているとみています。

## 家庭は搾取の元凶、搾取的な母体である

共産主義思想の内容である弁証法を見るならば、それは矛盾と闘争の原理を提供するのです。必ず存在するものは矛盾過程を中心として上下、上部構造［支配階級］、下部構造［被支配階級］に分別されるのです。上部構造と下部構造は一体化することができず、上部構造は下部構造を搾取するというのです。そこには愛の概念がありません。闘争の概念だけです。……そこでは愛、家庭までも、父母までも搾取の元凶であると言うのです。子供は父母の立場を自己の利益のために活用する存在として、搾取的な母体と見るのです。そこには愛について話すことができません。そこに真が存在できるのかと言うのです。（文鮮明『神様の摂理から見た南北統一』613～14）

## 家庭は、搾取の基盤である

サタン世界や民主世界の最も大きな問題は家庭の破綻の問題です。共産世界は家庭というものを認めません。家庭は搾取の基盤になっていると言うのです。神様との関係が結ばれていないのです。民主世界も同じです。ですから実際のところ、家庭形成におけるすべてが傾いてい

るのです。社会基盤であり、国家基盤であり、世界の基盤であるにもかかわらず、これが今まで乱れていたのです。（文鮮明1989.10.17,ソウル）（『成約人への道』233）

## (2) 統一史観の見解

家庭の延長としての社会

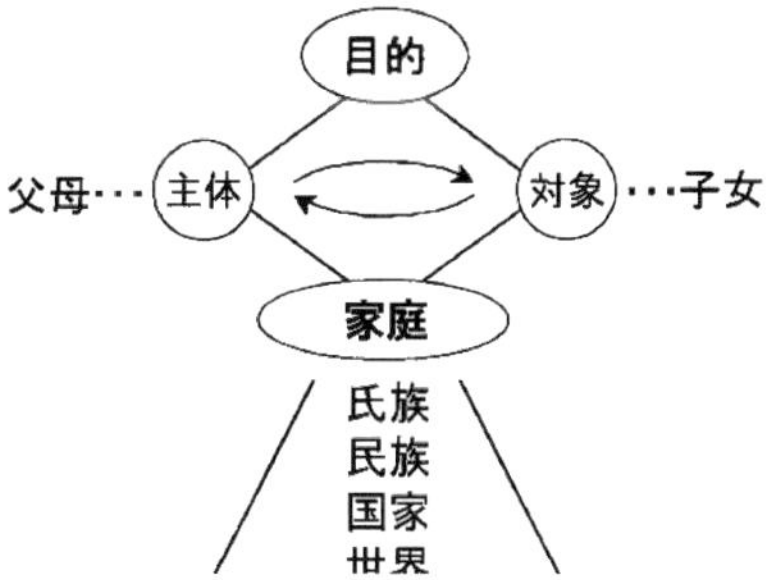


社会は家庭の延長であって、倫理関係を中心とした人間関係です。本来、生産関係はそのような家族的関係の下で営まれる、経済的な人間関係なのです。家族関係の下では、互いに信頼し、愛し合う関係なので、そこには搾取とか、支配などはあり得ないのです。しかしながら、堕落した人類歴史においては、家庭も社会も、往々にして、強者が弱者を虐げるということが行われてきました。マルクス主義はそれに対して、弱者による強者への反抗、反乱として解決しようとしました。その結果は、サタンが破壊し、支配するという結果になったのです。統一史観においては、家族が互いに信じ合い、愛し合うという家庭が基本となって、それが社会へと拡大し

ていくのが本然の社会であると見ます。

## 家庭から始まる共生共栄共義社会

人類が一つの家族となり、お互いに心の壁を崩し、国家間の国境までも除去しようという共生・共栄・共義社会の実現運動も、このように一つの家庭から始まるのです。したがって、私たちが真の家庭を探し立てることは、この地において天宙平和王国創建を早める摂理的召命だ、ということを肝に銘じなければなりません。（文鮮明2006.4.10,ソウル）（『平和神経』84～85）

## 神の国とは、三代が愛で一つになって暮らす真なる家庭の姿である

私たち全員の究極的な目標は、神様を中心にお迎えして生きる「神の国と神の義」を探し立てることとです。「神の国」とは、どのような国でしょうか。三代が調和し、お互いに信じ、尊敬し、頼り、愛で一つになって暮らす真なる家庭の姿と同じ、平和理想王国を意味するのです。すなわち神様主権の国が、正に「神の国」だというのです。（文鮮明2006.12.8,ソウル）（『平和神経』238）

## 真の愛と平和の理想世界は一つの地球村家族

そうであれば、「神の義」とは何に対して語られたみ言ですか。天道と天理を意味するのです。

あらゆる権謀術数が支配しているこの邪悪な世界を、天的真の愛の権勢によって審判し、正義と真理に基づく解放・釈放の、真の愛と平和の理想世界を創建せよという至上命令です。人類は、どのみち一つの家族になります。現代科学の目覚しい発展も、一つの地球村家族を編成していくことを大きく後押ししています。白人と黒人が、東洋と西洋が、みな一つの家族として交わって調和を成し、美しい平和理想王国をこの地球星に創建するようになります。（文鮮明 2006.12.8, ソウル）（『平和神経』239）

## 六　土台と上部構造

### (1) 唯物史観の主張とそれに対する批判

唯物史観によれば、生産関係が社会の土台であり、その上に見解（イデオロギー）とそれに応じた機関が上部構造として立てられるといいます。土台と上部構造を物質と精神の関係として捉えて、精神は物質の産物であるという唯物論を社会に適用しているのです。したがって土台が変われば上部構造も変わらざるを得ないのです。

**土台と上部構造**

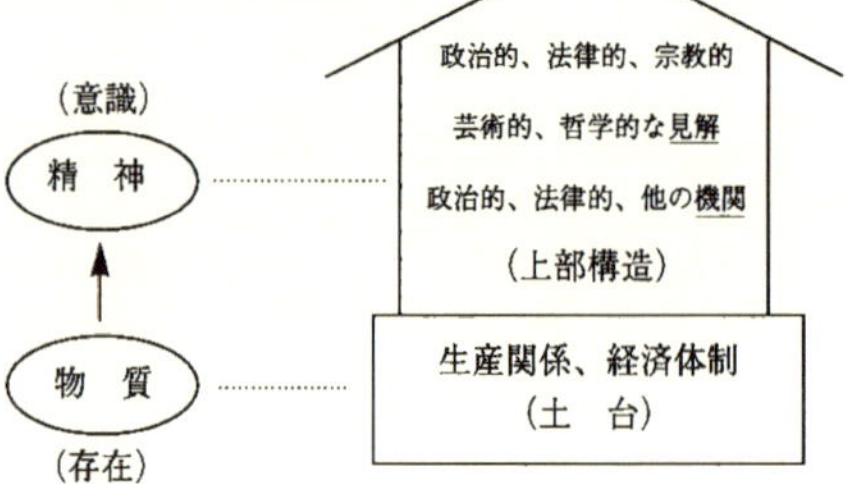


**上部構造は土台に照応しない**

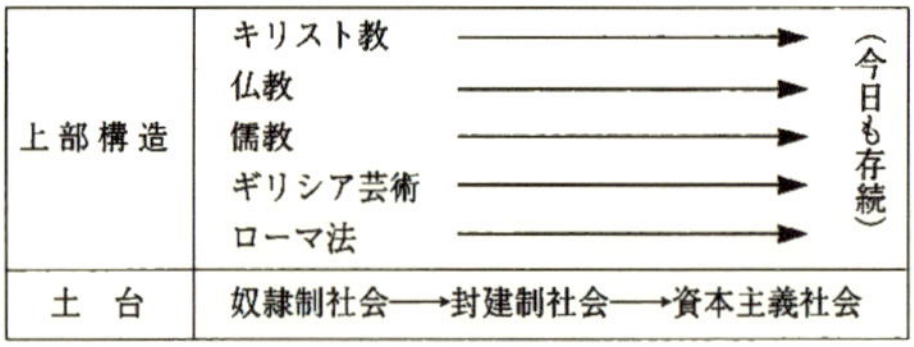

| 上部構造 | キリスト教 ──────→ | （今日も存続） |
|---|---|---|
|  | 仏教 ──────→ |  |
|  | 儒教 ──────→ |  |
|  | ギリシア芸術 ──────→ |  |
|  | ローマ法 ──────→ |  |
| 土 台 | 奴隷制社会──→封建制社会──→資本主義社会 |  |

ところが実際の歴史の発展を見ると、そのような唯物史観の主張は事実と合わないのです。例えば上部構造であるキリスト教、仏教、儒教などの宗教やギリシアの芸術は、経済的土台は変化したにもかかわらず、今日に至るまで、変わらないで永続しているのです。さらにローマ法の主要概念は、今日まで生き続けているのです。

マルクスもその事実を認めざるを得ず、

「困難は、ギリシアの芸術や叙事詩が……われわれに対してなお芸術的なたのしみをあたえ、しかもある点では到達できない規範としての意義をもっているということを理解する点にある」（『経済学批判』）と、自身の主張した唯物史観に合わないことを自認したのです。

### ⑵ 統一史観の見解

唯物史観のいう上部構造と土台の関係は、性相と形状の関係、すなわち主体と対象の関係にあるというのが統一史観の見解です。したがって生産関係に照応して見解（イデオロギー）や機関が成立しているのではなくて、その逆に、見解（イデオロギー）とその機関に基づいて生産関係が形成されているのです。つまり経済が主体でなく、人間が主体なのです。

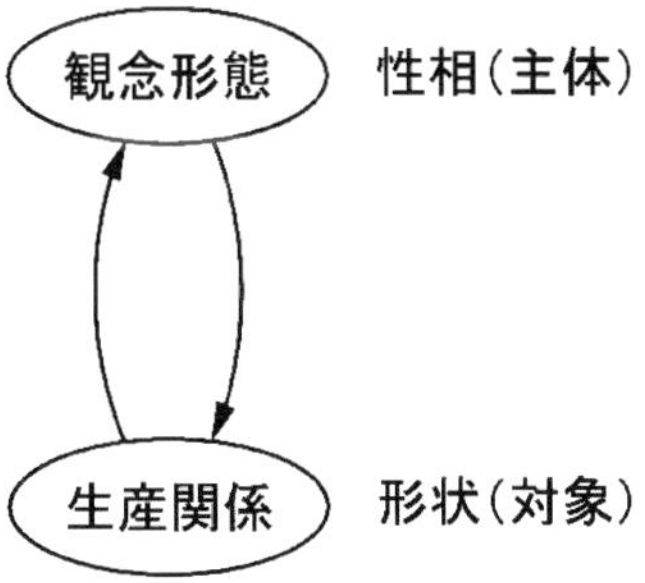


### 経済が主体でなくて人間が主体である

この世界は人間のものです。しかし、唯物史観は経済史観を土台にしており、物質世界を価値視します。しかし、民主主義は人間それ自体を中心にします。共産主義はまず人を探さなければなりません。このような意味から民主主義は共産主義より一段階進んでいます。（文鮮明『神様の摂理から見た南北統一』603）

## 七　社会発展の公式

### (1) 唯物史観の主張とそれに対する批判

唯物史観は唯物弁証法を歴史観に応用したものです。一定の生産関係の下で生産力が発展しますが、生産関係を支配しているのが支配階級であり、生産力を担っているのが被支配階級です。そして被支配階級が生産したものを支配階級が搾取するという形で階級闘争が行われていると言います。ところが生産力がある段階までに達すると、生産力の発展に対して生産関係が桎梏化（手かせ、足かせになること）して、それ以上の生産力の発展に障害となるので、被支配階級は支配階級を打倒し、革命を起こして、新しい生産関係に移行すると言います。

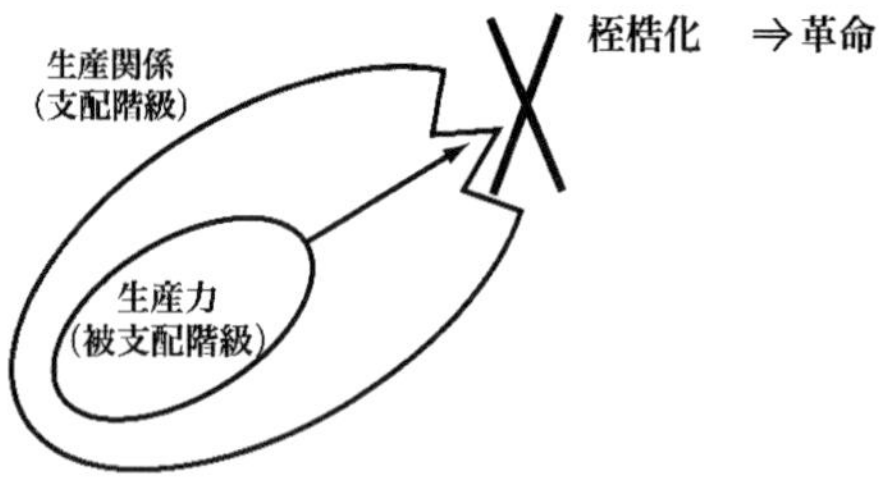


歴史は階級のなかった原始共同体から始まりましたが、エンゲルスによれば、生産力が発展するに従って、持てる者・持たざる者の支配・被支配の関係からなる階級社会が現れたと言います。最初に現れたの

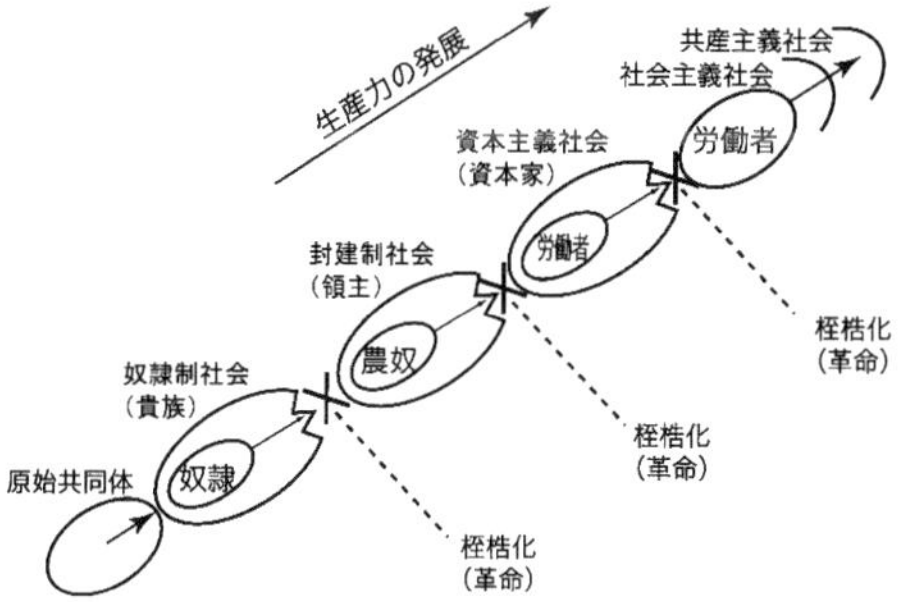


が、奴隷が生産し、貴族が支配する奴隷制社会です。次に現れたのが、農奴が生産し、領主が支配する封建制社会です。その次は、労働者が生産し、資本家が支配する資本主義社会です。そして、その次は社会主義社会から共産主義社会に至るといいます。そこでは万民が働いて生産力を担うようになり、支配し、搾取する階級がなくなるので、生産力は桎梏なしに、自由に、無限に発展すると言います。

かくして人類歴史は、原始共同体、奴隷制社会、封建制社会、資本主義社会、社会主義社会（第一段階の共産主義社会）、共産主義社会へと、唯物史観の公式に従って発展していくと言います。社会主義社会には、まだ過去の階級社会の残滓があるが、共産主義社会になれば、一切の階級差別は消滅し、人間は完全に自由の身となり、自由の王国が築かれ、人間の前史は終わりを告げ、ここから真なる人間の歴史が始まると言います。

しかし、この公式は実際の歴史には全く当てはまっていません。

## 社会発展の公式

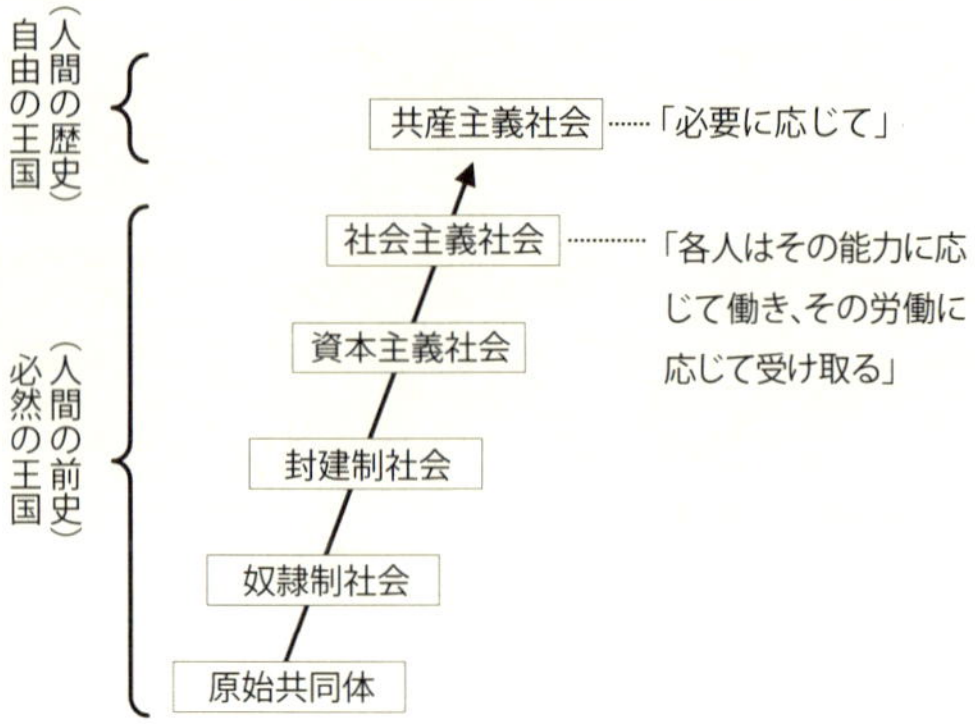


## エンゲルスの説明の非合理性

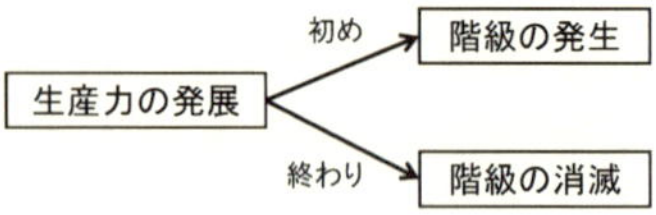


奴隷制社会において奴隷が貴族を倒して革命が起きた例はなく、封建社会において、農奴が領主を倒して革命が起きた例もなく、資本主義社会において、労働者が資本家を倒して革命が起きた例もないのです。たとえばロシア革命は、労働者が資本家を倒した革命ではなく、レーニンに率いられたボリシェビキ（ロシア社会民主党左派）のクーデターによる犯罪的な政権奪取でありました。（経済学者、グレゴリー・ヤブリンスキー、日経2011.7.3）

さらに唯物史観の主張には矛盾があります。エンゲルスは、始めに生産力の発展によって分業が生じ、さらにそれによって階級社会が生じたと言いながら、後では、生産力が十分に発展すれば、階級社会は消滅すると言っているのです。これは全く矛盾した説明です。

理想の社会である共産主義社会は永遠に続くと言いますが、絶えざる闘争によって変化し発展するという弁証法によれば、共産主義社会内でも闘争は続くはずであり、共産主義社会はまた新たな社会へと移行するはずです。しかし、そのようなことは言いません。

## 共産主義社会、それが終わりとなるか

弁証法的論理によれば、歴史は闘争によって発展すると言うので伝統がありません。ですから、伝統破壊の魁首がサタンです。サタンが破壊の先導者です。千年万年の歴史を立てることができないのです。理論体裁が間違ったために、歴史的弁護を受けられません。それは何かと言えば、変わらない原理、原則の真理による伝統的歴史背景がないということです。それならばいつ、彼らが語るユートピア世界、真理に立脚した変わらない歴史的伝統基盤を共産世界が築くのでしょうか。彼らは、社会主義社会を経て共産主義社会になっていくと言います。**共産主義社会、それが終わりとなるのでしょうか。**矛盾した論理をもって世界をどのようにするというのですか。（文鮮明『神様の摂理から見た南北統一』615～16）

弁証法では、共産主義世界へと戻っていくと言えない

父母の心に発展と革命が必要ですか。どうですか。動物も子供を愛するすべを知っているでしょう。マルクス、レーニン、あるいはヘーゲルの弁証法論理を適用して、「変遷するだろう」と言う時、そこに適用できますか。適用できません。復帰は弁証法に適用できません。……発展する世界、共産主義世界へと戻っていくという言葉は全く間違った言葉です。それはみんな荒唐無稽な論理です。発展しないで、出発から変わらない過程を経て変わらない終着点まで連結し一つに統一できるその何か、そのような愛の世界でなければ、一つの世界を成すことはできないのです。（文鮮明『神様の摂理から見た南北統一』618〜19）

さらに社会主義国家（現存する第一段階の共産主義国家）の現実から見ても、唯物史観の社会発展の公式は間違いであったことは明らかです。唯物史観によれば、十分に発達した資本主義国家が社会主義に移行するはずです。ところが、資本主義の発達した、アメリカ、英国、日本などが社会主義にならないで、前近代社会であったロシアや中国が社会主義になったのです。そして共産主義は自由の王国であると言いましたが、現存する共産主義国家は自由不在の国であり、生産性の著しく停滞した社会であり、共産党が人民を暴力的に支配する独裁社会でありま

した。なお今日、中国が経済的発展を遂げたのは、経済的に自由経済、すなわち資本主義を取り入れたからです。

### ⑵ 統一史観の主張

統一史観によれば、人間始祖の堕落によって、人間はサタンを中心とした自己中心的な欲望に生きるようになり、その結果、人間による人間の搾取や抑圧が行われるようになりました。したがって、人間社会には始めから、多かれ少なかれ、搾取する階級と搾取される階級があったのです。ゆえに搾取の全くない「原始共同体」と言われるような社会は存在し得なかったのです。

人類歴史は、人間始祖の堕落によって失われた創造理想世界を取り戻そうとする復帰の歴史です。歴史の過程において、神とサタンがそれぞれの版図を拡げようとしながら、歴史は発展してきましたが、最終的には、サタン側が共産主義社会の実現を目指しているのに対して、神側では、人間が神の愛のもとで、共に生き、共に栄え、共に正義の生活をする「共生共栄共義社会」の実現を目指しているのです。

## 万教の統一、万国統一の思想をもって行かなければならない

共産主義の闘争概念は何ですか。上部構造と下部構造〈支配階級と非支配階級〉、上下、前後の二組に分けて戦うようにして、お互いを弱体化させてのみ下そうとする主義です。しかし愛によって絡み合えば、誰がのみ下しますか。……我々が行かなければならない道は万教の統一であり、万国統一の思想をもって行く道です。こぶしと力でするのではありません。愛をもって、十年、二十年、千年、万年、溶かし切るのです。（文鮮明『神様の摂理から見た南北統一』617〜18）

## 共生共栄共義の社会

共生主義社会の基本典型は家庭です。単純な物質的所有だけではない、神様の愛を基盤とした共同所有です。……このような愛が基盤となった家庭の理想的な所有形態が社会、国家、世界に拡大されたのが理想社会の所有形態です。……神様の愛を完成した人間が築く理想世界は、全体目的と個体目的は自然に調和します。人間は欲望もあり、愛の自律性も持っているので、個人所有、個体目的が許されています。そうだとしても、限度を超えた個人所有、あるいは全体目的を害する個体目的は追求しません。

共栄主義は神様の真の愛を土台として共同参与し、自由、平等、幸福の理想が実現される政治を追求する主義です。

共同政治参与の形式は代議員を選出することになります。しかし、政治単位が愛中心の家族関係の拡大だと理解するとき、代議員候補者は互いに敵対関係ではあり得ません。一人の神様に父母として侍る兄弟関係として、周辺の推挙によって、奉仕するための使命感によって候補になるのです。

**共義主義は真の愛を中心とした普遍的な倫理道徳を守り、構成員皆が善と義の生活を追求する主義をいいます。**神様の真の愛による絶対価値の下、万民が倫理道徳を普遍的に実践する道義社会を志向する思想になります。（文鮮明1995.8.22，ソウル）（『ファミリー』1995.10，23～25）

## 八　唯心史観と唯物史観の対立から統一史観へ

今日まで唯心史観と唯物史観が対決してきました。神が人類歴史を導いてきたという摂理史観と、人間精神の進歩が歴史を発展させたという精神史観が唯心史観です。それに対して、歴史は物質的な生産力によって発展しているというのが唯物史観です。

マルクスの提示した唯物史観は科学的装いの下で、今日まで唯心史観を凌駕してきました。唯心史観が歴史発展の法則を提示できなかったのに対して、唯物史観は歴史発展の法則と未来社会のビジョンを提示し、多くの知識人を惹きつけたのです。この問題をいかに解決することができるでしょうか。それは唯心史観を、神を中心としながら、唯物史観以上に科学的に説明することです。

**唯心史観と唯物史観の闘争は根本から解決しなくてはならない**

今までの共存は、相手をお互いに否定しようとする闘争が継続する状態での共存でした。闘争と離れた状態での共存はあり得ませんでした。互いが平和を維持し、良い状態での共存はあり得ないというのです。このような観点から、**唯心史観と唯物史観の闘争は根本から解決しなくてはなりません。**これを解決しようとするならば、善をどの位置に立てるのでしょうか。まず原則的な基準をしっかりと立てたのちに、その基準を中心としてあとのものを処理しなくてはいけません。（文鮮明1970.12.23）（『南北統一と世界平和』174～75）

**唯物史観か唯心史観か、この問題を解決する統一思想**

統一思想というのは何でしょうか？　この宇宙の根本問題に対して、**唯物史観か唯心史観かという二つの史観に分かれるようになったので、この根本的で哲学的な問題を扱い、この問題を解決するための方案を講究し、体系化したのが統一思想だ**というのです。すべてのものを統合し、新しい世界観、新しい人生観を提示する目的で、新しく編成したのは統一思想であることを知らなければなりません。（文鮮明『神様の摂理から見た南北統一』705）

**心の世界が、物質的な世界を管轄している**

今日、世界思潮を大別して見る時、どのような世界観になっているでしょうか。物質的世界観と精神的世界観になっています。言い換えれば、唯物史観と唯心史観が対立しています。この物質的な面と心的な面が対立する立場で一つの中心へと行くことができるでしょうか。それは不可能なことです。

我々人間を見ても、心と体から成っています。心とは、我々が現実的なものをもって分析し、処理することのできないものです。物質的な環境とか内容によって観測しては、一つの結果を下すことができないものが心の世界であることを、我々は知っています。

**この心の世界は具体的な内容をもっていないようですが、それが物質的な世界を管轄しているのです。**このようなことを見る時、高次的な内容を整えた内的な原則を通して物質世界を分析することができますが、物質的なものをもってはその次元が及ばないために、心的世界を分析するとか解決することはできないことを、我々は知っています。（文鮮明『神様の摂理から見た南北統一』595〜96）

## 和合統一の元初点は神様

唯物史観の元初点、唯心史観の元初点は何でしょうか。唯心史観は事由（原因）を論議し、唯物史観は実際（結果）を論議しているので、この二つが闘って平和を得ることができずにいるのです。心も様々な心があります。怒るとき、憤るとき、喜ぶとき、闘うとき、すべて心が違います。どのような心かというのです。真なる心です。**真なる心は、過去の心も、今の心も、未来の心も、いつも変わらず、理論的に言えば、その元初点の上にある心が、平和の起源を立てて得る根本の源泉になるのです。**……「和合統一の元初点」です。それは神様です。（文鮮明 2004.5.13, 韓国・麗水）（『後天時代と真の愛の絶対価値』42）

## 唯物史観と唯心史観の対立は神様と共に清算しなければなりません

今日の世界は、体と物質のために闘う世界です。どんなに経済学、科学、思想が発達したとしても、これらが私たち人類に平和をもたらしてはくれません。それではできません。心の世界に入って、この肉体と物質を再鑑別することができる、ある主義や天的な動きが歴史的な終末時代に現れない限り、この世界は滅びるでしょう。今や、天がはっきりと一つの中心を決定しなければならない最後の時代に直面しました。このような時代に暮らしている私たちは、この多くの問題をどのような立場で解決し、清算するのでしょうか。**この問題が世界的に起きて**

二つの思潮として現れたのですが、その一つは唯物史観であり、もう一つは唯心史観です。ぱっと分かれたのです。土地と共に、体と共に行けば滅びます。ですから、神様と共に清算しなければなりません。（文鮮明1960.12.11）（『南北統一と世界平和』173～74）

**神様の心情と愛の支配する国へ**

統一教会の願う国とはどのような国でしょうか。……現在のように、共産主義の唯物史観と、民主主義の唯心史観が争うような世界を望んでいるのではありません。この世界を超越し、神様の心情と愛の支配する国を望んで進むのです。（文鮮明『真の神様の祖国光復』253）

唯物史観を克服しながら、唯心史観と唯物史観の闘争を解決しようとするのが統一史観です。統一史観の骨格は次のようです。

①歴史の始元は人間の創造と堕落
②歴史の目標は創造理想世界への復帰
③歴史の目標と方向は決定的
④歴史の過程は非決定的

円滑な授受作用による発展

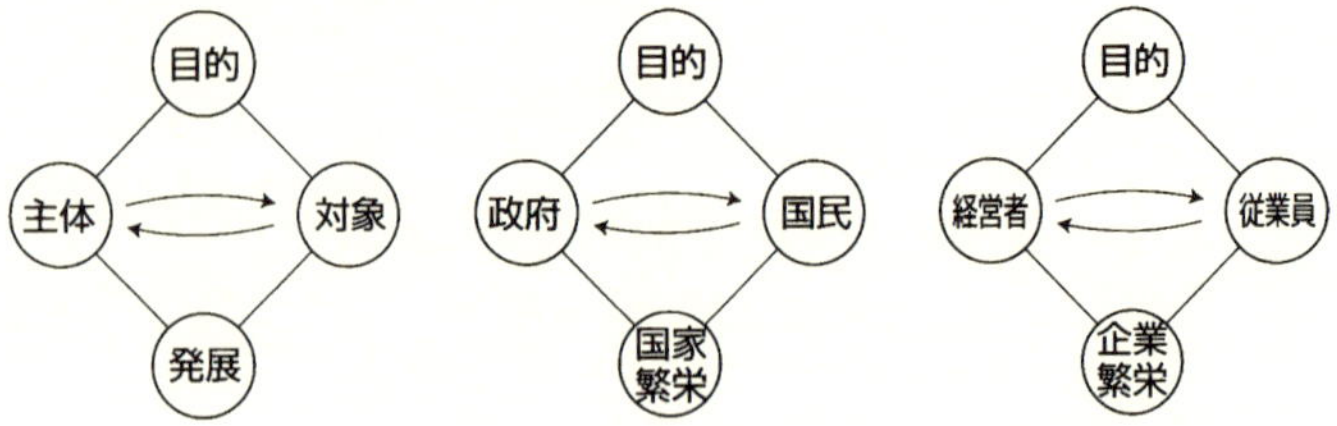


歴史を導いているのは、神の摂理九五％と、人間、特に摂理的中心人物の自由意志に基づいた責任分担五％です。五％と言うのは神の責任分担に比して、わずかであるという意味ですが、人間としては一〇〇％の責任に相当します。また歴史を導いている法則としては次のような創造の法則と復帰の法則を提示しています。ここでは簡単に説明しますが、詳細については、『統一思想要綱』または『共産主義の終焉』を参考にしてください。

## (1) 創造の法則

①相対性の法則

一個体は必ず他者と主体と対象の関係を結ぶという事実を「相対性の法則」と言います。社会（歴史）が発展するためには、各分野において、主体と対象の相対的要素（相対物）が相対関係を結ばなくてはならないのです。

②授受作用の法則

社会の各分野において、主体と対象の相対的要素（相対物）が相対関係を結んだのちに、共通目的を中心として円満な授受作用を行うときに、発展はなされます。

③相克の法則

主体と主体（あるいは対象と対象）は互いに排斥し合います。このような排斥作用を「相克作用」と言います。

自然界における相克作用は主体と対象の授受作用を強化あるいは補完するためのものです。ところが、社会における主体と主体の相克作用は、本然の世界では善の競争になるのですが、堕落した人類歴史においては、善の側と悪の側の闘争となり得るのです。

**自然界における相克作用**

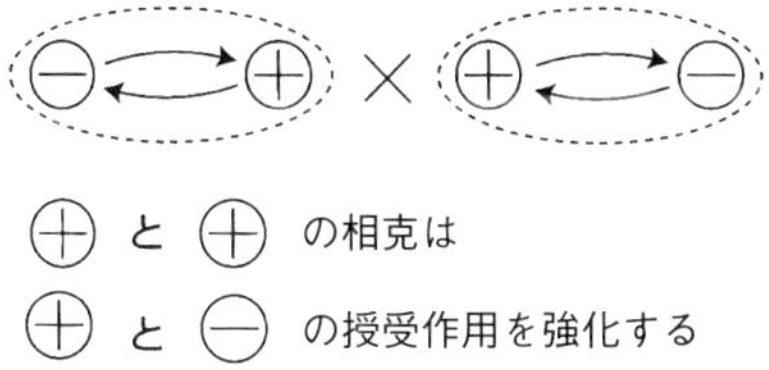


## 授受関係を守る宇宙の力

宇宙には引き合うエネルギーが存在すると同時に、反発作用の法則も存在します。例えば、電気のプラスとプラスは反発します。しかし、反発作用が存在するのは、正しい主体と対象の授受作用を守るためなのです。反発作用も正しい授受関係を守る宇宙の力となっています。（文鮮明1986.6.7「万物の日のみ言」）

## 平和的な競争

このような本然の世界では戦争はあろうにもありえません。互いに愛し合い、和睦して生きる世界であり、どのように神様にもっと栄光を捧げるのかという善意の競争だけがある世界です。そこには葛藤がありませんし、誤解もありませんし、美しい協調と相互協助でもってただただ、和睦団結して真、善、美を追求する平和の世界のみが永続するのです。（文鮮明1991.8.28, ソウル）（『ファミリー』1991.10,25）

④中心の主管の法則

人類歴史において、まず環境（社会）が準備され、中心人物が神の摂理にかなう方向にその環境を収拾します。そのように、中心人物が社会環境を主管することを「中心の主管の法則」と言います。歴史家のトインビーは「文明の成長は創造的個人もしくは創造的少数者によって成し遂げられる事業である」と言い、「中心の主管の法則」が歴史に作用したことを明らかにしています。

## 時の準備と人材

よく世間では、「いくら英雄といっても時を迎えなければ、志を遂げられない」という話を往々にして聞きます。**時が準備された土台の上に人材が現れれば、その人材と時が合わさり、一つの新しい歴史が創り出されるという事実を、**私たちは歴史を通してよく知っています。（文鮮明『人の生涯』46）

## 一人によって始まる歴史上の事件

歴史は誰かが成しているのですが、その歴史を成しているすべての起源を知っている人は少ないのです。**すべての新しい歴史や、過去の歴史上の事件は必ず一人の人によって始まっているのです。**同様に、その個人は国ならば国、時代ならば時代で平面的な立場に立っている一つの国の民であり、また一つの家庭の一員なのですが、その国民の立場、家族の立場だけであってはならないのです。必ず、縦的な未来の歴史時代の世界像を中心として連結されていなければなりません。そして、その高さがいかに高いかということです。（文鮮明1990.7.1．ソウル）（『ファミリー』1990.10.9）

⑤三段階完成の法則

ある一つの摂理的な行事が失敗に終われば、同様な摂理が三次まで繰り返されて、三段階目には必ず完成することを「三段階完成の法則」と言います。「三段階完成の法則」は、サタン側においては、「三段階必滅の法則」となります。

**三段階完成の法則の例**

○アダム家庭→ノア家庭→アブラハム家庭による完成

○第一アダム→第二アダム（イエス）→第三アダム（再臨主）による完成

○第一次宗教改革（ルター、カルヴァン）→第二次宗教改革（ウェスレー、フォックス）→第三次宗教改革（統一運動）による完成

**三段階必滅の法則の例**

○第一次人本主義（ルネサンス）→第二次人本主義（啓蒙思想）→第三次人本主義（共産主義）による崩壊

⑥六数期間の法則

神の創造は六数期間を前に立てて行われます。これを「六数期間の法則」と言います。哲学者のヤスパースは、紀元前五百年頃を前後して、ユダヤに預言者、ギリシャに哲学者、インドにウパニシャッドと釈迦、中国に孔子、中東にゾロアスターなどが、相互に何の関係もなく現れたことに注目して、この時代を「枢軸時代」と呼びました。これは六数期間に相当する六世紀前になされた、メシヤ（イエス）迎えるための準備でありました。さらに紀元後十四世紀頃から宗教改革とルネサンスが胎動し始めたのは、再臨のメシヤを迎えるための準備が始まったことを意味しています。

⑦責任分担の法則

神の責任分担と人間（特に摂理的な中心人物）の責任分担が完全に合わさることによって摂理は成就します。これを「責任分担の法則」と言います。

## 神の責任と人間の責任

このように東西南北を見渡したとき、それぞれの文化圏の背景には必ず宗教があり、それらが人類を収拾して、一つの世界になっていくのです。その一つの世界を成就するのが、私たち人間の責任であり、神が実在するとすれば、神の責任でもあるのです。このようにして、**神と人間が一つになって歴史がつづられてきた**ということを見た時、一般の人々の歴史観の上に宗教を背景とした神の摂理観が介在されていなければなりません。（文鮮明2988.2.7，ソウル）（『ファミリー』1988.5,7)

## (2) 復帰の法則

①蕩滅の法則

神は義人たちの苦難を祭物的な蕩滅条件とみなして、罪悪世界の人々を屈伏せしめ、神の側に復帰してこられました。これを「蕩滅の法則」と言います。本来の位置と状態を復帰するためには一定の条件を立てなくてはなりません。その条件を「蕩滅条件」と言います。なお蕩滅とは償うということです。

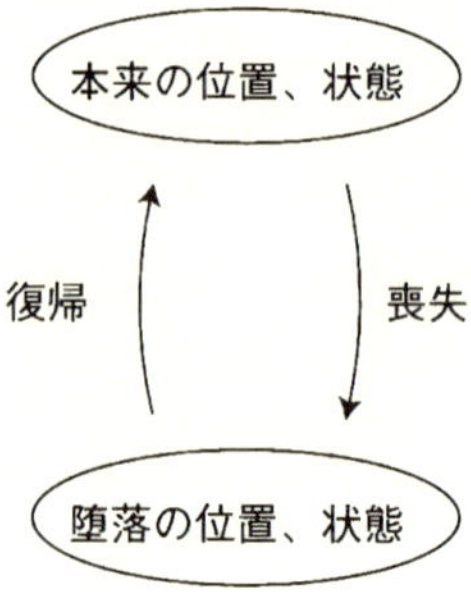


### 善は打たれて取り返す

歴史時代の聖人たちは、その時代には冷遇を受けましたが、歴史が過ぎたあとに蕩減して、言い換えれば、損害賠償を請求し、その時代の実績基盤が高くなるため、すべての聖人たちは歴史が過ぎたあとに待遇を受けるのです。**善悪の戦法において、悪は打って失い、善は打たれて取り返してくるのです。**（文鮮明『人の生涯』99）

②分立の法則

神は個人、家庭、氏族、民族、国家、世界を善の側と悪の側に分立されました。悪の側を善の側に屈伏せしめることによって、悪の側を神の側に復帰するためです。これを「分立の法則」と言います。

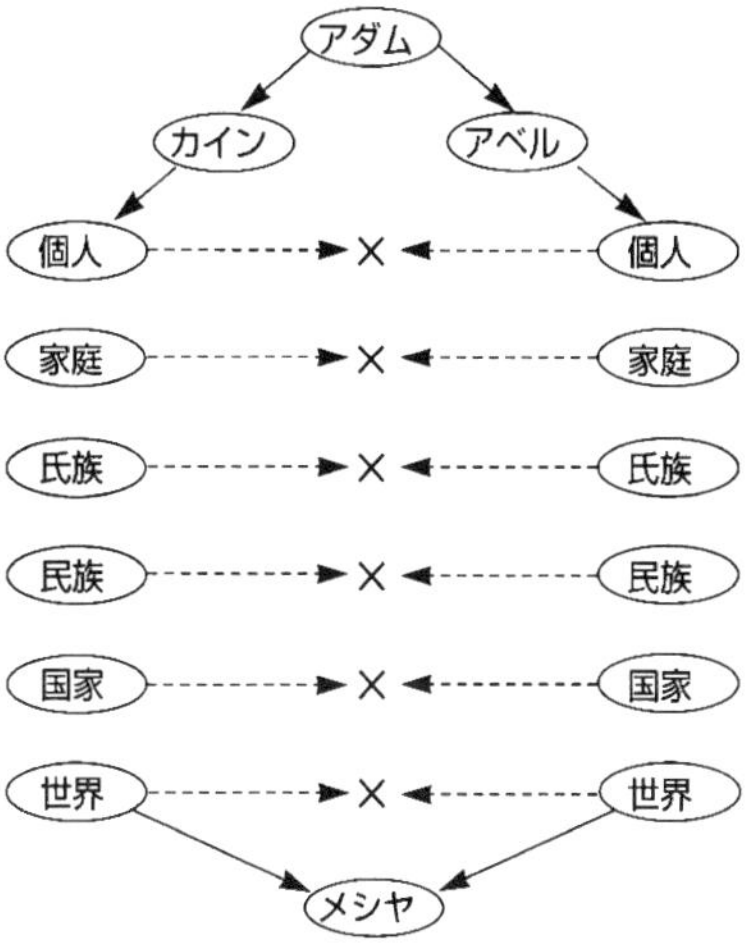


## 歴史上の闘争は兄弟間の闘争

今までの人間の歴史は、兄弟時代の歴史でした。兄弟は争うのが普通です。それゆえ、兄弟時代は闘争の時代であり、戦争の時代でした。**人類の歴史は、兄弟間の争いから闘争の歴史として始まったのです。**人間始祖アダムとエバの息子、カインとアベルが互いに争い、ついに兄がその弟アベルを殺すところから人類の罪悪歴史は出発したのです。第一次世界大戦、第二次世界大戦、思想的第三次世界大戦に至るまで、歴史はすべて、兄弟、国家間の争いでした。しかし、一、二、三次の世界大戦が終わった今日、神様の摂理歴史は新しい次元へ突入しました。今、兄弟の歴史時代は終わり、父母の歴史時代が到来したのです。（文鮮明1992.8.22, ソウル）（『ファミリー』1992.12,19）

③四数復帰の法則
神の創造目的である家庭的四位基台を復帰するため、神はまず四数期間を立てることによって、象徴的、条件的な摂理をされました。これを「四数復帰の法則」と言います。歴史過程において四数期間の混乱（闘争）ののち、混乱は収拾されて摂理は新しい段階に飛躍したのです。

**四数復帰の例**

ノアの洪水↓新天地の出発　40日
モーセの荒野路程↓カナン福地への復帰　40年
キリスト教のローマ帝国迫害時代↓キリスト教の国教化　400年
アダム↓イエス　4000年

ペロポネソス戦争↓ローマの統一　400年
春秋戦国時代↓秦・漢帝国による統一　400年
鎌倉・足利時代の争乱↓豊臣秀吉による全国統一　400年
乙巳条約↓韓国独立　40年

④条件的摂理の法則
摂理的なある事件において、中心人物が神のみ旨にかなうように責任分担を果たすか否かによって、その後の摂理時代の性格が決定されます。これを「条件的摂理の法則」という。

メシヤの苦役が増し加わってきた
［モーセが］荒野路程で岩を二度打ったことや、青銅の蛇を造って竿の先に掲げさせたことも、歴史路程においてすべてのことを蕩減することを象徴しているのです。イエス様の生死とあらゆることが一致します。ですから、未来に来られるメシヤが侵害され得るのです。未来のイスラエルの国のすべての基盤を築くべきイスラエル民族が誤ることによって、イエス様が基盤を築くことのできる時代にも、このような苦役が増し加わってきたことを知らなければなりません。（文鮮明1998.4.12, ニューヨーク）（『祝福家庭』55 2009,14）

偽と真の先後の法則の例

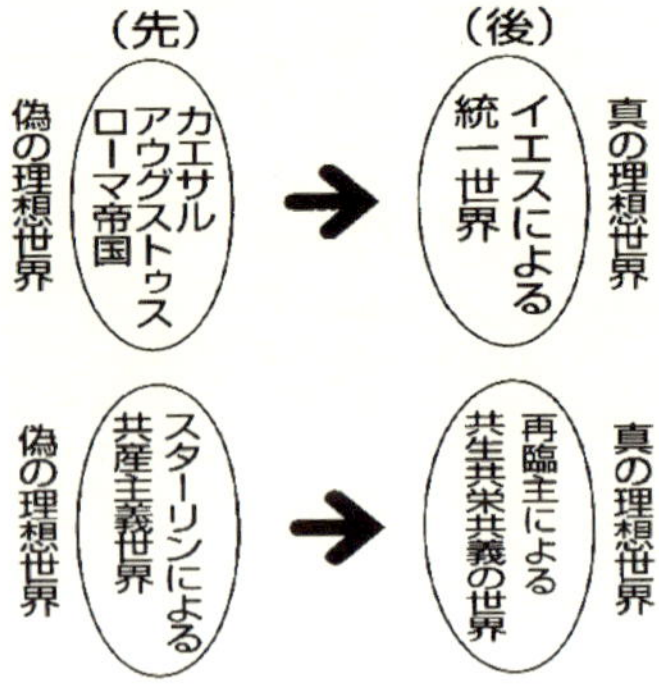


⑤偽と真の先後の法則

復帰摂理歴史において、真なるものが現れる前に偽なるものが先に現れます。これを「偽と真の先後の法則」と言います。

⑥縦の横的展開の法則

復帰歴史の終末期において、縦的な歴史的事件を横的に再び展開させることを「縦の横的展開の法則」と言います。これは歴史上のすべての摂理的な事件や人物を終末時代に世界的に再現させて摂理するということである。歴史上の摂理的人物たちの失敗によって、未解決に終わった様々な歴史的事件を、終末において、一時に、み旨に適うように解決するためです。

縦の横的展開の法則

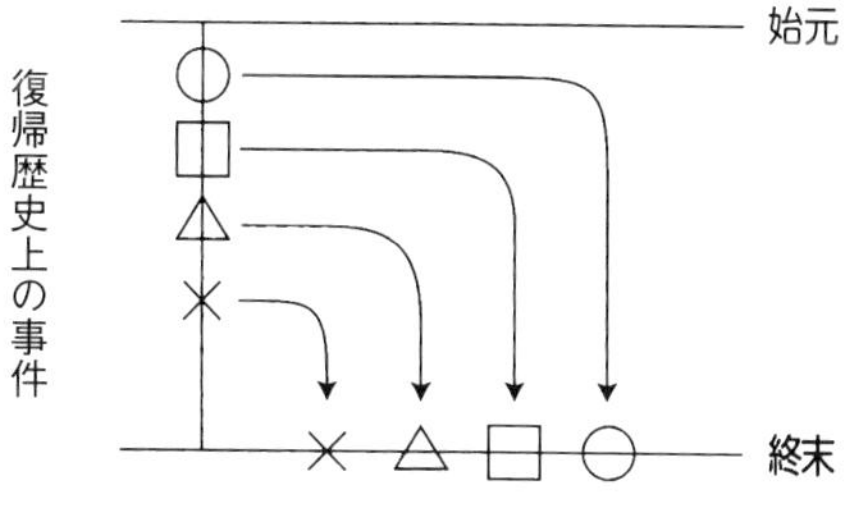


⑦同時性摂理の法則

過去の歴史において起きた一定の摂理的事件が、時代ごとに反復して現れることを「同時性摂理の法則」と言います。同時性の関係にある摂理的時代は、中心人物、事件、数理的な期間などにおいて、よく似た様相を示します。

旧約時代のアブラハムからイエスまでの復帰摂理時代と、イエスから再臨主を迎えるまでの復帰摂理延長時代が同時性です。イエスが十字架にかからないで本来の使命を完成されていたならば、その時、神の理想が実現していました。しかしイエスは十字架にかけられて、神の理想世界は地上に実現されませんでした。したがって歴史は、いったん後戻りしながら、次元を高めて、もう一度反復していくようになったのです。それが復帰摂理延長時代となったのです。

歴史家のトインビーは、古典ギリシャ史と近代西洋史が相互に同時代的であることがひらめいたと言います。トインビーの言う古典ギリシャ史と近代西洋史の同時性は、復帰摂理時代のメシヤ降臨準備時代と、復帰摂理延長時代のメシヤ再降臨準備時代の同時性に相当しています。

## 同時性を示す復帰摂理時代と復帰摂理延長時代

| 復帰摂理時代 | 復帰摂理延長時代 |
| --- | --- |
| アブラハム<br>エジプト苦役時代（４００年） | イエス<br>ローマ帝国迫害時代（４００年） |
| モーセ<br>士師時代（４００年） | アウグスティヌス<br>教区長制キリスト教会時代（４００年） |
| サウル・ダビデ・ソロモン<br>統一王国時代（１２０年） | カール大帝からヘンリー一世即位まで<br>キリスト王国時代（１２０年） |
| 南北王朝分立時代（４００年） | 東西王朝分立時代（４００年） |
| ユダヤ民族捕虜時代（70年）<br>ユダヤ民族帰還時代（１４０年） | 教皇捕虜時代（70年）<br>教皇帰還時代（１４０年） |
| マラキ<br>メシヤ降臨準備時代（４００年）<br>信仰の刷新、東洋宗教<br>ギリシャ文明<br>イエス | ルター<br>メシヤ再降臨準備時代（４００年）<br>宗教改革<br>文芸復興（ルネサンス）<br>再臨主 |

### 古代ギリシャ歴史と近代西洋史の同時性

一九一四年という年が、オックスフォード大学で古典ギリシャ史を教えていたわたしをとらえた。一九一四年八月、紀元前五世紀の歴史家ツキディデスは、いまわたしをひっつかもうとしているのと同じ経験をすでにもっていたのだという考えがわたしの心にひらめいた。……わたしはいま古典ギリシャ史と近代西洋史が、経験という点では相互に同時代的であることを見た。この二つのコースは平行している。これらは比較研究できる。（トインビー『図説・歴史の研究Ⅰ』学習研究社、9〜10）

統一史観の登場とともに、唯物史観の虚構性が明らかになりました。ついに唯物史観は終焉を迎えたのです。

### 唯物史観の終りを予見

歴史は、漠然と反復する単純な循環史観ではありません。明確な方向と目的をもって流れています。人類歴史は、本然の創造理想を回復していく蕩減復帰摂理歴史であり、救援摂理歴史です。歴史の始源と方向を明確に知っている私は、このような摂理的観点から、一九八五年、ソビエト連邦の最全盛期に、スイスのジュネーブでの国際学術会議を通して、共産主義の終焉を預言するなど、唯物史観の終末を予見したのです。（文鮮明2007.9.23）（『平和神経』283）

## プロレタリアートの理想的なビジョンの試みは失敗に終わった

その夢を実現する責任が私たちの前にあります。来るべき未来が、戦争か平和になるかどうかは、今日の私たちの努力に大きく依存しています。私たちは世界がこれまで知らなかった、最大の霊的、イデオロギー的空白に直面しています。プロレタリアートの理想的なビジョンを実現しようとした共産主義の試みは失敗に終わり、人類歴史に悲劇の一ページを記しています。……地球上の社会の危機は、神様をないがしろにしたことから生じている、ということを認識しなければなりません。共産主義は失敗しました。それは神様の実在を否定したからです。同じように、アメリカはもし霊的な伝統を取り戻さなければ、非常に苦しむでしょう。キリスト教でさえも、神様を見失うときには、地球上の社会の衰退を止めるには無力です。哲学、経済、政治、そして芸術などのさまざまな分野は、神様に仕えるために用いられるときにのみ、その真の潜在能力を発揮することができます。このように、今日の諸問題を解決するカギは神様を見いだすことです。神様のみ旨を鋭敏に悟り、総合的に理解することだけが、今日私たちが直面している危機に対する真の解決策を提供するのです。（文鮮明1994.7.26，ワシントン）（『ファミリー』1994.9，48）

# V

# マルクス経済学の批判と代案

## 一　労働価値説

### ⑴商品価値と労働の二重性

マルクスは商品を分析して、商品には使用価値と交換価値があると言いました。商品は人間の欲望を満たす性質をもっていますが、それを価値として表現したものが使用価値です。もう一つの価値、すなわち交換価値は他の商品との交換関係を通じて現れるものであり、貨幣で表現されると価格（値段）となるのです。

このような商品の持つ二重性は、労働の二重性がその原因であると言います。労働の二重性とは、商品の使用価値を生み出す具体的労働（有用労働）と、「人間の脳や筋肉や神経や手などの生産的支出」すなわち体力の投入という意味での、抽象的な人間労働をいうのです。

ここでマルクスは、使用価値は主観的であるが、交換価値は客観的であると言います。例えば、ケーキと「もなか」があるとします。ケーキが好きな人、「もなか」が好きな人、それぞ

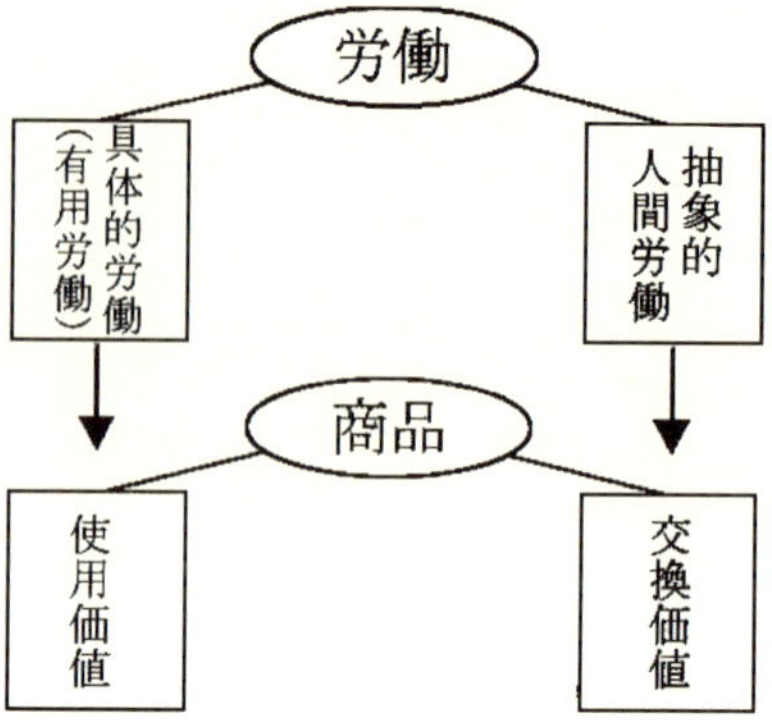


れ好みが異なります。しかし、ケーキの値段は、ケーキが好きな人にも、嫌いな人にも同じです。「もなか」の値段も同様です。

そこでマルクスは主観的な使用価値は問題にしても仕方がないとして、「使用価値は問題にしない」、「使用価値を捨象する」と言いました。そして、どんな労働にも共通に含まれている人間の体力の投入が、交換価値を決定しているとみなしたのです。そして交換価値を、単に「価値」とも言いました。そこには使用価値は価値と見なさないという意味が含まれています。

それでは交換価値は何によって決定されるのでしょうか。マルクスは「価値としては、すべての商品はただ一定の大きさの凝固した労働時間である」と言って、一つの商品を造るのに費やした労働時間が価値を決定していると見ました。

ところが、素早く短い時間で商品を生産する熟練した労働者と、未熟で時間のかかる労働者がいます。それに対しては、商品の価値は個別的労働によってではなく、「社会的必要労働時間」によって形成されると言いました。社会的とは、平均的にという意味です。

マルクスの労働価値説によれば、次のようにして商品の価値は決定されます。労働時間が価値を決定しているというのですから、ここで一時間労働が二〇〇〇円に相当すると仮定します。一人のケーキ職人が一時間で四個のケーキを生産しているとすれば、ケーキ一個の中に四分の一時間の労働が投入されていることになりますから、ケーキ一個は五〇〇円になります。また八〇人の労働者が一〇時間で一台の自動車を生産している工場があるとします。自動車一台の中に八〇〇時間（一〇時間×八〇）の労働が投入されていることになりますから、自動車一台の価値は一六〇万円（二〇〇〇円×八〇〇）になります。

しかしこれは現実と全く合わない空論です。どんなに時間をかけて作ったケーキであっても、まずければ誰も買おうとしません。素早く作ったケーキでも、おいしいケーキであれば、少し高くても売れます。またどんなに多くの労働時間が投入された自動車であっても、性能の悪いものは誰も欲しくありません。性能のよいものほど高く売れるのです。

マルクスもその事実を認めざるを得ず、「どんな物も、使用対象であることなしには、価値ではありえない。物が無用であれば、それに含まれている労働も無用であり、……したがって価値を形成しない」と告白しているのです。

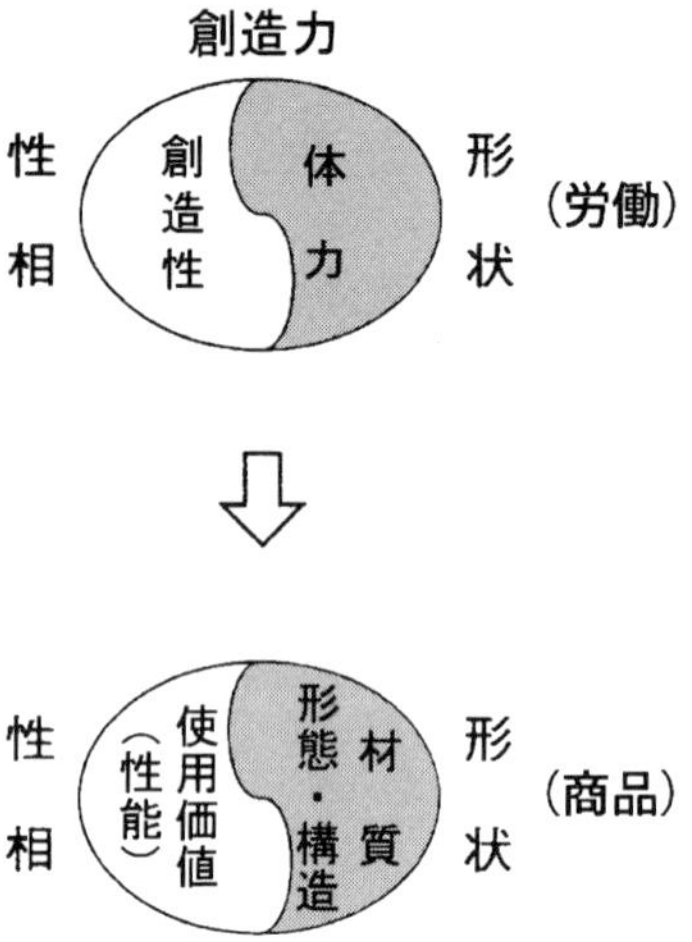


## (2)二性性相から見た労働と商品

統一思想の観点から見れば、商品も労働も二性性相になっています。商品の性相は使用価値（性相）であり、形状は材料（材質、形態、構造）です。労働において性相は創造性（技術）であり、形状は体力（マルクスの言う抽象的人間労働）です。そこにおいて、形状は性相を実現するための手段です。したがって、体力（抽象的人間労働）は創造性を表すための手段にすぎないのです。手段にすぎない体力の投入を価値形成の源泉としたところにマルクスの間違いがあったのです。

体力（抽象的人間労働）の投入が価値を生み出しているのではなく、創造性がよく発揮された、優れた使用価値を持つ商品が生産されることが、商品生産の本質なのです。労働量の大小によって商品の価値は決定されないのです。すなわち、価値を生み出しているのは筋肉労働（体力）としての労働力ではなくて、創造性をもった創造力です。結局、商品の価値は労働時間が決定しているのではなく、使用価値が決定しているのです。

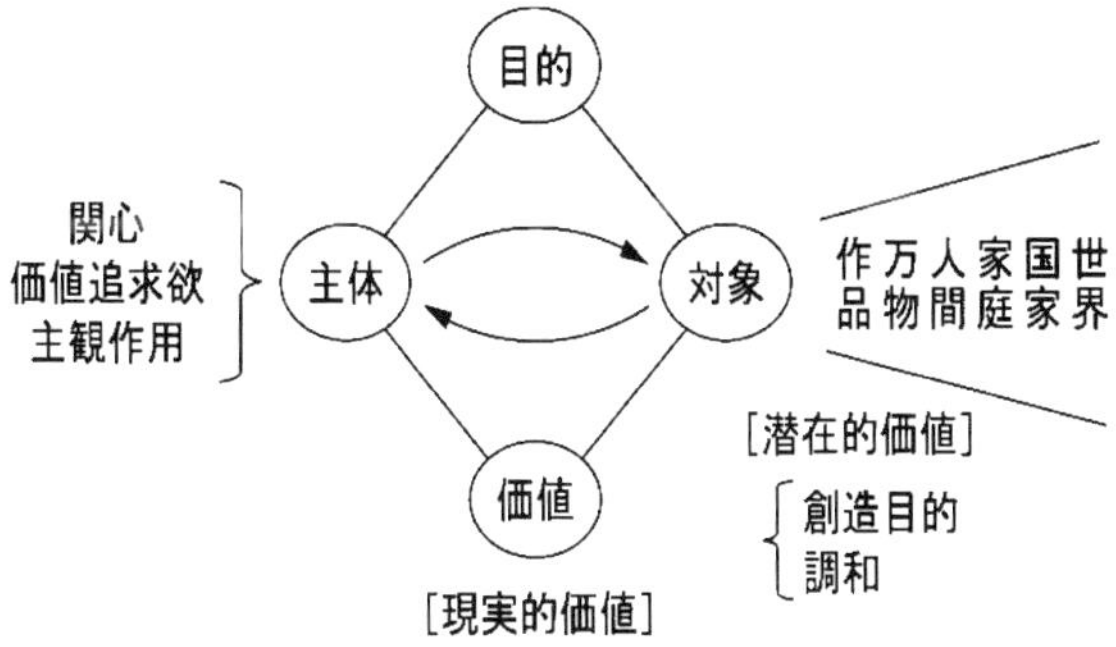


### (3)価値の決定

統一思想の観点から言えば、価値は主体と対象の授受作用によって決定または評価されます。対象には、作品、万物、人間、家庭、国家、世界など、様々な対象があります。そして、対象の備えるべき条件は、①創造目的を中心とした、②相対的要素の調和です。他方、主体の備えるべき条件は、①価値追求欲、②対象への関心、③思想、趣味、個性、教養、人生観、歴史観、世界観等による主観作用です。

主観作用とは、主観が対象に反映することによって、価値の決定に差異が生ずることを言います。例えば花を見て、美を感ずるのは万人に共通していますが、人は自分の個性にあった花を特に美しく思うというように、個々人によって、花の美の決定に差異が生じるのです。そして、このような主体的条件と対象的条件が成立するとき、授受作用が行われ、現実的な価値が決定されます。

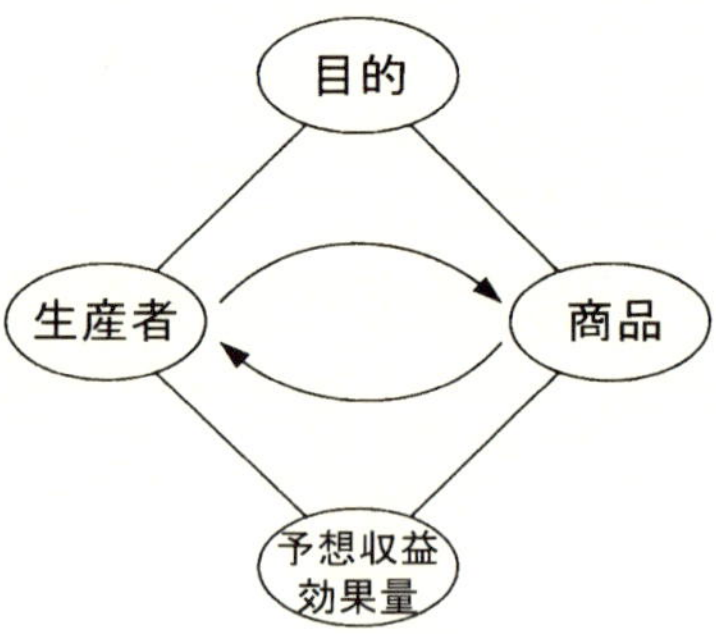

（メーカー希望価格）

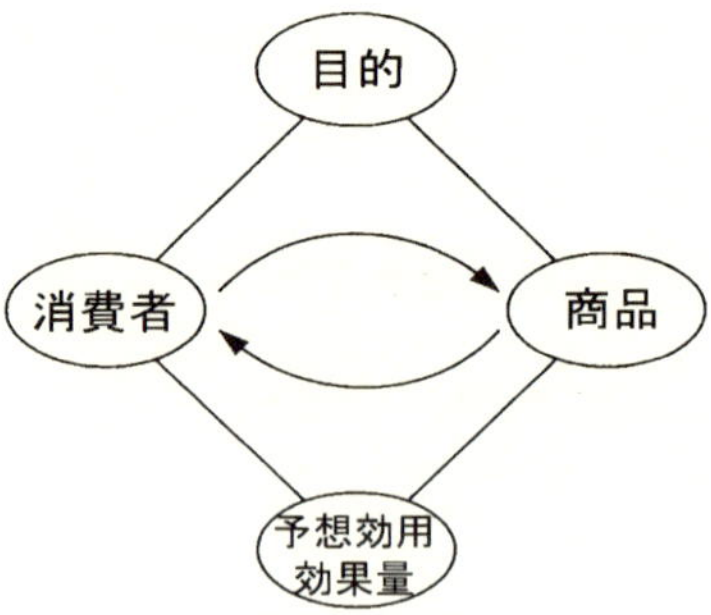

（消費者希望価格）

この価値決定の理論を経済学に適用します。生産者は商品に実現した性能を根拠にして商品の価値を見積もります。それを「予想収益効果量」と言いますが、それを貨幣で表現したものが「メーカー希望価格」です。

例えば商品がデジカメであるとします。生産者は、デザイン、重量、画素数、手ぶれ補正、顔検出、光学ズーム、焦点距離、全地球測位システム（GPS）、一回の充電で可能な撮影枚数などの性能に基づいて、価格を見積もります。労働時間は全く関係ないのです。そして消費者（顧客）も、商品の性能に基づいて価値を見積もります。それが「予想効用効果量」ですが、それを貨幣で表現したものが「消費者希望価格」です。

生産者と消費者が市場で商品をめぐって実際の売買が行わ

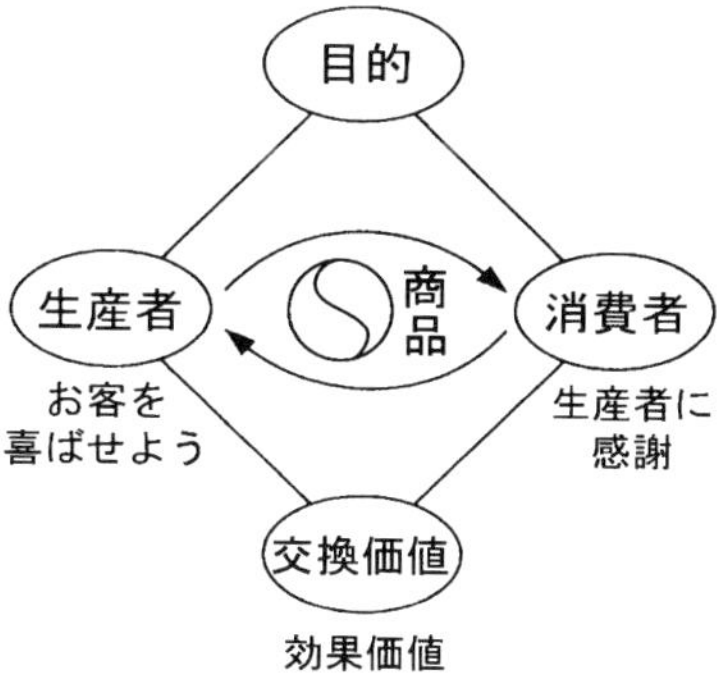


れます。その時、生産者は小売店になっています。通常、メーカー希望価格の方が消費者希望価格より高いのです。そこで価格を割り引くとか、ポイントを与えるなどが行われます。そのようにして決定された価値が交換価値であり、統一思想では「効果価値」とも言います。それを貨幣で表現したものが商品の価格です。

　この価値決定の理論は近代経済学でいう需要供給の原理と同じですが、近代経済学は均衡理論であって、何が価値の源泉なのか、明らかにしていません。それに対して統一思想では、商品に投入された創造力が価値の源泉であるとしています。

　商品の使用価値を根拠として交換価値が決定されます。そして使用価値を生み出しているのは創造力です。したがって、経済活動とは労働活動でなく、創造活動です。本然の社会においては、生産者は顧客を喜ばせようと、顧客のニーズにあった使用価値を実現しようとします。そして顧客は生産者に感謝しながら、謝礼として代価を支払うのです。

## 二　剰余価値説

資本主義経済の分析的研究をさらに進めたマルクスは、労働価値説を基盤として剰余価値説を打ち立てました。労働者の労働力だけが新たな価値を生じるということ、したがって資本家や経営者が利潤を取得することは労働者からの搾取であることを合理化し、正当化しようとしたのです。

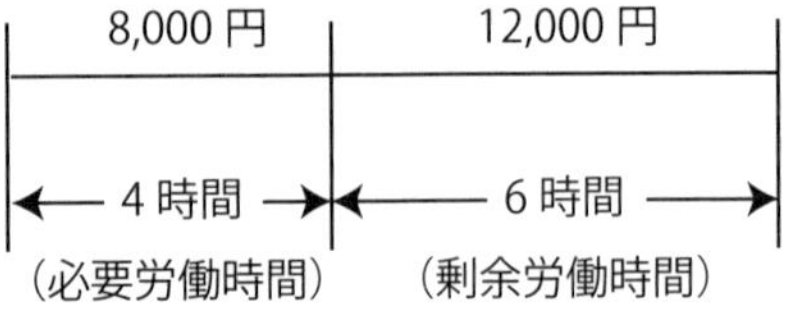


例えば一時間労働が二千円に相当するとします。そこである労働者が、一日に一〇時間働いて、八千円の賃金をもらっているとします。その場合、マルクスによれば、労働者は四時間で賃金に相当する労働を行っているのであり、残りの六時間は余計に働いているのであって、その労働に対する対価を資本家・経営者が搾取しているというのです。そして四時間の労働時間を「必要労働時間」、六時間の労働時間を「剰余労働時間」と言います。

必要労働時間に相当する労働を必要労働と言い、剰余労働時間に相当する労働を剰余労働または不払い労働と言います。剰余労働が生む価値を剰余価値と言い、剰余価値が市場において利潤を生み、それを資本家・経営

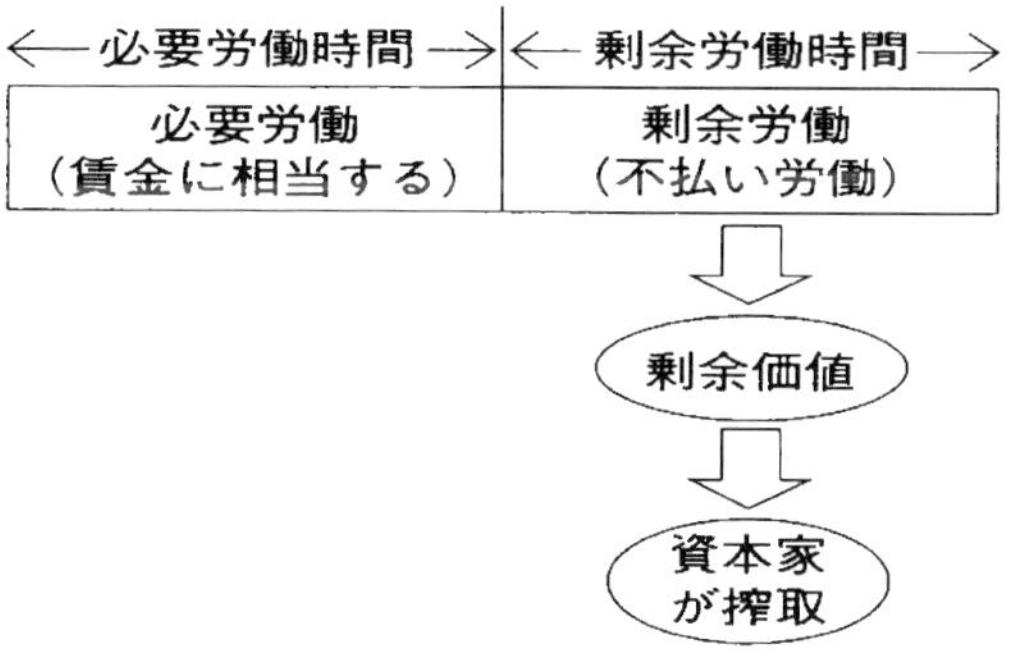


者が搾取しているというのです。

○剰余労働の搾取

資本家や経営者は資金を提供するだけ、命令するだけで、筋肉労働（抽象的人間労働）としての労働時間はゼロです。それなのに莫大なお金を得ています。これは労働者から剰余労働を搾取しているからだというのです。

○資本主義は搾取の構造

マルクスは「資本主義的生産は単に商品の生産であるだけでなく、それは本質的に剰余価値の生産である」と言い、資本主義とは、資本家が労働者を搾取する構造になっていると主張しました。

○不変資本と可変資本

資本とは、貨幣単位で評価したあらゆる生産手段のことを言

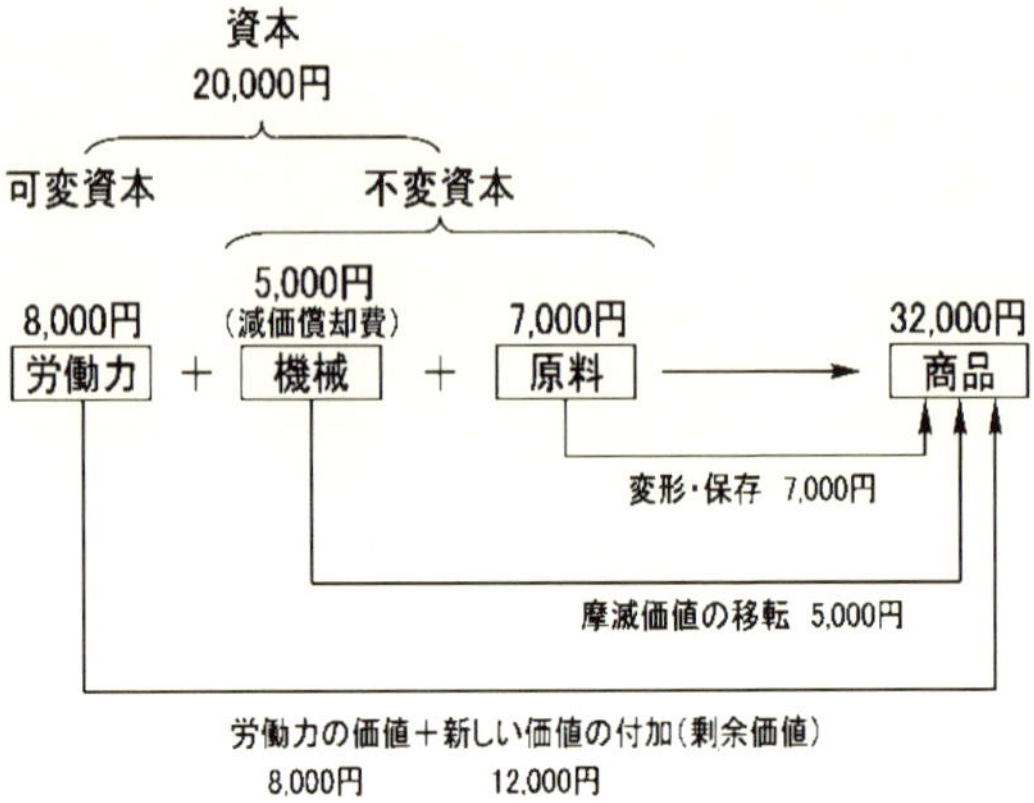


いますが、マルクスは、原料、機械等に転換された資本部分を不変資本、労働力に転換された資本部分を可変資本と呼んでいます。そこには、機械は新たな価値を生まず、労働力だけが新たな価値を生み出すという意味が込められています。

ここに一人の経営者（資本家）、一人の労働者からなる町工場があるとします。そして一日に一個の商品を生産しているとします。労働者に払う一日の賃金は八千円、機械の一日の減価償却費は五千円、原料代は七千円とします。経営者（資本家）は二万円を投資していることになります。ところが商品は三万二千円で売れているとします。マルクスによれば、機械は磨滅した価値を商品に移転するだけであり、原料は変形するだけで、価値を保存しており、機械も原料も新たな価値を生み出さないのです。そして、そこに投入された資本は不変資本だというのです。それに対して、労働力だけが新たな一万二千円分の価値を商品に付加しているとして、労働力に転換された資本を可変資本というのです。そして労働者があらたに付加した一万二千円分の剰余価値を経営者（資本家）が搾取しているというのです。

マルクスは、「機械は、自分が損耗によって平均的に失ってゆく価値よりも多くの価値はけっしてつけ加えない」、「機械は資本家が剰余価値を生産するための手段である」、「機械は労働者に対する搾取を強める手段である」と言って、機械は新たな価値を生まないことを必死に主張しました。しかしながら、次のような意味で、これは全く的外れな主張です。

① 機械の摩滅と価値の生産は全く関係がありません。機械の磨滅は機械の構造（形状）に関することであり、価値を生むのは機械の性能（性相）だからです。実際は、磨滅の少ない機械が莫大な価値を生産しているのです。

② 機械の磨滅した価値が商品に移転するとすれば、摩滅の大きい機械で生産した商品の価値が高くなるというおかしなことになります。

現在、ほとんど無人で商品を生産する工場が生まれています。例えば、キャノンは二〇一五年をメドに、デジカメで世界初となる生産無人化に挑む計画を進めています（日経2012.5.14）。トヨタなどの自動車工場でも、ほとんどロボットが生産しています。もし、マルクスがそのよ

うな現場を見れば、彼の理論を即刻破棄することでしょう。不変資本とか、可変資本というのは、まさに捏造された概念であったのです。

## マルクスの経済理念は妄想である

今は共産世界が行く道、つまりマルクスの『資本論』を中心とした経済理念で世界制覇をするという夢が妄想の論理であることを証明できるオートメーション時代に入ってきました。（文鮮明1971.9.5, ソウル）（『トゥデイズ・ワールド・ジャパン』2012.9.10, 96～97）

○機械不変資本説を強弁した理由

マルクスが機械は不変資本であると言い張ったのは、労働者だけが利潤を生産しており、それを資本家が奪い取っていること、すなわち、資本家が労働者を搾取しているという結論を導くためでした。

○利潤を生産しているのは創造力

利潤を生産しているのは体力としての労働力ではなく、人間のもっている創

造力です。その創造力が商品の使用価値を形成し、市場で売買されることによって、利潤が生じるのです。

○機械も利潤を生産する

機械は人間の創造力によって作られたものであり、人間の創造力が体化されたもの、延長されたものです。実際、今日、多くの工場では様々な機械やロボットが労働者に変わって商品を生産しているのです。

○価値の創造に寄与している諸要素

商品の生産において、様々な要素が創造力を投入しています。今日の経済活動においては、経営者の構想力としてのマネジメントが企業の業績を大きく左右しています。労働者の労働力は単なる筋肉労働ではなくて、創造性（技術）を伴った創造力であって、労働者も価値創造に寄与しています。資本家も企業の業績（創造力の成果）を見込んで投資します。技術者は創造力を技術力として発揮します。機械は創造力の体化物です。事務員も創造力を発揮して生産を円滑にしています。また商品を売らなければ利潤は得られません。そこでセール

商品価値の決定

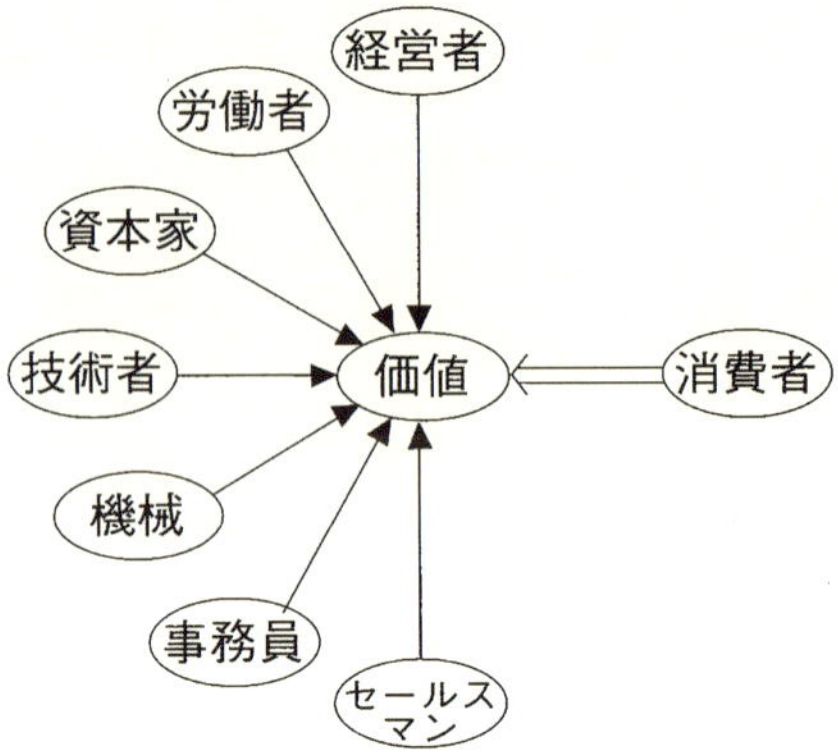


スマンも創造力を発揮して、セールスしています。そして、商品に投入されたこれらの創造力が生み出した価値（使用価値）を消費者（顧客）が認めて購入したときに、始めて商品の値格（交換価値）が決定し、利潤が生じるのです。

〇企業の所得の適切な分配

マルクスは労働者だけが価値を形成していると言いましたが、そうではありません。創造力を投入した要素が総合的に価値を形成しているのです。したがって企業の所得を適切に分配しなければなりません。その時、経営者・資本家が不当に多く得るのは搾取になりますが、適切に得るのは搾取ではありません。また労働者が利潤を搾取されているというのも正しくありません。労働者だけが価値を形成しているのではないからです。

企業の所得（付加価値）の分配についていえば、それぞれの人的要素がいかなる創造力をどれだけ投入したかを基準として決定されるべきです。しかしそうであっても、企業の中で、経

所得の適切な分配

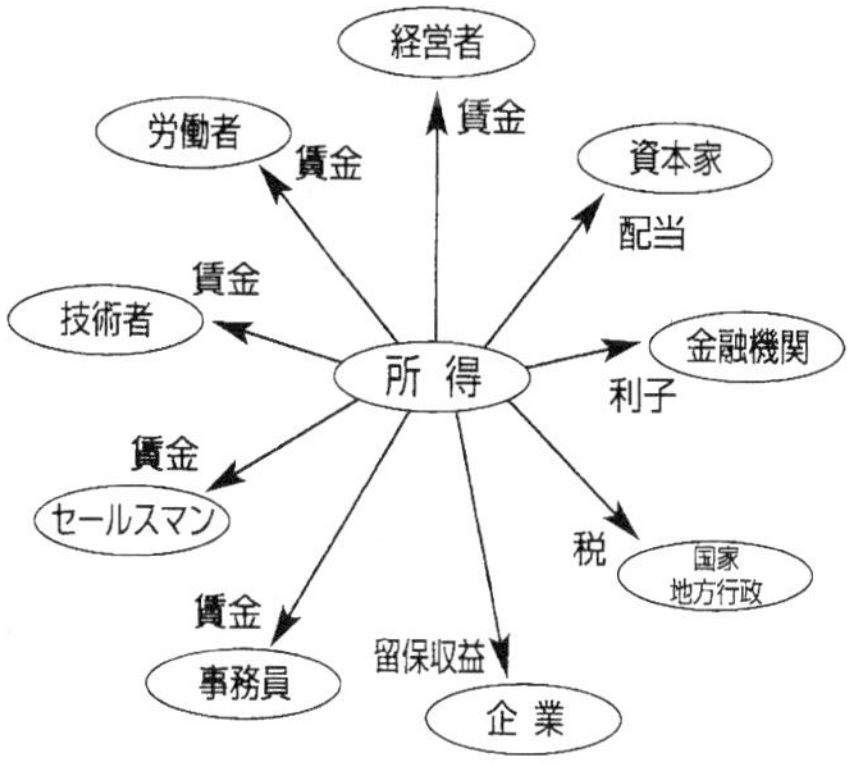


営者、労働者、技術者、事務員、セールスマン等は、一つのファミリーをなしているのですから、分配においてあまり大きな差別をすべきではありません。

さらに、その他にも所得の分配をなすべきものがあります。金融機関には借り入れた資金に対して利子を支払わなくてはなりません。国家や地方行政に対しては、税を納めなくてはなりません。公共財なくして生産はなされないからです。なお機械も創造力をもっており、価値の創造に寄与していますが、機械に対しては分配する必要はなく、機械の購入に要した資本に対して配当または利子を支払えばよいのです。そして企業の維持・発展のために、留保収益を蓄えなくてはなりません。

# 三　統一思想から見た経済発展の原理

## (1) 四位基台と創造の二段構造から見た経済発展

### 1　神の創造における二段構造

神による被造世界の創造は、内的四位基台と外的四位基台という二段階の四位基台形成からなされました。第一段階の内的四位基台はロゴスの形成です。ロゴスとは創造のシナリオ、設計図のことを言います。神の性相（心）の中には、知情意の機能としての内的性相（内性）と、心の中に思い浮かべる表象としての内的形状（内形）がありますが、心情（愛の衝動）によって立てられた目的（創造目的）を中心として、内的性相（内性）が内的形状（内形）と授受作用することによって、ロゴスが形成されます。第二段階の外的四位基台は、ロゴスに基づいて、神の有する形状のエネルギーを投入しながら実際の世界を創造することです。

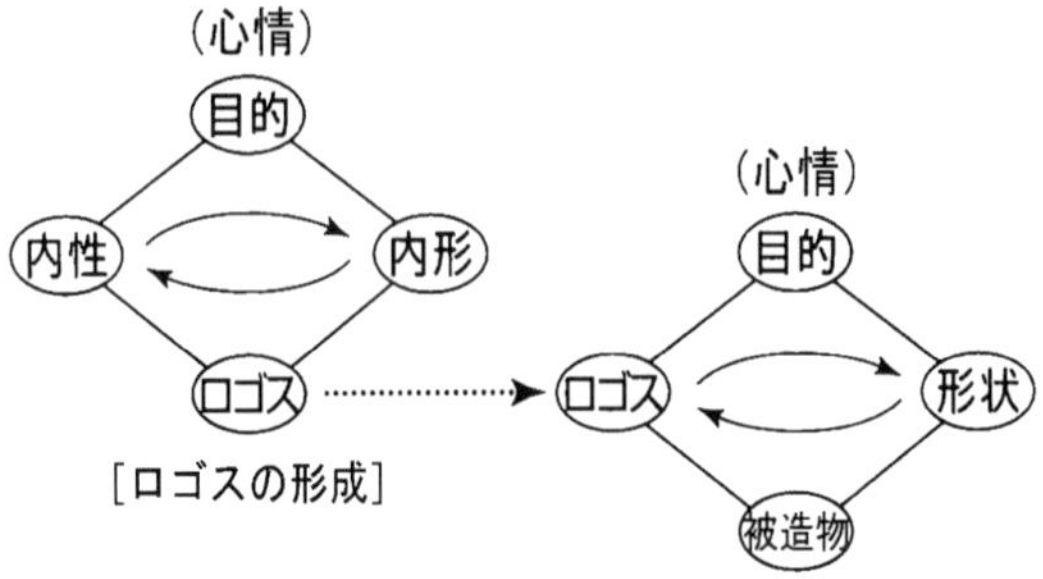


［ロゴスの形成］



［被造世界の創造］

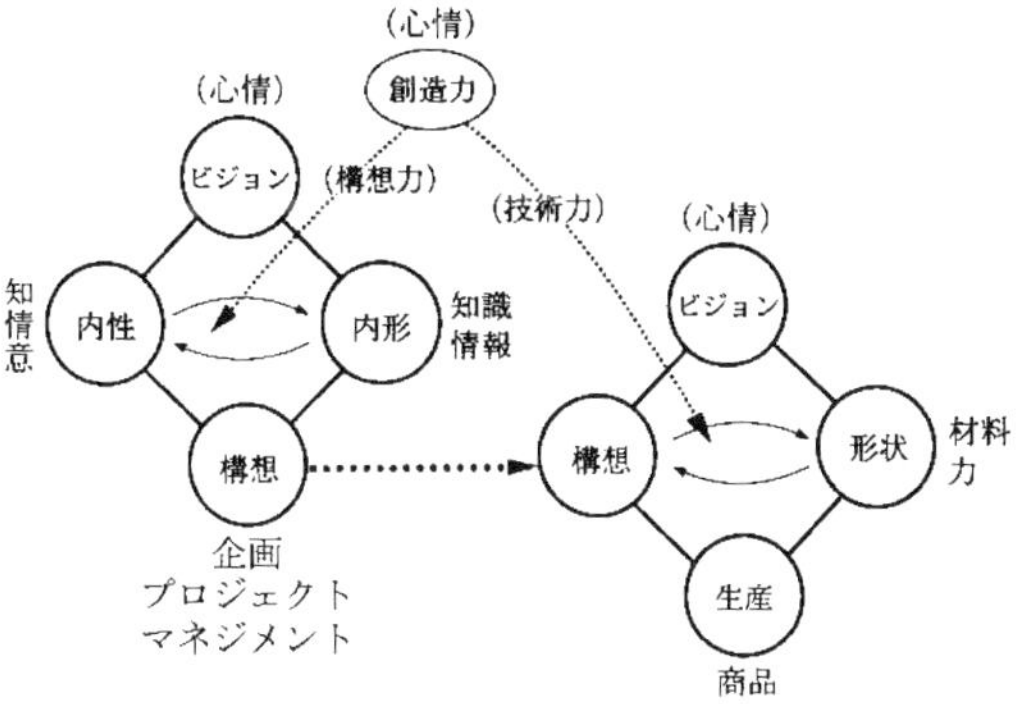


## 2　創造の二段構造から見た経済発展の原理

神の創造の二段構造を経済発展に適用します。まず内的四位基台の形成において、心情が中心となります。心情は愛の衝動であり、家族、民族、国家、人類の「ために生きる愛」の衝動です。次に、心情から目的が立てられます。それは理想世界を実現するためのビジョンです。次は内的性相（内性）の知情意が動員され、内的形状（内形）の知識、情報を動員しながら、構想が生まれます。これは目的（ビジョン、目標）が具体化されたものであり、企画、プロジェクト、設計図などに相当します。経営者のマネジメントもここに属します。

第二段階の外的四位基台の形成においては、構想に従って工場で製品が生産されます。ここにおいて原材料、機械と労働力が投入されます。外的四位基台の形成においても、心情とビジョンの下で生産がなされます。

四位基台は授受作用によって形成されますが、そのとき授受作用をなさしめる力が創造力です。第一段階の内的四位基台形成に作用する創造力が構想力であり、第二段階の外的四位基台形成に作用する創造力が技術力です。

結局、①愛の心情と、②適切なビジョンの下で、③創造力が発揮されることによって、経済は発展するのです。

①愛の心情

家族のために、民族のために、国のために、世界のために、そして神のために、という愛の心情からビジョンが生まれ、創造が始まるのです。経済学者のシュンペーターも、家族、一族のためという一個人を超えた衝動こそが、イノベーションの源泉であり、自らの効用だけを考え始めたら、イノベーションがおしまいになる、と言っています。（吉川洋『いまこそ、ケインズとシュンペーターに学べ』ダイヤモンド社、229頁）

ケネディ大統領も就任演説で、「国に何をしてもらうかではなく、国のために何をできるかを問え」と言いました。国民が自分の生活にだけ関心をもつようになり、「おねだり民主主義」になれば経済はしぼんでいかざるをえません。

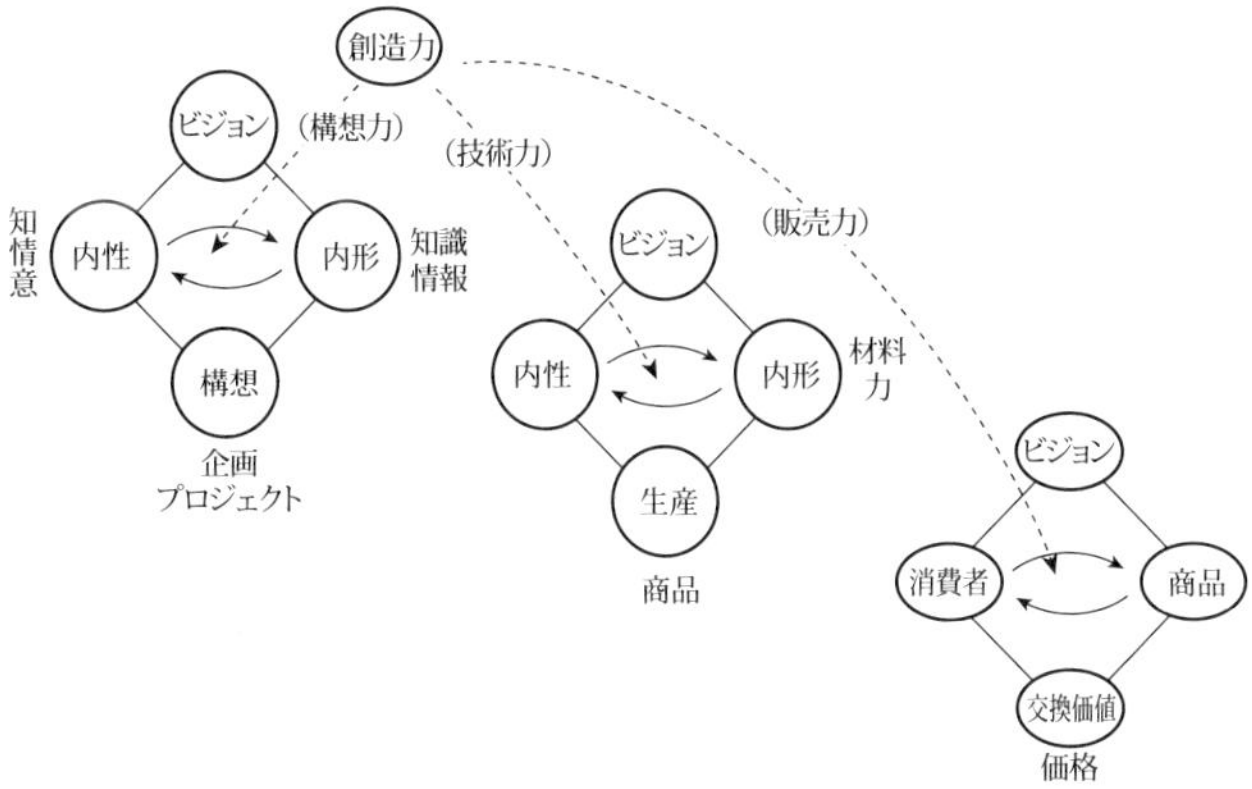


②ビジョン

次に心情に基づいて、幸福な社会のビジョン、平和な社会のビジョン、豊かな社会のビジョンが立てられなくてはなりません。経済学者のレスター・サローも、「社会が成功を収めるには、ユートピアのようなビジョンが根底にあり、それに基づく共通の目標があって、社会の全員が目標達成のために協力し合えるようになっていなければならない」と言っています。（レスター・サロー『資本主義の未来』ＴＢＳブリタニカ、331頁）

③創造力の発揮

愛の心情と適切なビジョンのもとで、創造力が構想力、技術力として発揮されることによって、商品の生産がなされますが、経済活動においては、さらに商品が売れなければ利益を得ることはできません。したがって、創造力はさらに販売力（ビジネス力）として発揮されなくてはならないのです。

アメリカにおける経済復興の実例として、ルーズヴェルトのニューディール政策（一九三三〜三九）があります。一九二九年のウォール街の株式大暴落に端を発した大恐慌により、アメリカの経済は壊滅的な打撃を受けました。その時、ルーズヴェルト大統領が「アメリカを救え」と立ち上がりました。そして打ち上げたビジョンとプロジェクトが、テネシー川流域開発プロジェクトでした。また同時進行していたのが、コロラド川のフーバーダム建設でした。連邦政府が強大な権限を持って全米の公共事業や雇用政策を動かして、これらのプロジェクトが推進されました。そこには最新の技術と多くの労働力が投入され、プロジェクト推進とともに、アメリカ経済は立ち直ったのです。

もう一つの例として、日本のＳＥＩＫＯ社の発展を例に挙げてみます。かつて長野県の諏訪市は生糸の生産で栄えていましたが、化学繊維の登場によって、生糸産業はすたれてしまいました。そこで諏訪市の有志が、①「諏訪市（長野県）を救え！」と立ち上がりました。そして、諏訪には高い山と豊かな水があって、スイスと似ているから、②「東洋のスイスにしよう！時計産業を興そう！」というビジョンが打ち上げられ、一同賛成しました（一九四二年）。ゼロから出発した町工場でしたが、世界の時計産業の情報を得ながら、③創造力が発揮されていきました。まず構想力が発揮されて、「クォーツ腕時計をつくろう！」という企画ができました（一九五九年）。そして、電気科の学生たちが入社し、彼らの技術力が発揮されて、ついに世界に先駆けてクォーツ腕時計が完成しました（一九六九年）。さらに販売力が発揮されて、クォーツ腕時計は爆発的なヒット商品となり、ＳＥＩＫＯ社はあっという間に世界のトップメーカーの仲間入りをしたのです。

## (2) 人体構造から見た経済活動

### 1　人体の成長と経済成長

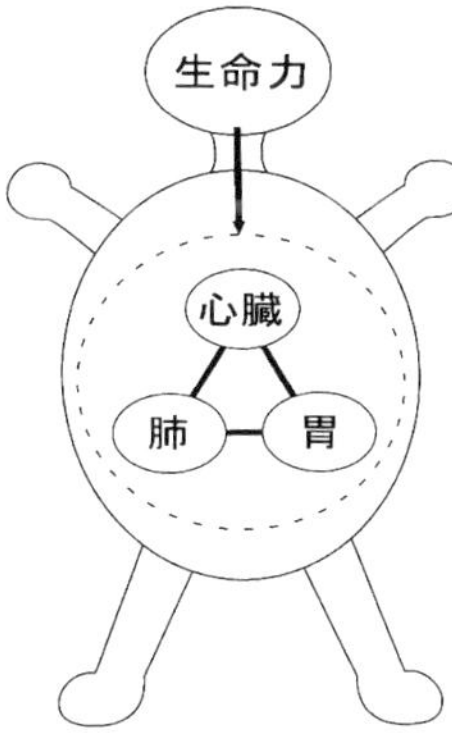


『原理講論』によれば、理想社会の経済機構は完成された人体の構造と同じであるとされています。人体において、肺を中心とした消費体制、心臓を中心とした循環体制、胃を中心とした生産体制は、いずれも人体の健康と成長にとって重要なものですが、そのうちどれか一つだけで十分ではありません。三つの体制が調和しているときに体は健全に成長するのです。さらに人体の成長における原動力は生命

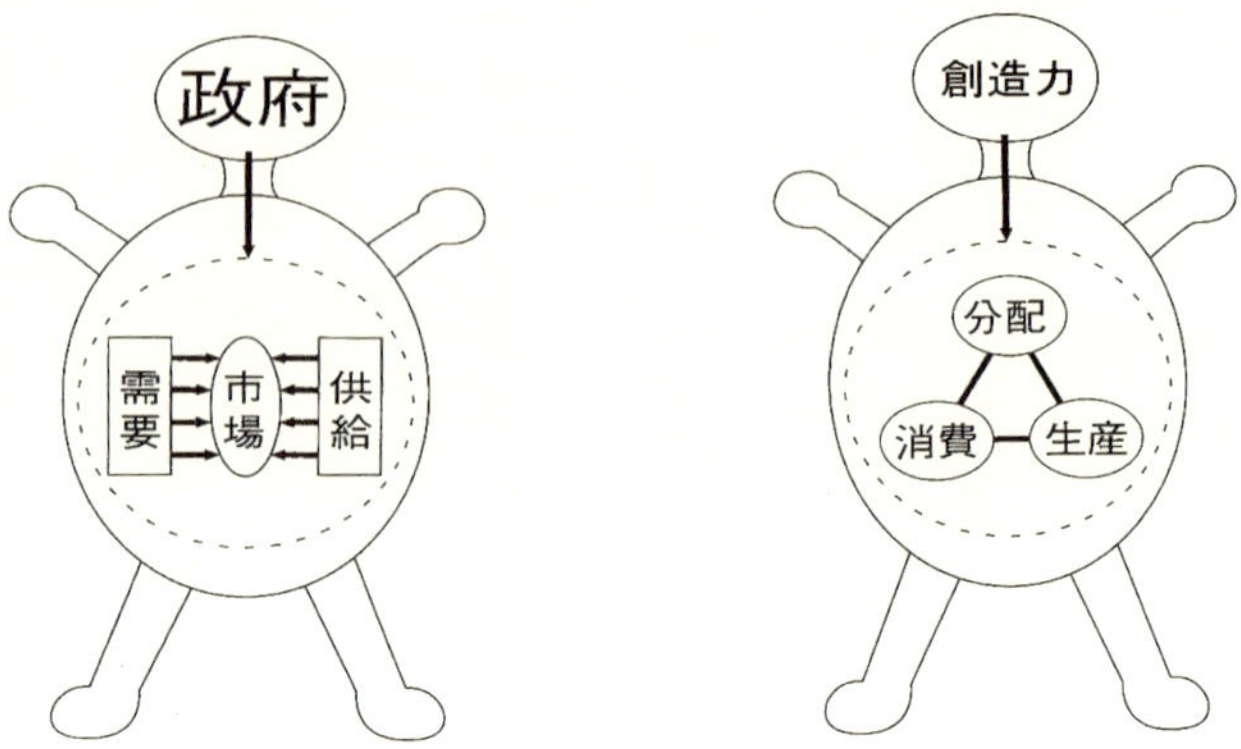


力です。生命力が旺盛でなければ、いくら、胃、心臓、肺の機能を刺激しても、人体は成長できません。

経済において生命力に相当するものは創造力です。したがって創造力を高めることによって経済は発展するのであって、創造力が衰えている社会において、生産、分配、消費に相当する経済政策のうち、いずれを講じたとしても経済の健全な成長は望めないのです。創造力を高めるためには、心情（愛と情熱、奉仕の精神）を中心として、理想的なビジョンが立てられなくてはなりません。そのもとで、創造力が発揮されるのです。そして生産、分配、消費が調和的に機能することによって、経済は健全に成長するのです。

2　人体構造から見た計画経済と自由経済の調和

計画経済と自由経済はそれぞれ人体の中枢神経系と自律神経系の営みに相当すると見ることができます。中枢神経系は頭脳の命令に従って身体を動かすものですが、社会全体を一つの工場のように動かす計画経済は中枢神経系の営みに相当するものです。他方、自律神経系は内臓に分布して、我々の意識とは無関係に働くものです。基本的に政府の干渉を受けない市場経済は自律神経系の営みに相当するものです。

自律神経系では交感神経と副交感神経のバランスによって内臓の機能が調節され、人体の健康が維持されていますが、市場では需要と供給のバランスで価格が調節され、経済が円滑に営まれているのです。

### 3　「自律神経失調症」に陥った社会主義計画経済

人体において、中枢神経系と自律神経系が調和的な関係を保っているように、理想社会における経済体制も、計画経済と自由経済が調和した姿になるのです。人体において内臓に異変が生じた時には、中枢神経（頭脳）が、適切な治療を指示しますが、それと同様に、自律神経系に相当する市場経済にインフレ、デフレなどの異変が生じた時には、政府が適切な政策を施して、市場経済をコントロールするのです。このような立場から見るとき、社会主義計画経済の失敗は、経済における自律的な機能を抑えて、すべてを中枢において命令的に管理しようとしたところからくるのです。社会主義計画経済はいわば「自律神経失調症」のような状態にあっ

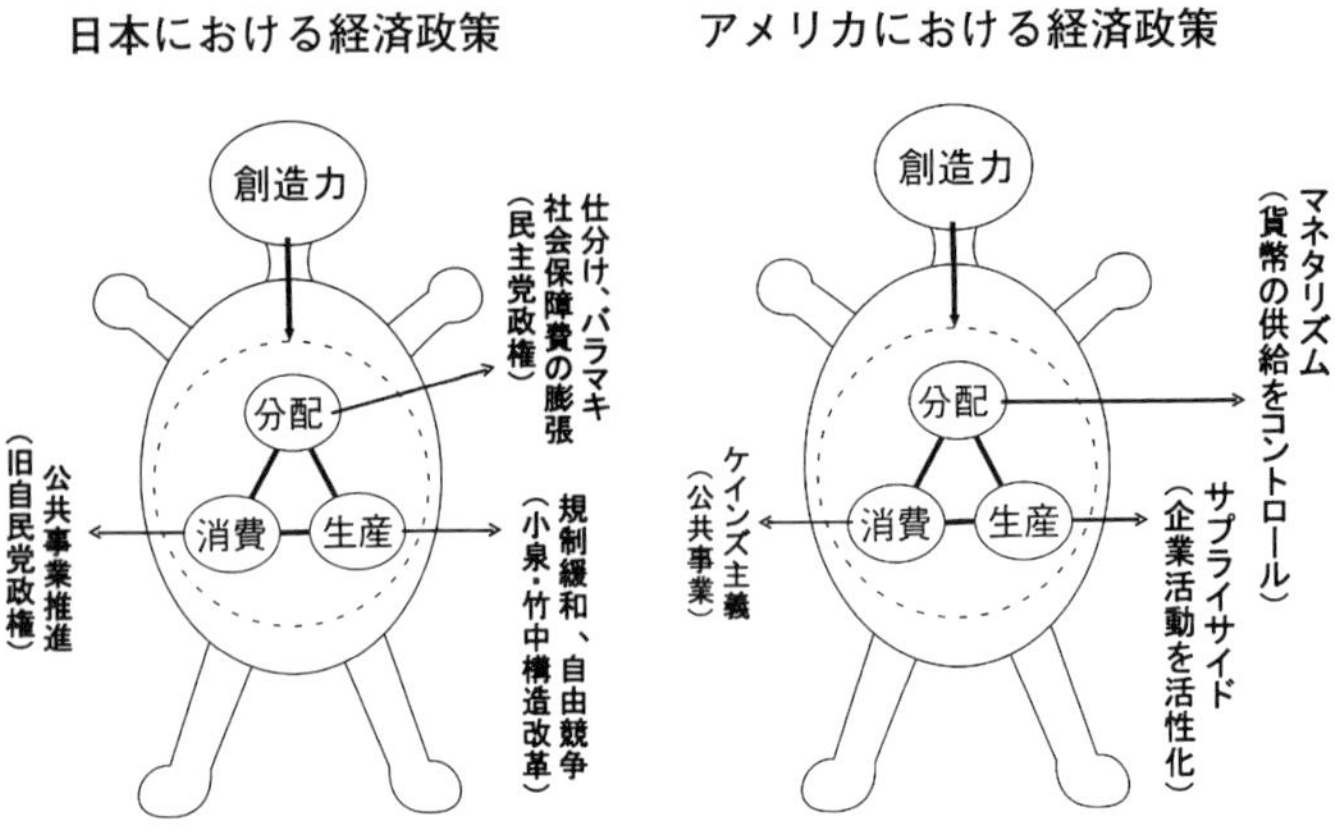


たのです。今日、共産主義の中国が経済発展を遂げていますが、それは経済において、硬直化した社会主義を脱して、資本主義的要素を取り入れたからです。

## ４　人体モデルから見た、現代アメリカにおける三つの経済政策

第一次大戦後から今日に至るまでのアメリカの経済において、ケインズ主義、マネタリズム、サプライサイドという三つの政策がありました。それぞれ、一時期において功を奏したとしても、やがて限界を露呈していきました。

ケインズ主義は、公共事業推進により、国家が需要を積極的に作り出す政策を提示しました。これは人体において、肺機能を中心として、よく運動すれば、体は健康になるということに相当します。

マネタリズムは、貨幣の供給をコントロールすること

によって経済をコントロールできると主張しますが、これは人体において、心臓を中心として血液の循環体制を整えることに相当します。

サプライサイド経済学は、企業活動を活性化させ、供給力を強化することで経済成長を達成できると主張します。これは人体において、胃を中心として、よく食べれば、体は成長するということに相当します。

人体の成長において、生命力が旺盛でなければ、いくら、胃や、心臓や、肺の機能を刺激しても、人体は健全に成長できません。したがってケインズ主義、マネタリズム、サプライサイドの三つの経済政策は、それぞれが万能でなかったのも当然のことです。

近年の日本経済にも三つの政策がありました。田中内閣の「日本列島改造論」に象徴される旧自民党政権は公共事業を推進して日本経済を成長させようとしましたが、地価の暴騰、不動産投機、インフレにより挫折しました。小泉政権は構造改革を掲げて、規制緩和、自由競争による企業の活性化を目指しましたが、格差の増大と、働く貧困層（ワーキングプア）の増大をもたらしました。そして民主党政権は「コンクリートから人へ」というスローガンを掲げて仕分け作業を行いましたが、バラマキにより日本の財政危機をさらに深刻化させました。

結局、日本の三つの経済政策もそれぞれが万能ではなかったのです。「ために生きる」愛の心情と適切なビジョンの下で創造力が発揮されることにより、そしてこれらの三つの経済政策が適切に、調和的になされるとき、経済は健全に発展し得るのです。もちろん世界経済との関係性も無視することはできません。

### (3) 神の摂理（天運）から見た経済発展

さらに経済発展を背後から導いているのが神の摂理です。十六世紀の大航海時代には、ポルトガルとスペインが栄えました。十七世紀には、オランダが栄えました。十八世紀と十九世紀には、産業革命を中心としてイギリスが覇権を握り、パックス・ブリタニカを実現しました。そして二十世紀にはアメリカが覇権を握り、パックス・アメリカーナを樹立しました。そして二十世紀後半には、一時日本が栄え、「ジャパン・アズ・ナンバーワン」とまで言われるようになりましたが、二十一世紀に至り、天運は日本から韓国へと移行しています。そして今、日韓米を軸に環太平洋圏の島嶼国が団結し、神の願われる理想世界――神の下での人類一家族世界――の実現に向かって、摂理は進んでいるのです。

したがって、天運と啓示に従いながら、愛の心情（～のために）と適切なビジョンのもとで、創造力――構想力、技術力、販売力――が発揮されることによって、経済は成長するのです。

## (4) 文鮮明師の推進するビジョンとプロジェクト

文師は神の摂理の下、世界の為、人類の為に、世界の平和と繁栄のために次のようなビジョンとそれに基づいたプロジェクトを推進しています。

### 1　国際ハイウェイと日韓トンネル

第十回科学の統一に関する国際会議（1981.11.10, ソウル）において、文師は国際ハイウェイと日韓トンネルの提唱をしました。

**世界平和のための国際ハイウェイ**

**私たちが提唱する理念によって、国際平和高速道路が建設された場合、アジア各国の国民は、お互いに自由に往来できるようになり、その結果、北朝鮮は軍事力による侵略の野望を放棄して、平和的統合の道を選ぶしか道はなくなります。こうしてアジア人の結束を固め、黄色人種を中心とした上・下層を連結するようになるのです。私たちは、ここアジアを基点として、絶対価値である神様の愛を中心とする現実的統一経済圏を実現し、東西新文明を結合して、新たな世界の平和を具現しようというのです。**（文鮮明1981.11.10）（文鮮明『南北統一と世界平和』214～15）

### 国際ハイウェイと日韓トンネルの提唱

私は「科学者大会」（科学の統一に関する国際会議）で平和高速道路計画を発表しました。平和高速道路の中で、一つは韓日間にトンネルを掘って、中国を中心にシベリアを通過し、モスクワを経てロンドンまで行き、もう一つはインドを通って中東を通過し、ロンドンに至るのです。（文鮮明1989.7.3）（『南北統一と世界平和』214）

2　ベーリング海峡プロジェクト、

文鮮明師は二〇〇五年六月二十五日、ニューヨークのジェイコブ・ジェビッツ・コンベンションセンターで開かれた世界平和超宗教超国家連合（ＩＩＦＷＰ）において、「ベーリング海に架け橋を！」と提唱しました。さらにキリスト教とユダヤ教、イスラム教間の対話を促進し、各宗教の対立解消を訴える「今は神の時！」と題する連続講演を開始しました。

講演を行う文鮮明師

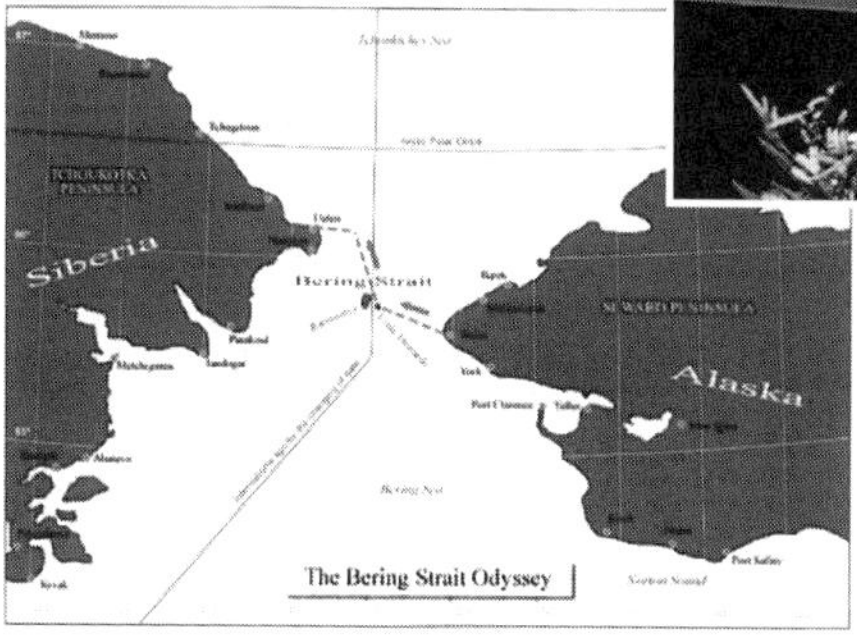


## 世界を一つに

　世界の指導者の皆様、私は、きょうこの貴い場をお借りして、もう一度、人類の平和天国創建のために、そして、神様の祖国と本郷の設定のために、実に摂理的で革命的な新プロジェクトを宣布しようと思います。歴史的に、サタンによって東と西、南と北に分けられ、地理的には、北アメリカ大陸とロシア大陸を分けるベーリング海峡に橋梁を建設し、海底トンネルを通そうというのです。

　そうして、アフリカの喜望峰からチリのサンティアゴまで、イギリスのロンドンからアメリカのニューヨークまで、自動車で全世界を巡回、疾走できる「世界超高速道路」を連結する「ワールドピース・キング・ブリッジ─トンネル」を完成し、世界を解放・釈放させてくれる一日生活圏にしようというのです。

これ以上の分断と分裂は容認できないというのが天の警告です。全世界を一日生活圏で結び、サタンがつくった人種、文化、宗教、国家の壁を崩し、神様が何よりも願ってこられた平和理想世界を、この地球星に創建しようというのです。アメリカとロシアが一つになり、ヨーロッパ大陸、中国、インド、日本、ブラジルなど、世界のすべての国家、そしてすべての宗教が一つになり、共に力を合わせ、この歴史的なプロジェクトを成功させなければなりません。この事業の成功こそ、人類にとって、これ以上戦争と分断が必要ない平和王国を創建するのに、決定的役割をすることでしょう。（文鮮明2006.11.21、ソウル）（『平和神経』218〜19）

3　北朝鮮復興プロジェクト

独裁国家の北朝鮮もやがて解放の時を迎えることでしょう。その時に備えて、文師は平和自動車、平和航空旅行社などを設立して、北朝鮮の経済発展を協助しています。韓半島の平和と繁栄なくしてアジアの繁栄もなく、ひいては世界の繁栄もないからです。

## (5) 本然の経済に関する文師のみ言

1　心情経済に向けて

神は心情、すなわち愛して喜びたい衝動から、愛の対象として人間を造り、人間のために、人間の愛の対象として万物を造りました。したがって、本然の経済活動は、そのような神の愛の創造性に基づくものとなります。すなわち、心情経済、あるいは愛の経済となります。

①経済発展の原動力は愛

神は愛の心情から、創造目的を立て、天地創造を行われました。したがって、愛には創造の能力があるのです。人間においても、同様に、愛が創造の原動力となっているのです。

**愛には創造の能力があるので、疲れることがありません。**愛の心を持てば、どんなに投入しても、消耗したそれ以上のエネルギーをいつでも補充することができるので、疲れることがないのです。私の生涯は、……真の愛で与える生涯であったからです。それが統一運動発展の原動力でありました。（文鮮明2005.2.14，韓国・清平）（『ファミリー』2005.4，22）

**愛は全体を創造する力をもっています。**宇宙の愛のすべてを受けて、全天宙の中心的な存在として生まれたのが正に「私」です。愛によって生まれ、愛によって育てられ、愛によって生き、また愛を残すのが人生において最高の目的です。天宙あるいは世界を制覇することより、自分の家庭で、天宙の中心である愛の使命を果たすことがもっと価値あることです。（文鮮明『祝福家庭と理想天国Ⅰ』1454〜55）

**神様はいないと言うようになれば、既にそれ自体が破壊です。それ自体が消耗なのです。愛の原動力の補給を受けられないのです。力が作用すれば作用するほど消耗するのです。**（文鮮明『神様の摂理から見た南北統一』604）

②ために生きる経済学

利潤追求を第一義にするような利己的な経済ではなくて、互いのために利益となる経済、社会全体のためになる経済でなくてはなりません。

**事業をする人は、商談をする時にだますために話をするのか、互いの共同利益のために相手も良くなればいいという、そのような心を持って話をするのかというのです。……善悪の分岐点において正しく行く道は何かというと、自分のために処理しようとする時には、滅びるのですが、全体の利益のために処理しようとする時には私も生き、全体も生き、両方共に生きるのです。**（文鮮明1972.7.16，ソウル）（『善悪の分岐点で・再臨メシヤの再現と成約時代』52〜53）

③家族的な倫理関係に基づいた経済

未来の世界は、真の愛を中心とする家庭理想を拡大した世界になります。したがって、経済活動も家族的な倫理関係に基づいたものになります。

「家和して万事が成る」という言葉があります。一つの家庭が平和に満ちているならば、万事が皆よく成されるというのです。完成した家庭は、平和の家庭であり、これが天国の基礎です。家庭の原動力は真の愛です。自分よりも神様を、そして対象を生命のように愛する、純粋で美しい犠牲的愛、これが真の愛なのです。この宇宙に神様は、真の愛の力より大きい力は創造されませんでした。真の愛は神様の愛なのです。

神様は万物と人間の創造のためにすべての力を投入なさいました。全部を投入し、また投入なさいました。他のものは投入すれば、全部消耗されますが、真の愛のみは投入すれば投入するほどもっと盛んになり生産します。真の愛は一〇〇を投入するならば一二〇が戻ってきます。ですから、真の愛を実践する者は滅びるように見えても滅びることなく永遠に栄光永生するのです。

このように、**真の愛でもって成された家庭が基礎になって、社会が成され国家が成され、世**

界が成されます。このような社会、国家、世界は真の愛が原動力になる相互奉仕の社会であり、国家であり、世界であり、そこには葛藤の代わりに和睦があるし、誤解の代わりに理解があるし、分裂の代わりに団結があるし、自分の利益の追求の代わりに全体の利益の追求があるし、犠牲と奉仕が美徳になる社会、国家、世界であるのです。このような神様の理想実現が、すなわち真の世界平和の理想なのです。(文鮮明1991.8.28,ソウル)(『ファミリー』1991.10,28~29)

## 2　平等な社会の実現

人類は今日まで平等な社会を追求してきました。共産主義は、私有財産を否定することによって経済的に平等な社会の実現を目指してきましたが、共産主義社会は外見上、平等を装いながら、共産党がすべてを支配する独裁社会でした。他方、自由民主主義社会では、機会は平等であっても、利益追求の生存競争の下で、結果は不平等な格差社会になっています。では、いかにして平等な社会が実現するのでしょうか。真の愛に基づいた家庭理想が社会に拡大するとき、真なる平等社会が実現するのです。

例えば一企業において、経営者が父母の心情をもって従業員を子女に対するように接すれば、経営者だけが莫大な給与を得て、従業員にはなるべく少なく与えるというようなことはなくなるでしょう。もちろん責任の大きい経営者が多く得るのは当然ですが、近年のアメリカのように、アメリカ企業の最高経営責任者（ＣＥＯ）の平均報酬が労働者の平均報酬の五百倍以上というのは異常です（サンケイ新聞、2002.7.29）。それに対して、まだ家族的な経営が残っている日本の企業では、ＣＥＯと一般社員の報酬の格差は二十倍くらいです。また従業員にも能力に差があり、その業績によって報酬に格差が生じるのは当然ですが、あまり大きな差をつけるべきではありません。父母の心情を持つ経営者は、子女の立場の従業員を等しく愛し、期待するからです。そして経営者が父母の心情で全ての従業員に接すれば、能力に応じた報酬に格差があっても、従業員はそれを差別とは感じないのです。

### 経済的平等を掲げた共産主義の凄惨な結果

過ぎ去った人類の歴史を振り返ってみると、瞬間でもこの地の上に真なる自由と平和と幸福が実現された日がありませんでした。実際に、**経済的平等という理念的価値のもと、「人類を搾取から解放する」と言った共産主義は、むしろ闘争と貧困の凄惨な結果ばかりをもたらしました。**（文鮮明1992.8.22）（『南北統一と世界平和』79）

### 経済、知識、権力で平等は実現できない

今日の世界は経済圏を中心として一つになろうとしています。経済と知識と権力をもって、

力の平準を通じてこれを一つにしようとしています。しかし、それは間違いです。世界を一つにする歴史的統合的中心方案は、真の愛というものです。歴史の流れには方向があるのです。経済圏でもってては一つになれません。真の愛を中心として偽りの愛を収拾し、上下を連結させなければならないのです。歴史的な真なる方向は一つです。（文鮮明1991.1.1,ソウル）（『ファミリー』1991.3, 30）

## 真の愛を中心として平等

真の愛の源泉である神は、父の立場から人間に対する遺産として、この絶対的で普遍の真の愛を与えたいと願われました。真の愛において完全な調和と統一は実現されるので、神の真の愛は、神のパートナーである人間に完全に伝達されることができるのです。そればかりではなく、真の愛の属性のために、神と共に生きる権利および神と絶対的な価値を共有する権利も人間に付与されます。この見方からして、人間は神の子として神と共に生きることができ、神ご自身と同じ価値をもつことができます。さらに人間は、お互い同士の間でさえも、**真の愛を中心として、遺産を共有し、共に生活し、平等となることができます。**（文鮮明1990.8.16,サンフランシスコ）（『中和新聞』1990.9.1）

### 3　技術の平準化

世界全体が繁栄するためには、各国の経済の水準が同じにならなくてはなりません。そのためには科学技術が平準化されなくてはならないのです。もちろん、新しい技術を開発した場合の「知的所有権」は、開発者の「価値創造」に対する報酬としての利益が得られるように、一定期間は尊重すべきですが、あまり長期にわたって特許権を行使すべきではありません。特許の期間を短くして、世界にその恩恵を与えるようにすべきです。また初めから利益を得ようとしないで、技術を公開しようとする人がいたら、大いに称賛すべきです。例えばコンピューターの基本ソフト「トロン」を開発しながら、「この技術を全世界に無料で公開する。絶対にもうけようと思わない。私の信念です」と語った坂村健東大教授のような人もいます。

**科学技術は万民の幸福の為に神から与えられたもの**

今まで神様が万民の平和の武器として下さった科学技術を、特定の一国が使用して世界をむさぼり、幸福になることを神様は許されません。**万民の幸福のために人間に下さったものが科学技術だというのです。**特定の民族だけがその恵沢を享受し、平和を無視した武器として使用することはできません。（文鮮明1989.6.19）（『ベーリング海峡プロジェクトと平和理想世界王国』128）

## 天が下さった科学技術

先進国は、科学の力で後進国を搾取してきました。ヨーロッパは、アフリカを中心に原料を補給するために、男性たちには教育もしません。若い女性たちは教育して妾《めかけ》にします。農作業の方法も教えてあげません。無知であればあるほど、長くアフリカを利用し、ヨーロッパの自分たちはお金持ちになるというのです。それはいけません。科学技術は世界のものであって、特定の国家のものではないのです。天が下さった科学者です。日本なら日本の科学技術、電子産業も、日本のものではありません。それを自分のものだと思えば大変な錯覚です。(文鮮明 1994.3.13)(『ベーリング海峡プロジェクトと平和理想世界王国』127〜28)

## 先進国家が先端技術を独占するのは大きな罪

相互信頼と道義の時代が明けてきています。すべての国際連合加盟国家は、今、相互尊敬と愛をもって、我々人類の共同の敵に宣戦布告をしなければなりません。我々人類の共同の敵は貧困と無知と疾病と罪悪です。

今や人類は貧困と無知と疾病と罪悪から解放されなければなりません。もちろん私が生まれて育った国が、まず私の国であることに間違いありませんが、より大きい見地から見たならば、私の父であられる神様がつくられた世界が、すべて私の国なのです。

このように見た時、先進国家が、先端技術を独占し、発展途上国家に先端技術を分け与えないことは、大きな罪なのです。国家間に良いことがあるならば、早く分け合って持たなければなりません。新しいことを発見するならば、直ちにその恵沢を互いに分け合わなければなりません。（文鮮明1991.8.28, ソウル）（『ファミリー』1991.10, 31～32）

## 平準化によって世界は一つになる

今後、国連が経済問題をよく管理しなければ、人類は滅亡するというのです。闘争概念を中心とする、あるいは優劣を中心とする先後関係の指導体制があってはいけないのです。愛を中心として相対的関係でいかなければなりません。

ですから、アメリカにある経済的なもの、政治圏内にあるものは、すべてアメリカのためのものではありません。世界のためのものであり、宇宙のためのものです。その標準を中心として、家庭理想と世界が一つになるためのその体制を中心として、平準化運動をしなければなりません。**豊かに暮らす人は下りてきて、貧しく暮らす人は上がっていってこそ、平準化されるのです。今世界は、一つにならなければならないようになっています。**（文鮮明1999.8.25）（『ベーリング海峡プロジェクトと平和理想世界王国』126～27）

## 世界万民のために科学技術の平準化を推進すべき

統一教会の文総裁の指導する事業は、金もうけのためのものではありません。お金は、かわいそうな人たちを接ぎ木するセメントに使うものです。それで、先生が築いてきた最高の科学技術も、全部経済的基盤を中心として世界万民の解放のために分けてあげるのです。平準化するのです。先進国家は全部、弱小国を自分の下に集めようとするのですが、それではいけません。自分の横にもってきてくっ付けなければなりません。平接ぎをしなければならないのです。それを嫌って、「レバレンド・ムーンは、先進国家を破壊する人である」という烙印を押して、反対しているのです。しかし、私は平準化を主張し、すべての国々を対等な位置に立てようとしているのです。（文鮮明1992.1.26，ソウル）（『ファミリー』1992.8，44）

## 万国の平和のための平準化

この世界において、経済問題は重要です。科学技術、経済問題は先進国に入れるか否かを決定するのです。そのため私は既に十年前から準備してきました。ですから、私は今、科学技術平準化を主張しているのです。文総裁は万国の平和のために動く方であるというネーミングが付いているのです。（文鮮明1992.2.9，ソウル）（『ファミリー』1992.5，37）

## 授け受けしながら平準化

アルファたる神様を中心として始まったので、そこに根を共にしてこそ、オメガへと戻って行くことができるのです。そうしてこそ、循環運動が可能なのです。すべては循環運動をするので、主体と対象を中心として、必ず位置を相互に交替しなければならないのです。それは何故かといえば、互いに平準化されようとするからです。そのためには授け受けしなければなりません。一度与えて平準化が成されれば、二度与えた時には二倍の平準化が押し進められるのです。そのような関係性を持つことなく今日の喜びはありません。（文鮮明1992.8.27，ソウル）（『祝福』⑯1993，109）

## 愛と技術を提供して経済的自立を助けよう

法秩序を公平に運用するようにして、弱小民族に平等に制度的恵沢が帰するようにし、資源を搾取するのではなく愛と技術を提供して経済的自立を助けてあげ、科学文明の恵沢をすべて等しく受けさせるとき、世界の人は真実な心を開き平和を立て、戦争と貧困をなくすようになるでしょう。そのような環境的雰囲気が造成された土台の上に、神様の愛が花開き実を結んで地上天国が建設され得るのです。（文鮮明『祝福家庭と理想天国Ⅰ』1157）

## 4　世界のための経済

二十一世紀を迎えて、神の摂理は全人類の幸せを実現する理想世界を目指しています。したがって、経済も一国だけの繁栄を追求する経済ではなくて、世界のための経済、人類全体が幸せになるための経済でなくてはなりません。

### 先進国は後進国に奉仕せよ

このように、高次元的な価値で覚醒した土台の上で、国家間の関係が変化していかなければなりません。これまでは、経済発展の背後における原動力は、利潤に対する欲求でした。それによって人間の潜在能力が大きく発揮され、巨大な世界発展をなし、先進経済大国をつくってきたのです。しかし、今やこのような先進国は、利潤追求の動機を越えなければならない時代を迎えました。

今や、利他的愛が国際関係の次元に適用されなければなりません。先進国はむしろ、他のために奉仕するその目的のゆえに、神の祝福を受けていることを悟って、世界の後進国のため犠牲を甘受しなければなりません。そのようにして、悲惨な後進国の惨状を解決するために先進国が先頭に立たなければなりません。

皆様、もし豊かな先進国がこのような態度を持ったとすれば、その国は萎縮したり、また急激に衰退するようになると思いますか？　決してそういうことはありません。かえって、現実はその反対になります。しかし、もし先進国が利潤追求以上の高貴な理念を持たなければ、彼らがいくら努力したとしても、今日までの繁栄はとどまることなく衰退していくでしょう。

**隣人が飢餓、疾病、または無知のゆえに犠牲となって死んでいくときに、どうして世界が平和でありえましょうか。すべての先進国が結束しさえすれば。飢餓、疾病、無知の三大悪を退ける世界平和のための前線を構築できるのです。**（文鮮明1987.6.1，ソウル）（『続・為に生きる』22〜23）

## 世界共同体を目指して

二十世紀の後半に入った今日、私たちは世界が日々沈滞していく現状を否定できません。そしていかなる国も、今や離れ小島ではいられません。また、いかなる人であっても、他の人との相互依存的関係なくして、繁栄を期待することはできません。したがって、この相互理解と信頼を増進するために、国家の共同繁栄を追及する共同体が建設されなければなりません。世界は今や地球村と言われるほどに、急速に狭まってきています。すべての人々の生存と繁栄が、この協同精神にかかっています。人類は、今や神の下で一つの大家族であるということを悟らなければなりません。この協同を通してのみ、私たちは環境を保護することができ、またすべての人々の文化水準の向上と自由、正義および尊厳性の確保を期待し約束することができるのです。このような協同精神の土台が何かといいますと、「世界共同体のすべての国々はただ神のみに根源をおく共通的な価値体系と永遠不変の原理を尊重する」ということです。（文鮮明1987.6.1,ソウル）（『続・為に生きる』23〜24）

## 超国家、世界的銀行の設立

世界的金融体制をつくらなくてはならない。世界各国の財閥は税金をとられないように、自分の国にもってこないで第三国に移動しようとしている。いかにして、世界経済問題、金融問題を解決するか。それをなすには数十年かかる。そういう世界になっていないから難しい。その時がくる前に、金融体制の超国家的な一致圏に向けて援助をする体制をいかにしてつくるかというのが先生の構想である。

それで十か国が集って、各国の埋蔵されているお金を掘り出して、世界的な金融管理体制をつくる。数千億ドルになるね。そうすれば、いくらでも貸し出すことができる。三か国から七か国以上、国が多ければ多いほどたくさん貸してやる。南米なんか個人的な政治家にお金を貸してやった場合、みんな泥棒して腐敗してしまう。だから、利潤が上るようにして、お金が流れないように管理しなくてはならない。（文鮮明1989.8.15,ニューヨーク・Deer Park）

何年も無用の金として寝ているお金を起こして超国家、世界的銀行をつくる。そして金持ちの日本、アメリカとかドイツ、イギリス、フランスの五か国と、ソ連、中共など十か国を組み合わせれば、それに反対するところはありません。（文鮮明1989.8.27，アラスカ）

先生は世界の宗教や思想も一つにしつつあります。経済・金融の分野においてもGEAI（世界経済行動研究所）を創設して、開発途上国による債権のこげつき問題を解決しようとしています。（文鮮明1990.9.9，ニューヨーク）（「中和新聞」1990.10.15）

### 世界経済のための新しい経済理論が必要

学問の目的は世界のためである。教育は宗教教育、思想教育などの普遍教育を基礎とした上での知識教育でなければならない。これからの経済学の理論は一国の利益でなく、世界の利益に役立つ理論でなければならない。

## 5　理想社会の経済は共生主義

来るべき未来の理想社会は共生共栄共義社会です。共に生き、共に栄え、道義を共にする社会です。神の愛を中心として、互いに、ために生きる社会です。

共生共栄共義主義における共生主義とは、神様の真の愛を土台として、理想家庭をモデルにした共同所有の経済体制をいいます。共栄主義は神様の真の愛を土台として、自由、平等、幸福の理想が実現される政治を追求する主義です。共義主義は真の愛を中心とした普遍的な倫理道徳を守り、構成員が皆、善と義の生活を追求する主義をいいます。

**共生共栄共義の利他主義の時代が到来する**

新しい時代二十一世紀は物質が牛耳らない、精神と霊の時代です。新しい時代、二十一世紀は、神人一体になって生きる時代です。新しい時代二十一世紀は他の為に生きることが自分の為に生きるよりもっと永遠な価値があることを悟って、生きる時代です。**利己主義は退色し、共生共栄共義の利他主義がついに凱歌をあげる時代、それがまさしく明けてくる二十一世紀なのです。**これは平和の時代です。これが正に天国なのです。(文鮮明1991.8.28)(『ファミリー』1991.10, 33)

**真の愛の家庭がモデルとなる共生主義**

共生主義とは、神様の真の愛を土台として、一つの共同所有を中心内容とします。共生主義社会の基本典型は家庭です。単純な物質的所有だけではない、神様の愛を基盤とした共同所有です。家庭においてすべての財産は、たとえ法的には父母の名義になっているとしても、実質的には父母と子女、すなわち全家族の共同所有なのです。

それと同時に、家族個々人は各々の部屋や衣服、お小遣いを持つようになります。このように家庭においては、家族が共有を基盤とし、個人的な所有も認定されて、全体目的と個体目的が調和を成すようになります。このような愛が基盤となった家庭の理想的な所有形態が社会、国家、世界に拡大されたのが理想社会の所有形態です。

神様と人間の本然の関係は、真の愛を中心とした関係です。神様と自分の共同所有、全体と自分の共同所有、隣人と自分の共同所有など、さまざまな場合がありますが、神様の真の愛を中心とした感謝する心で共同所有をするようになっています。

神様の愛を完成した人間が築く理想世界は、全体目的と個体目的は自然に調和します。人間には欲望もあり、愛の自律性も持っているので、個人所有、個体目的が許されています。そうだとしても、限度を超えた個人所有、あるいは全体目的を害する個体目的は追求しません。完成した人間は自らの良心と本性によって、自己の分に合う所有量を取るようになるのです。

特に、真の愛による万物の真の主人の人格たる理想的な人間の経済活動は、愛と感謝を根底とするので、過欲と不正があり得ないのです。同時に全体目的に反する、地域や国家利益が強調されず、また、経済活動の目標が利潤追求でない全体福祉に焦点が集まります。（文鮮明

1995.8.22, ソウル）（『ファミリー』1995.10, 23～24）

愛は神様からやって来ます。命も同じく神様から来ます。愛と命は同じなのです。愛の質は命の質でもあります。自然の法則と共に進むならば、我々は宇宙の一部となり、またそれに貢献することになります。そしてそこから次第に発展していきます。しかし、その法則に反する生活をする者たちはだんだん小さくなり、ついにはその存在すらなくなってしまいます。

では、その目的とは何ですか。それは愛の基台、つまり四位基台をつくることです。そこで神様、男、女、子供たちすべての点が交わります。それ以外に皆さんは何が欲しいのですか。**そこには別々の銀行口座もなければ、別々の所有権もありません。父親が母親に属し、母親は父親に属しています。そして二人は共に神に属しています。そして子供たちは両親に、そして神様に属しています。とても簡単な理屈で合っています。**（文鮮明1983.7.3, 米国・グロースター）（『御旨と海』274）

## 6　個人主義から共生主義へ

本来、自然万物は神が創造されたものであり、神は人間にその主管をゆだねようとされました。ところがサタンがすべてを奪ってしまいました。そしてサタンの主管下にある強欲な人間がそれを支配しているのです。したがって、自然万物は一旦、神へ返さなくてはなりません。それから、それぞれの個人、家庭、団体、国家に主管を委ねるというプロセスを経なければならないのです。

**サタン中心の共同所有を主張した共産主義**

**今日、民主主義は個人所有を語り、共産主義は共同所有を主張しています。**彼らは、天の物として捧げなければならないにもかかわらず、天は除外しておいて人の前に捧げています。**サタンに捧げているのです。これが共産主義です。**個人所有を否定する立場から、真実な立場で天の前に捧げなければならないのですが、共産主義はこれと反対です。個人所有を否定することはしますが、真実な立場で否定するのではなく、偽りの立場で否定して共同所有を要求するために、共産主義は滅ぶのです。

では、これが滅ぶようにする方法は何でしょうか。**真実な立場で個人所有を否定し、世界人類のための共同所有とすることのできる人がいなければなりません。**そのような人がいるようになれば、その時から天国化するのです。皆さんは、そのような立場に立たなければなりません。（文鮮明『神様の摂理から見た南北統一』649）

## サタンによる世界制覇のための共産主義

所有権が全部天に帰っていかなければなりません。それゆえ、この歴史発展路程の思想と主義を中心として、個人所有時代が過ぎ去ります。氏族所有時代、民族所有時代、国家所有時代を経て、世界所有時代に越えていくのです。それで、共産主義や社会主義をもって、この世界のすべての国は、私の国だといったのです。サタンは天の所有圏時代が訪れることを知っているので、前もって、これをまねて、天のものになるのをふさぎ、反対するために、世界を制覇し、国家管理体制を主張したのです。所有は国家のものだといって、共産党一党統治時代を主張したのです。（文鮮明 1994.10.9, ソウル）（『ファミリー』1994.12, 30）

## 世界のものは神様のものであり、神様のものが私のもの

皆さん、今日、共産党式の言葉は、「私のものは私のものであり、お前のものも私のものである」、このようになっています。このような主義は滅ぶというのです。これと反対に神様の主義は何かと言えば、「私のものはあなたのものであり、あなたのものは家庭のものであり、家庭のものは氏族のものであり、氏族のものは民族のものであり、民族のものは国家のものであり、国家のものは世界のものであり、世界のものは神様のものであり、神様のものが私のものです」。これが神主義なのです。ここには人間が願うユートピアも、すべての希望も、幸福

と愛と理想の顕現が可能なのです。このような世界を、今日、我々人間は全く知らなかったのです。（文鮮明『神様の摂理から見た南北統一』649～50）

## 神様に所有される愛の実体にならなければならない

その次に、所有権が変わってしまいました。神様に所有され愛の実体にならなければならないのに、悪魔の愛の実体になってしまいました。サタンを中心とする愛を持つことによって、被造物までもサタンの所有になってしまったのです。血統が逆転してしまった結果、このようになってしまいました。ですから血統転換とともに、所有権の再確定をしなければなりません。……共産世界がなぜ滅んだのかというと、共産党第一主義に向かったからです。神様のみ旨を中心として、神様の命令を伝達する中枢器官のような機関を中心として一つにならなければならなかったのにそれができなかったのです。（文鮮明1992.5.10, ソウル）（『ファミリー』1992.11, 25）

## 神様のもとでの子女の所有時代

再創造は、投入して、投入して、忘れてしまった真の愛の起源を通じて、神様に侍ることのできる物質と子女と自分自体の全部を結束させ、すべてのものが真の愛と連結された神様のものであるということが設定された後で、再び分配を受けて子女の所有時代へ連結されるのです。

父母の所有、子女の所有時代へ分別されるのです。（文鮮明1991.1.1,ソウル）（『ファミリー』1991.3, 70）

## (6) 霊界からのメッセージ

勝共理論を体系化された李相軒《イサンホン》氏は一九九七年三月、逝去されましたが、驚くべきことに、地上の霊的能力のある婦人を通じて、地上で著名人であった人たちが、霊界でどのような状態にあるのか、彼ら自身が霊界から地上にメッセージを送るように導かれました。彼らの多くは、霊界では悲惨な境遇になっていました。ところが、彼らは霊界において開かれている「統一原理」セミナーに参加して、文鮮明先生御夫妻が再臨主、真の父母として人類救済のために御苦労されていることを知りました。そして地上における過ぎ去った過去の自分たちの生活を悔い改めることによって、より良き霊界に引き上げられています。そして彼らは、地上の人々に霊界の実相を何とかして伝えようと身悶えしています。ここでは、地上においてアメリカの大富豪であった四人のメッセージを紹介します。

## 一　ジョン・ロックフェラー（John D. Rockefeller）

（一八三九～一九三七。世界歴史上最高の富豪、スタンダード石油会社を設立。ロックフェラー財団を創立）

### 文鮮明先生の世界平和実現運動に積極的に参加せよ

誠に感謝、感謝です。どうして私に、このような貴い時間が与えられたのか分かりません。地上人たちよ！　私、ロックフェラーはここに来るとき、何一つ準備ができないまま、手ぶらでここに来ていました。気がついてみると、私は死んだことが分かり、一人ぼっちでいました。私の手足になってくれた数多くの人たちも、おいしい食事、豪華絢爛《けんらん》たる住まい、思いどおりになる自由、そして私の意図したように、ほとんど全てのことがなされた権勢など、ここでは何も残っていません。

地上で大きな邸宅で過ごした経験がなかったとすれば、ここでの寂しさはそれほどではないでしょう。なぜ私の周囲はいつも寂しく、息が詰まるような肌寒い環境で過ごさなければならないのか、全く分かりませんでした。このような孤立状況に処していた私は、ある日、愛の聖霊の光に導かれて、ここのセミナーに案内されました。ここは多くの人たちと対話できるので、ある程度寂しさから解放されましたが、ここの雰囲気に圧倒されました。何よりもここの雰囲気が、私に新しい喜びを与えてくれ、限りなく幸福になるようにしてくれました。

ところで、私にどのような慈悲がかけられたのでしょうか。自分のことを新たに悟ることができる新しい次元の真理の前に、とても感動しました。その感動をなんと表現できるでしょうか。私に新しい真理を詳細に悟るように助けてくれた李相軒先生に、感謝します。彼は私に、「いつかこのような恵まれた時間が来ると期待していましたか」と尋ねました。私は、「全くありませんでした。想像もできませんでした」と答えました。私の日常生活の豪華絢爛たる環境、そして私の周囲を動き回った人たち、全てが私の死の前では、ただ無用のものでした。

今思えば、その時、なぜそのように過ごしたのか、この真実をもう少し早く悟るようになったとすれば、少なくはない物質的な財源を、もっと値打ちがあるように使ったのではないかと思います。この新しい真理、「統一原理」を悟って、私は正直、あまりにも大きな羞恥心を感じ、誰からも見られない所に隠れてしまいたかったです。自らの内的、外的にみすぼらしい姿を見るとき、胸があまりにも痛くて耐えられませんでした。天上世界がこのように生き生きと実在していることは、全く予想外でした。地上でうっすらと感じたことまで、今私の心に容赦なく棍棒を打ち下ろしています。今、私の地上生活が誤っていたことを、とても後悔しています。

地上の富豪たちに、切に訴えたいことがあります。皆さんが所有している物質的な財源の大部分は、皆さんのものでないという事実です。それを誰のために使用するのかを考えてみてください。私のように、すさまじい痛みを感じる前に、「統一原理」の新しい真理を謹んで受け入れ、人類家族がどのように共生共栄共義主義で生きるかを考えてください。

私はここ天上世界で、物質的な繁栄の価値の意味を新しく悟りました。地上の人生ののち、新しい世界が明確に存在するという事実を知るようになれば、皆さんは地上の人生のパラダイムを再び設定しなければならないでしょう。

地上の富豪たちよ！　皆さん、人類平和実現のために身もだえされている文鮮明先生の世界的な活動に、積極的に参加してくださることを願います。これが霊界にいる私、ロックフェラーの切なる願いです。「その方が誰なのか」を深く考え、皆さんが人類平和実現のために何をすることができるか、熱心に究め尽くしてください。

そして、「神様は我々の人生といかなる関係があるのか。私がなぜこのように当惑するようなメッセージを地上に送ったのか。何が不自由でこのように懇願しているのか」など、様々な次元から熟考することを願います。ここで、私のように身もだえする人が、二度と現れないことを願います。

（ジョン・ロックフェラー　二〇一〇年八月二日）

## 二　アンドリュー・カーネギー（Andrew Carnegie）

（一八三五～一九一八。アメリカの鉄鋼王。カーネギーメロン大学とカーネギー財団を設立）

**地上の富豪たちよ！　地上で真なる物質的価値観を定めよ！**

地上の生を振り返ってみる機会を与えてくださったことに感謝します。地上では、あまりにも豊かで、何不自由なく生きてきたので、未来の自らの生に対してほとんど考えることができませんでした。現実的な満足、それが人生の全てであると理解し、羨むことなく人生を送りました。しかし時には、私の豊かさを誇りながらも、隣人や社会共同体の発展のために私の財物を少なからず施すことにしました。ここ「統一原理」の講義所で、新しい真理に接してみると、そのことまでも、あまりにも恥ずかしく思われました。ここでの私の生は、誇るべきものにはなり得ません。

何よりも地上の富豪たちに、切にお願いしたいことがあります。皆さんが財産を成した過程を反省し、財物そのものを誇らずに、その全てを、社会あるいは国家に謹んで施してくださるように願います。

皆さんの理解のために、ここでの私の生を簡略に紹介します。ある日、巨大な青年が現れて、

「地域と地域、国家と国家の生活水準について考えてみたことがあるか。ある国では財物があり余り、ある国では飢餓にあえいで生きていることを、深く考えてみたことがあるのか」と深刻に尋ねてきました。私、カーネギーは、「それは神様がなさることであって、人間がいかにその問題に対処できますか！」と答えました。その青年が「私についてきなさい」と言ったのでついていった所が、すなわち「統一原理」の講義所でした。

その時まで、私は神について具体的に知りませんでした。果たして神の正体とは何であるのか。神と私には、どのような関係があるのか。このような問題から、あまりにも遠い所にいました。これが私の偽らざる地上の生でした。

ここ天上世界の生を見ると、私の地上世界の生はあまりにも哀れなものでした。肉体をもっていたとき、財物が最高であるように思われましたが、肉体を脱いだこの世界では、それは全く役に立たない、ちり紙の切れ端にすぎませんでした。地上生活での私の価値観は、財物がすなわち神のようでした。一方で、財物の価値が人生行路を輝かしいものにするとは期待していませんでした。しかしここで、私は、私の名によって残っている地上の財物を、どのように、何のために使わなければならないかを再度、考えてみなければならないようです。

巨大な青年は、神様がその形象の体を着た、地上に生存される文鮮明先生でした。今も私は、生の方向に対して継続して悟らされています。「統一原理」の真理を通して巨大な青年の正体を知るようになりました。真正なる神は私の父母であることを悟るようになり、全人類は神の子女であり、さらに兄弟姉妹であるという事実を、遅まきながら悟るようになりました。肉体を脱いだ私は、その問題をどのように処理しなければならないのか、悩まざるを得ませんでした。

地上の富豪たちよ！　皆さんの地上の生を後悔しないように、切に願います。死後の世界は永遠に存在しています。この事実を知るようになれば、皆さんの人生の価値観は誰かが定めるのではなく、皆さん自身がはっきりと定めなければならないでしょう。私はここで、その価値観を自ら定めています。しかし皆さんは、地上でよく定めるように願います。

「神と私」の関係を具体的に探求してくださるように願います。文鮮明先生は、神様がその体を用いられる人類の真の父母であられ、メシヤ、救世主であられます。ところで、その方は高齢であられ、どれだけ地上にとどまられるのか、誰も分かりません。そして皆さんが地上にどれだけとどまるのか、誰も分かりません。

ここ天上世界に来る前に、皆さんの全ての財産と財物を、どこに、どのように役立てるのか、考えてみるように願います。自らの地上の生をよく整理されることを、切にお願いします。

（アンドリュー・カーネギー　二〇一〇年八月十一日）

## 三　コーネリアス・バンダービルト（Cornelius Vanderbilt）

（一七九四～一八七七。アメリカの船舶と鉄道企業の富豪）

**人間は地上の瞬間的な生から天上の永遠な生を送るようになっているのに……**

「統一原理」を通じて、人生は地上生活と天上生活の二重構造から成っているという事実を、私はここで具体的に悟りました。それは、実に重要な事実です。地上生活の全ての業績が天上世界でそのまま再演されるということは、否定できない真理の中の真理です。私は地上生活で、それを想像すらしませんでした。「統一原理」は人間の生に新しい次元の方向を提示しています。私はまだ、「統一原理」の起源をはっきりと知りません。

私が地上生活をした時、現実的な課題は当然、財物の蓄積でした。したがって、未来の永遠な世界などのために、私の頭の中に残された空間は全くありませんでした。しかし、ここ天上生活のあからさまな現実は、私を例外にはしませんでした。私にも来るものが来たのです。私が生涯に初めて経験する世界の現実が、私をあまりにもつらくしました。どのような次元の権勢と物理的な価値も、ここでは報われませんでした。

私自身をいくら揺らしてみても、つねってみても、周辺の世界の現実には何の変化もありませんでした。とてもやつれた私の姿、枝も葉も全てなくなったみすぼらしい切り株のような私の姿でした。ただ冬の寒さに、かろうじて耐えている寂しい私の姿、水一杯も得ることのできない私の姿でした。このような世界があり得るのか。私はなぜここで、このようにみすぼらしく、おびえているのか。このような状況のまま、私は長い間過ごしてきました。

このようなひどい状態の中で、ある日、「統一原理」に接し、私自身の姿を悟るようになりました。私の生が死後の世界にあることを確実に知った時、既に私の全ての状況が変わっていました。「統一原理」と「統一思想」の前に私ができることがあるので、とても感謝しています。深い挫折と絶望の沼から、再び目覚めた躍動感を感じています。

地上生活では物質万能主義が蔓延しています。しかしここ天上世界は、非物質から成る世界です。全ての現象は、ただ真の愛の価値のメカニズムから構成されます。しかし皆さんは、真の愛の根本が何であるかをよく知らないでしょう。私は今や、自信をもって言うことができます。真の愛は、神の根本であり、神と人類が父母と子女の関係を形成する原動力です。

この事実を明らかにされた方が、地上にいらっしゃる文鮮明先生であられます。皆さんは、地上生活を通して文鮮明先生の「統一原理」と「統一思想」に接するようになれば、天上世界の生をあらかじめ準備できるでしょう。地上であちこちに豪華な住宅を建てないで、死後の世界で永遠に生きる所を準備しなければならないでしょう。私はここに来てみると、とどまる家がなく、寒さに震えていました。地上はしばらく休憩する世界ですが、天上は永遠にとどまる幸福な世界です。

この文章が地上の皆さんに、地上生活をよく成し遂げてここに来なさい、というメッセージになることを切に願います。地上人は、地上生活の現実的な価値に没頭するようになれば、天上生活の価値を二次的なものと考えるようになります。地上の生の生き様のように、天上の生がつくられます。地上人の皆さん、「統一原理」を通して、神様と真の父母様の真の価値と真の意味をはっきりと悟り、よく生きて、ここに来ることを切に願います。そして、私が地上生活で残した様々な分野の財物を皆さんがどのように用いるか、深く熟考するように願います。

（コーネリオス・バンダービルド　二〇一〇年八月十六日）

## 四　ジョン・ジェイコブ・アスター（John Jacob Astor）

（一七六三〜一八四八。ドイツ出身のアメリカの毛皮商。著名なアスター一族の最初のメンバー）

**皆さんが所有した財物を、どこにどのように使用するのか**

このような機会が何を意味するのか、私はよく分からないでいます。神様の意図、神様の事情、神様と人間の関係など、全てのことが私に新しい感銘を与えました。目と耳がぼーっとしています。無知の塊から、今し方、免れた心境です。

一方で、とてもつらいのです。私が世界的な富豪の名簿に入っているのは、全く意外なことです。地上生活の終わりに、私は富豪そのものを非常に憎悪しました。望ましい富豪としての責任を果たし得なかったからです。

私が地上生活において感じた神の存在と、ここ天上生活で悟った神の存在とは、その次元が全く異なっています。人間の考えが神の所まで届き得るということは、想像すらできませんでした。

地上の文鮮明先生は、残酷な拷問と様々な次元の逆境を克服しながら、神様と人間の関係を詳細に明らかにされました。その方に心から深い尊敬と敬意を表します。その方は、人類のメシヤとして、真の父母としての位置をもった方であられます。

時代的な環境の恵沢を受けられずに生まれた私の生が、非常に哀れです。同時代に真の父母様に会って財物の価値を願われるとおりにすることができなかった地上生活を、とても後悔します。ここ天上で、このような後悔の意味を初めて知るようになりました。ここ天上世界で、このような自身の後悔の姿を発見したとき、既に私の全ての状況が全く変わっていました。

これが天上生活の現実的な実相です。地上生活における的外れの過去の全てのことを、できることなら地上に再臨して、それをそのままやり直したいと思います。今この女性（リポーター）の手を通して、切に願います。地上の財閥たちや富豪たちに私が直接現れて、様々な次元で生き生きと役事したいと思います。

地上の皆さんが所有した財物を、どこでどのように使用するのか、はっきりと自覚してほしいのです。そのことを心から、深く熟考してほしいのです。ここ天上で、かろうじてぼろ服を着て良しとするような、みすぼらしい私の身の上のようにならないことを、切に願います。

地上生活において残しておいた財物を、ここに送ってきた人は誰もいませんでした。地上の全ての財物は、地上人が管理するようになっていません。私は地上の生き様そのごとくに、まるで磁石に引かれるように、ここに来ました。

財閥たちよ！　私、アスターの天上世界の現実を知りたければ、祈祷してみてください。ぼろ服に包まれたみすぼらしい姿、それが全てでした。しかし、幸いにも「統一原理」の教育を受け、後世の地上人たちのために証できる特別な機会が与えられ、今はこのように良い所に移動させられました。

しかし、いつまでも恥ずかしく、悔しい心を禁じ得ません。地上に生存されている文鮮明先生、天地人真の父母様の恵沢を直接受けられる時代的な同時圏で生活している皆さんは、幸運児の中の幸運児ではないでしょうか。どうか一日も早く、その方の真理に従って皆さん自身を深く省察してくださることを願います。
人生の膨大な真理が、その方の「統一原理」に含まれています。その方の真理にそっぽを向いたまま、適当に一日一日を過ごしてここに来れば、私のような身の上を決して逃れることができず、身震いするようになるという事実を肝に銘じてくださることを願います。どうか地上で良く生きて、ここに来ることを願います。

（ジェイコブ・アスター　二〇一〇年八月二十三日）

# Ⅵ

# 日はまた昇る、蘇る日本

## 一　日いずる国となった日本

第二次世界大戦において、日本はカイン側の日独伊枢軸国家に属して、アベル側の英米仏のキリスト教連合国家と闘って敗北し、無条件降伏を受け入れました。ところが戦後、キリスト教が再臨主の使命を持ってこられた文鮮明先生を受け入れず、かえって迫害する立場に立ってしまったので、神の摂理はカイン側に移らざるを得なくなりました。したがって文先生は、イギリスに代わって日本をアベル側のエバ国家（母の国）に立てられたのです。アダム国家（父の国）は文先生の生まれた韓国です。そしてアベル側の天使長国家（後に長子の国）としてアメリカが立てられました。

エバはアダムを助けながら、母の立場で世界の子女を養わなくてはなりません。そのため、日本は戦後の焼け野原から奇跡的な復興を遂げて、あっという間に世界的な経済大国になりました。そしてエズラ・ヴォーゲルの『ジャパン・アズ・ナンバーワン』（一九七九）が出版されるまでに至り、一九八八年に日本は絶頂に立ちました。文先生は日本が経済大国となったいきさつを次のように語っています。

**第二次世界大戦以後、新婦宗教圏としてのキリスト教が責任を果たさなかったので、今日、日本に全世界の経済圏が来たのです。**（文鮮明1992.2.9, ソウル）（『祝福』㉟1992, 34）

キリスト教文化圏がその責任を果たせなかったことにより、準備された基盤を全部奪われてしまったのです。それを誰が責任を負わなければならないのかというと、私ゆえに準備した天のご苦労に対して、私が責任を負わなければならないのです。ですから、大戦後の廃虚となった日本を私がエバ国として選んだのです。**日本が今日、四十七年の間に世界の経済大国として成長するようになったのは、日本が優れていたからではありません。先生がエバ国として選んだのであり、エバが万物を全部取り戻すための総合基地となるためです。**それで、日本が世界的経済圏を持つようになったのです。（文鮮明1993.1.1, ソウル）（『ファミリー』1993.4, 50）

怨讐の女性を愛して自然屈伏させなければ、天の国はできないのです。それゆえ、文総裁がエバ国家として日本を選んだのです。そのような事実を知らなければなりません。選んでいなければ、とんでもないことになっていました。第二次世界大戦以降、二十年もたたずに、世界の経済圏を指導できる位置まで行きました。その経済は、日本の島国のためのものではありません。（文鮮明2005.1.2,韓国・清平）（『祝福家庭』㊱2005,18）

神様が最も愛するイギリスとアメリカとフランスをサタンが握り、サタン世界の国々は一番下の、僕の僕の位置に立つようになるのです。それで、文総裁は捨てることができないので、仕方なくこの怨讐《おんしゅう》国家を訪ねていくのです。……サタンが頭を握ったので、どん底を訪ねていかなければならないのです。それゆえに荒野に行って、サタンが最も好む日本をエバ国家に選んだのです。（文鮮明『環太平洋摂理』266）

先生は天国を代表し、神様を代表して立ったアダム国の代表者です。そのような位置に立てば、エバ国の代表者を探し出さなければならないのです。絶対的に従うことのできる国を復帰しなければなりません。それは何ですか。イギリスを身代わりした日本です。サタンが神様の愛するものを奪って行ったので、反対に私はサタンが最も愛するものを奪ってくるのです。それが日本とドイツです。（文鮮明『環太平洋摂理』266～67）

イギリスはサタンがすべてもっていったので、仕方なくサタンが最も愛するエバ国家を奪ってきたのです。蕩滅復帰しなければなりません。サタンが最も喜ぶ偶像商の長男アブラハムを奪ってきたと同じように、日本をイギリスの身代わり、アメリカをアベルの身代わりとして奪ってきたのです。（『環太平洋摂理』267）

今後、世界の経済圏は、アメリカでもなく、ドイツでもなく、日本が握るというのです。なぜですか。日本がエバ国家だからです。それで、天使長国家であるアメリカも日本に従っていかなければなりません。……ドイツも日本の影響を受けなければならないのです。それで、今後、世界のすべての富が集まる所が日本です。（文鮮明『環太平洋摂理』267）

アメリカを中心として天の摂理を広めようとされた神様のみ旨は、アメリカからどこに移動していくのかといえば、日本列島に移していきます。「統一原理」を見れば、「歴史の同時性」という内容があります。人類歴史は生きていらっしゃる神様の一貫した公式的な摂理によってつづられてきましたが、そのような天倫の摂理が同時性を帯びるようになるのです。いわば、歴史は反復の形態によって、すなわち、反対の形態で展開されるというのです。したがって、アメリカ大陸を中心としていた神様の摂理が英国と同じ島嶼《とうしょ》国家を経るようになるのですが、それがまさに日本という島国でした。ですから、神様は島嶼国家である日本に祝福を与えざるを得なくなり、日本は近世になって世界的な経済大国を築きました。ところが、神様は英国の祝福を蕩滅するために日本に祝福を与えたので、日本は英国が失敗したことを蕩滅しなければなりません。したがって、神様が日本を明治維新以後、経済大国として発展させたのは、英国の立場を蕩滅して世界を救いなさい、というみ旨からでした。（文鮮明1980.11.18）（『神様の摂理から見た南北統一』110〜111）

小さな日本は今や全世界を占領する経済大国です。誰がそのような力を与えましたか。日本人は「我々がそのような力をつくった」と言っていますが、そうではありません。神様が与えたのです。それを忘れてはいけません。（文鮮明1993.3.23，ニューヨーク）（『祝福』⑺1993，35）

日本は今、お金持ちですか、貧乏人ですか？　日本の人たちは豊かに暮らしていますか、貧しく暮らしていますか？

お金持ちになったそのお金は、だれが集めてあげたのですか？　日本の先祖たちですか？　日本の先祖、二世は、第二次世界大戦で、東京から北海道まで、日本の国は砂漠のようになりました。それを知っていますか？

その日本の国が、二十年もたたずに経済大国だと誇りました。そのお金はだれのために儲けたのですか？……韓国［韓国動乱］のために生き返ったことを知っていますか？　知っていますか、知りませんか？　……日本が滅びてはいけません。なくなってはいけないのです。放っておいたら、どれほど悲惨であったでしょうか？（文鮮明2006.9.13，清平）（『ファミリー』2006.11．34～35）

## 二　沈みゆく日本

一九八八年をピークとして日本は崩壊の道を歩むようになりました。一九九一年にバブルが崩壊し、その後は「失われた十年」と呼ばれるようになりました。日本のエバ国家としての使命は本来、一九八八年までに成されなければなりませんでした。明治維新一八六八年から一九八八年までの百二十年間が日本の全盛期だったのです。日本は、初めの八十年間、サタン側に傾き、その後の四十年間では神側に立てられたのです。その間に日本は、メシヤの使命を持って来られた文先生を歓迎しなければなりませんでした。しかし、かえって文先生を拒絶し、神の摂理に反するようになっていったのです。

イギリスの対になるのが日本です。日本の文明はイギリスの文明を受け継いだのです。キリスト教文明のすべてのものを抜き出して、核心だけを選び出して日本の文明をつくったのです。……日本の全盛期は、百二十年間です。一八六八年に明治維新が出発し、それから百二十年を中心として一九八八年の昨年までに決着させなければならなかったのです。（文鮮明『環太平洋摂理』258〜59）

一九九二年から九五年まで、三年を越えていくのです。この時は、日本が経済的に、また、あらゆる面で困難な時です。経済的に、十字架を負う時に入ったというのです。（文鮮明1995.3.8，ニューヨーク）（『祝福』⑧1995，15）

二〇〇二年に至ると、世界が日本を見つめる目が厳しくなりました。ニューズウィーク誌（2002.1.21）は、日本の企業は、死んだものを無理やりに生かしているような、「ゾンビ企業」だと揶揄《やゆ》しました。

またタイム誌（2002.2.18）は、日本を象徴する芸者の目から涙が落ちている表紙を掲げ、日本の悲しい物語「日はまた沈む」と題して、次のように書きました。

失業、景気後退、間違った政策、さらに悪化する長期の国家的悪夢。……十年以上にわたっ

*TIME* 2002.2.18

*NEWSWEEK* 2002.1.31

て暗い影が日本を覆っている。日本は今、絶望的な事態に直面しているが、未来は多分、今より明るくならないであろう。

二〇〇一年に小泉内閣が登場して「構造改革」を打出し、日本経済の没落に歯止めがかかったかのように見えました。しかしその後、短期内閣の続出とともに、日本政府は経済再建の明確な政策を打ち出せないまま、ますます混乱と停滞の中に落ちていきました。

小泉政権以後の短期政権の続出

二〇〇六・九・二十六　安倍内閣成立
二〇〇七・九・二十六　福田内閣成立
二〇〇八・九・二十四　麻生内閣成立
二〇〇九・九・十六　民主党大躍進↓鳩山内閣成立

二〇一〇・六・八　　菅内閣成立
二〇一一・九・二　　野田内閣成立

そして日本は社会、経済、倫理・道徳、教育など、あらゆる面において、総崩壊の危機的状況に面し、「失われた二十年」と呼ばれるようになりました。

その間、日本経済は税収が歳出の半分にも満たない状態で、「借金頼み」になり、国と地方の借金が間もなく一千兆円を突破するまでに至りました。債務残高はＧＤＰ比の二倍以上に達しており、主要先進国の中でも際立って最悪の状態になっています。さらに一九九〇年代から急速な円高に見舞われ、日本企業の業績はどんどん悪化してゆきました。

一九九四年、文先生は、韓国済州島の国際研修院にて日本の女性会員に、次のように語って、日本に警告を発していました。

エバが神のものをすべてサタンのものにしてしまったのですから、エバを中心として、全世界の万物を神のもとに復帰しなければなりません。そういう時代が来たにもかかわらず、日本人はそのようなことを知りませんから、今、経済力がどんどん下がっているのです。

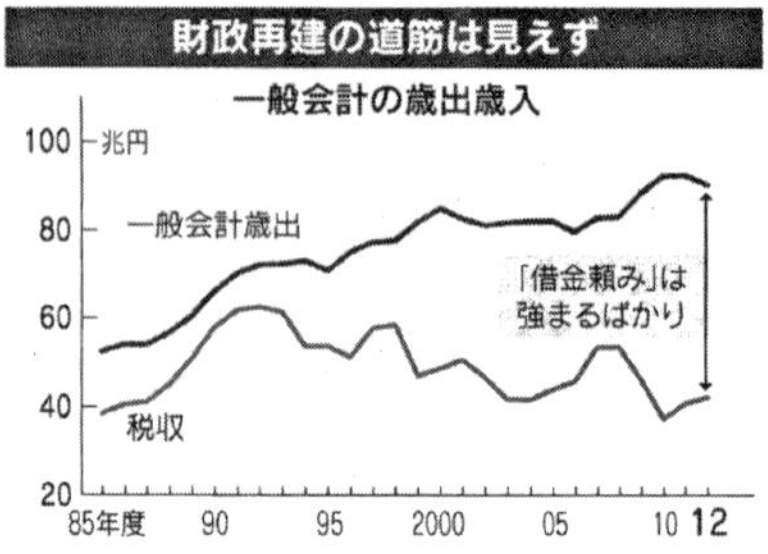


日経(夕刊)　2011.12.24

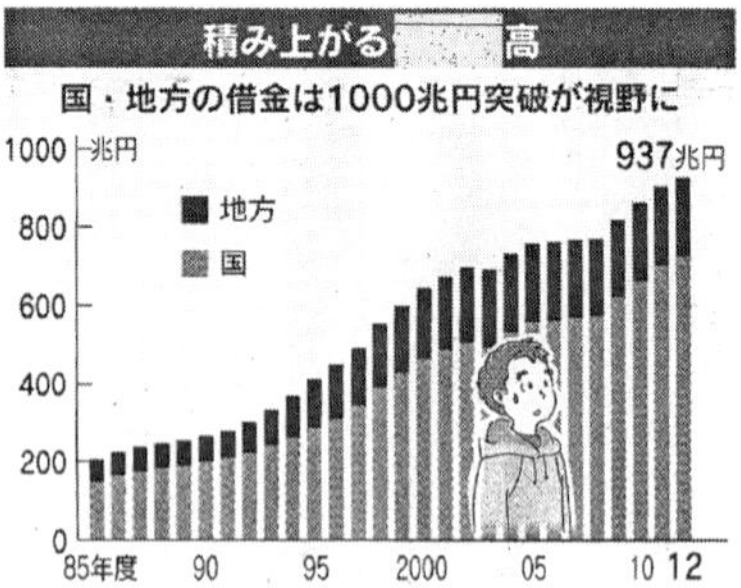


日経(夕刊)　2011.12.24

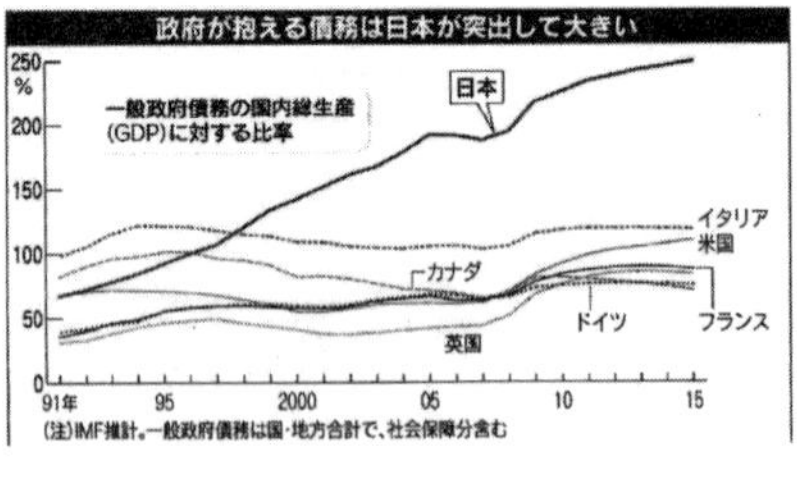


日経　2011.1.1

為替レートが1ドル一一〇円から六〇円になったら、日本は大変なことになります。日本経済は動かなくなってしまいます。天運が離れたら、そうなります。（文鮮明1994.1.21，済州）（マルスムポケット２『女の道』64）

日本は性教育の問題が大変でしょう。子供に性交の絵を見せて、「性的体験はいいことです。

二十一世紀はセックスの時代になります」と、サタンは宣伝するのです。今までとは逆に、アジアにおいて教育界が問題になっているのです。そういう本は追放しなければなりません。（文鮮明1994.1.21，済州）（マルスムポケット２『女の道』64～65）

エバ国家（母の国）としての使命を果たさない日本は、ますます落ちていかざるを得ません。ところが今、国民は自分の生活だけに関心をもつようになり、特に民主党政権が発足すると、「おねだり民主主義」と言われるようになりました。

民主党は今後の選挙をにらんで、地方の首長や各種団体の取り込みに余念がない。予算は敵か味方かの踏み絵を迫る有効な手段には違いない。しかし限られた財政の余力を戦略的な分野に振り向けなければ国力は低下するばかりだ。「ねだって配って財政破綻」「バラマキ予算で第二の敗戦」という警句は次第に現実味を増している。（日経　2010.2.28）

二〇一〇年には日本を代表する企業のトヨタがアメリカでバッシングを受けて、全米に「トヨタたたき」が吹き荒れました。そしてニューズウィーク誌は「トヨタが告げる日本の終わり」という記事を掲載し、日本は断末魔のような状態にあるという写真を掲げました。

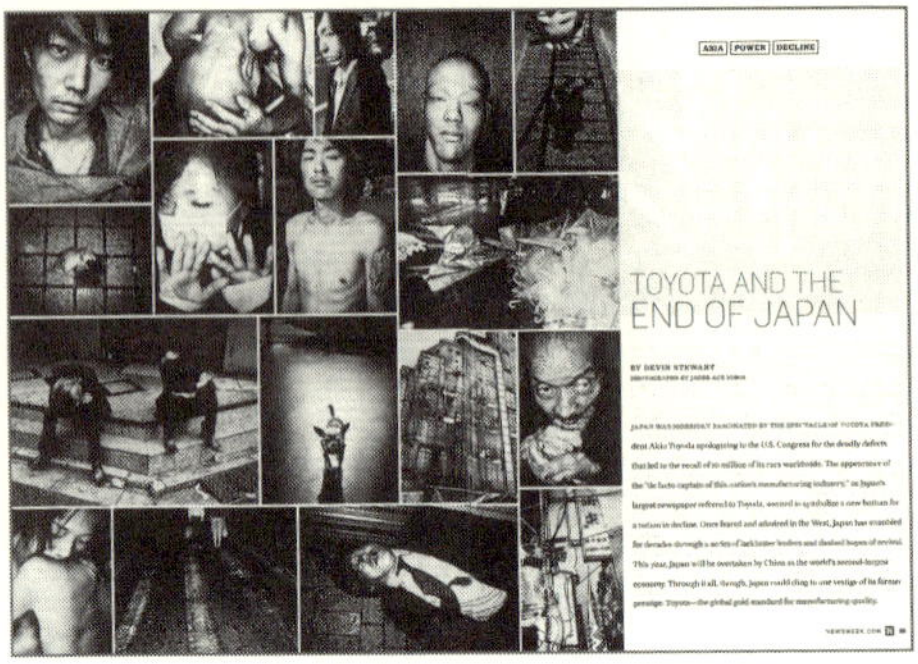
ASIA POWER DECLINE

TOYOTA AND THE END OF JAPAN

BY DEVIN STEWART

NEWSWEEK 2010.3.15

内にこもり、リスクを避け、何事にも消極的――縦割り構造で日本的思考に染まった「輝けるメイド・イン・ジャパン」の変調は、日本の経済と社会の沈滞ムードを象徴しているように見える。このまま中国との競争を放棄して競争力を失ってしまうのか――「しょうがない」とつぶやきながら。（『ニューズウィーク日本版』2010.3.24,22）

二〇一〇年八月、日本はＧＤＰの総額で中国に抜かれて、ジャパン・アズ・ナンバー3となりました。そして米国のウォールストリート・ジャーナル誌は「日本の二十年間の停滞は、日本人だけでなく世界にとっても悲劇であった」と指摘しました。

さらに二〇一一年三月十一日、マグニチュード九・〇の東日本大震災に襲われ、三万人近くの犠牲者と共に、日本経済は甚大な被害を被り、二〇一一年度は三十一年ぶりの貿易赤字となりました。

日本経済は今、最大の試練を迎えています。もう一度、日いずる国として復活するか、このままずるずると没落の道をたどるか、岐路に立っているのです。小泉内閣の時の経済財政政策担当大臣であった竹中平蔵氏は榊原英資氏との対談（二〇一〇年）の中で、日本経済の「猶予期間はせいぜいあと三年（二〇一三年まで）でしょう」と語りました。

榊原：いま、国債の発行残高が八百七十兆円余りで、……金融資産のネットの残高が千百兆円余りある。だからネットでは、まだ二百兆円ちょっとの余裕がある。あと五年ほどはかなり大量の国債を発行しても、金利は上がらず余裕があるってことです。二百兆円分は出してもいいですね。

田原：竹中さん、どうですか？　国債発行の歯止めというのはあるの？

竹中：いや、だからそれがないんですよ。そんなものは絶対にない。榊原さんのいう五年は無理で、猶予期間はせいぜいあと三年でしょう。……機関投資家が不安になって一気に手放すのを「キャピタルフライト」（資本逃避）というんだけど、私は日本人が静かなキャピタルフライトを起こしつつあると思いますよ。（榊原英資・竹中平蔵『絶対こうなる日本経済』132）

## 三　日本再生のビジョン

統一思想の観点から見れば、⑴心情（～のために）、⑵目的（ビジョン）のもとで、創造力が発揮されることによって、経済は成長します。

### ⑴ 愛の心情

経済を動かす原動力は愛の心情です。日本経済の復興のためには、日本を愛し、日本のためにという心情から出発しなければなりません。かつて一九六〇年代、日本を復興させようという、日本を愛する心情のもとで、日本人は結束して、戦後からの復興を目指しました。そして東海道新幹線の開通、東京オリンピック（一九六四年）を契機として、日本は戦後からの目覚ましい復興を成し遂げました。さらに一九七〇年代の初め、田中内閣は「日本列島改造論」を掲げて、道路、鉄道、橋などの建設を進め、日本は高度成長を遂げたのです。

しかし今や、日本だけの繁栄を目指す時は過ぎました。日本を繁栄に導いた天運は、日本がエバ国としての使命に目覚めないので、日本から去りつつあります。日本が再生するためには、神の摂理に従って韓国、そしてアメリカと共に、アジアのため、世界のために生きる日本とならなくてはならないのです。文先生も次のように語っています。

**若き者たちが集まりまして、彼らの口々に言うのは、日本を救い、世界を救わねばならない日本がこのアジアにおいて、日本ばかりの時代はもう過ぎ去りました。**もしも日本がアジアにおいてアジアの為に、もしそうなったとするならば、日本は今どうなるでしょう。アジアの盟主になるでしょうと。（文鮮明1974.5.7，日本・帝国ホテル）（『為に生きる』116～17）

今日アメリカはキリスト教圏を中心として世界を統一しているけれど、キリスト教思想、神の思想は「為に生きるアメリカになれ」と福を与えたのですが、今日のアメリカは「自分のために生きよ」と言っているのです。また、**日本の万物もすべて自国のために使うべきではありません。世界のために準備されたものです。**（文鮮明1990.7.1，ソウル）（『ファミリー』1990.11，24～26）

日本は、エバ国家としてアジアの国々にお乳を飲ませなければならないのです。母親はお乳を与えるのです。**日本がもっているものはすべて、一億二千万の日本の人たちのためにあるのではありません。**日本を祭物にしてでも、32億のアジアの人たちを救いたいというのが神様の心です。（文鮮明1992.4.11）（『神の血統と平和理想世界天国』153～54）

エバ国家の使命が大きいというのです。エバ国家にはどのような使命が残っているのでしょうか。……日本の富は、アジアのために使用しなければなりません。中東を越えて、ヨーロッパまで開拓するのに使用しなければなりません。（文鮮明『環太平洋摂理』207）

### (2) ビジョンとプロジェクト

神の摂理の観点から、文先生が推進される、神の国・地上天国実現のためのビジョン、そしてそれに基づいたプロジェクトは、日韓トンネル・国際ハイウェイ、ベーリング海峡プロジェクト、北朝鮮復興プロジェクト、水産業などであり、日本もそれに参加することが、天運に適った日本の復興の道です。

#### 1 日韓トンネルと国際ハイウェイ

文鮮明先生は、一九八一年十一月十日、ソウルで開かれた「第十回科学の統一に関する国際会議」において、国際ハイウェイと日韓トンネルを提唱され、次のように語りました。

私たち一人一人が国籍を越えた統一世界に生きたいという強い願望を抱いている。このような心からの願望は神の抱いている願望でもあり、真の理想である。試練と苦痛に満ちた二十世紀も終わりに近づき二十一世紀を迎えようとしている。二十一世紀に新しい文明社会を創造するためには、各国が国益を追求することをやめ、グローバルな価値観を確立しなければならない。

今や社会、経済、組織に関する新しい学術理論を提案していくことが必要な時だと思われる。そして、それに基づいた新しい国際的経済秩序を確立する必要がある。……こうした土台の上に理想世界が確立され、恒久的な平和が実現するとともに、人々は幸福で豊かな生活を享受するであろう。

世界の経済が統合されるにつれ、広範な経済の発展が可能となり、人々はみな豊かな生活を営み、大部分の時間をレジャーに費やすようになるであろう。世界を旅行しながら、自然を愛し、自然から学び、自然の美について神に感謝し、他国の人々のために生き、お互いに愛し合うときが過せるようになるであろう。そして、すべての人々が、真の生活を楽しむ理想世界が必ず来るであろう。

国際ハイウェイは四車線道路であり、左右4キロメートルは国が干渉できない国際エリアに

なります。そのようにして、国境を越えて、世界が一つになる道が開かれるのです。

今から世界は、だんだん交流するようになります。それで先生は、国際平和高速道路を施設することを一九八一年度に提唱したのです。それは何を意味するのかというと、国境なく往来することを意味します。四車線道路を中心として左右四キロメートルずつ、合わせて八キロメートルの外は、日本なら日本が干渉できますが、その中は絶対に干渉できないようにするのです。どこであってもその地域を絶対不可侵地域として設定するようにして、世界のすべての人たちが往来できるようにするのです。ですから、**国境に制限されるそのような時代は過ぎていくということです。**（文鮮明1988.10.24）（『ベーリング海峡プロジェクトと平和理想世界王国』154～55）

国際ハイウェイ構想は、日韓トンネルを通じて日本と韓半島が結ばれ、韓半島から中国、シベリアを通過し、モスクワを経てロンドンまで行き、もう一つはインドを通って中東を通過し、ロンドンに至るものです。そして完成予想図には、国際ハイウェイの中を走る高速鉄道として

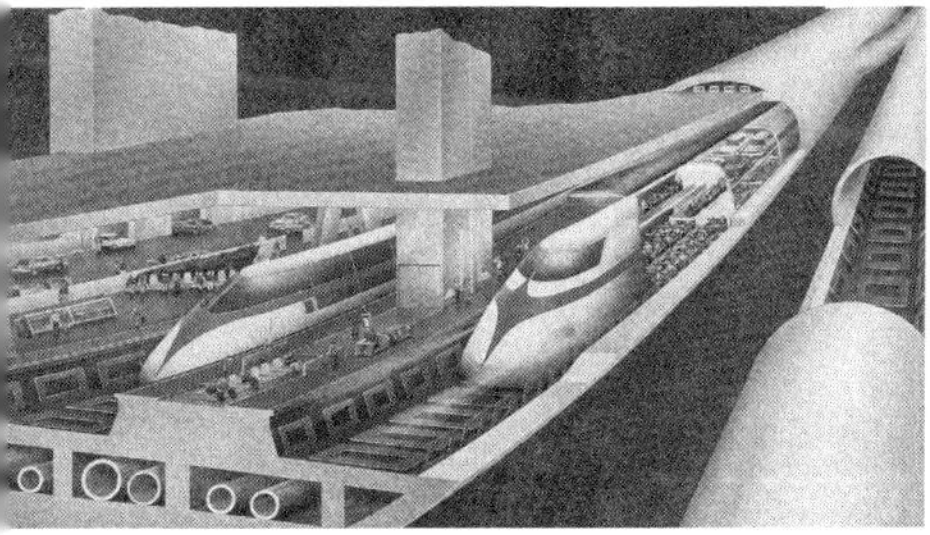

リニアモーターカーが描かれています。

文先生は、国際ハイウェイは世界平和のためであり、また日本がアジアに行く道を開き、日本を生かすためでもあると語っています。

私たちが提唱する理念によって、国際平和高速道路が建設された場合、アジア各国の国民は、お互いに自由に往来できるようになり、その結果、北朝鮮は軍事力による侵略の野望を放棄して、平和的統合の道を選ぶしか道はなくなります。こうしてアジア人の結束を固め、黄色人種を中心とした上・下層を連結するようになるのです。私たちは、ここアジアを基点として、絶対価値である神様の愛を中心とする現実的統一経済圏を実現し、東西新文明を結合して、新たな世界の平和を具現しようというのです。（文鮮明 1989.11.10）（『南北統一と世界平和』214）

日本は、文先生と昔は怨讐の国でした。しかし、アジアの国として、カイン、兄の文化的な背景において、福を受け得る先発隊として立てて、交流させようというのです。それで、これを連結させるために、平和高速道路を中心として、北朝鮮を通って中国大陸を通る世界高速道路を計画するのです。日本人がしなければなりません。(文鮮明 1986.6.1)(『南北統一と世界平和』217)

竹中平蔵氏は榊原英資氏との対談の中で、日韓トンネルを建設して、日韓の関係を強化することが日本経済の復興の処方箋であると語っています。

竹中:私は二つ提案をしたい。一つは「都市・環境立国」宣言。都市と環境で食べていく。もう一つは「アジア・ゲートウェイ」宣言。航空や港湾をもっと開き、移民も受け入れ、アジアの成長や活力を取りこんでいく。……日米同盟やAPECを大事にしながら、マルチな枠組みが必要です。……私は、韓国との関係を徹底的に強化することが重要だと思います。韓国と日本の間に海底トンネルを建設することも含めてね。日本、韓国、北朝鮮の人口を合わせると二億人近い。これは、やはりすごく大きな力になる。日本の高校の修学旅行は必ず韓国に行くとか、そんなことから始めて、もっと関係を強化していくべきですね。(榊原英資・竹中平蔵『絶対こうなる日本経済』アスコム、197~98)

東京大学大学院教授の姜尚中《カンサンジュン》氏は、日韓トンネルが出来れば、九州の発展に大きく寄与するであろうと語っています。

もし九州連合体がヨーロッパ共同体のミニチュア版として日の目を見れば、アジア・ゲートウェーとしての九州の役割は、飛躍的に大きくなつていくはずだ。そして将来、玄界灘に海底トンネルが開通し、九州と韓半島が地続きで結ばれれば、東北アジアに物流・人流の革命的な変化が起こり、それが地理的な舞台転換となって、**九州を東北アジアのハブに押し上げることになるかもしれない。それは決して夢物語ではないのだ。**（西日本新聞、2011.3.20）

## 2　リニアモーターカー

国際ハイウェイと日韓トンネルの完成予想図には、高速鉄道としてリニアモーターカーが描かれています。リニアモーターカーが国際ハイウェイと日韓トンネルの中を走るようになれば、大幅にスピードアップされます。東京とソウルが三時間で結ばれ、東京と北京は五時間で結ばれます。そうなれば日本は、島国というよりは韓半島と一体となり、実質的に大陸続きとなります。日韓トンネルの中をリニアモーターカーが走るのは、容易ではありませんが、やがて実現されることが期待されます。

日本の「知の巨人」と呼ばれている立花隆氏は、東海道新幹線が日本の高度経済成長に寄与したように、リニア中央新幹線を実施すれば、へたりこんだ日本経済を救う一大起爆剤となるだろうと述べています。

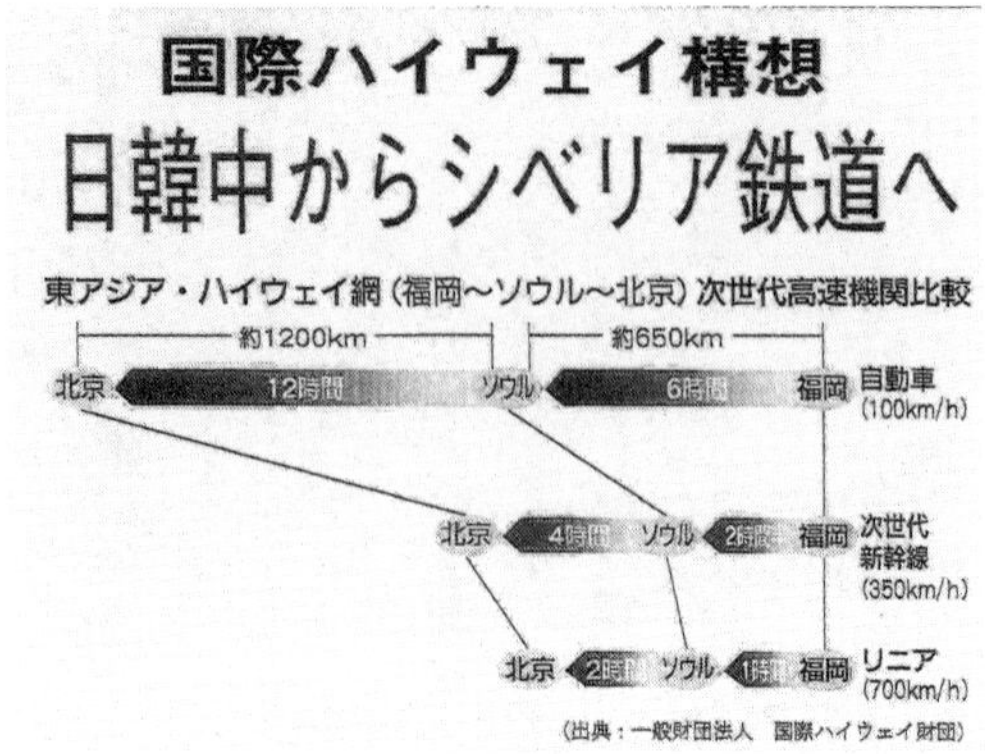


そもそも、リニア中央新幹線を作るのに、いったいいくらかかるのか。低いほうの見積もりで五～六兆円。高いほうの見積もりで十兆円。

だが、東海道新幹線のことを考えたら、これは十分投資効果のあるプロジェクトだと思う。いま日本は毎年四十兆円近い赤字国債を発行しては、ほとんど金のムダ使いとしか思えない、無意味な公共事業にその相当部分を費やしている。それがいくらかでも経済活性効果があるという理由で無意味なものを作りつづけている。

だが国債は子々孫々に残す借金なのだから、無意味なものではなく、子々孫々に役立つものを作るべきである。ということになれば、中央新幹線プロジェクトなどはその筆頭にあがるだろう。

東海道新幹線（建設費約三千八百億円）の場合、その経済刺激効果を考えると六年でもとがとれていたという。新幹線を作った経済効果は、いまはもう誰も否定できないほど大きい。あそこから日本の高度経済成長もはじまっている。

中央新幹線プロジェクトがスタートしたら、おそらくへたりこんだ日本経済を救う一大起爆剤となるだろう。そして、未来世代がみんな喜ぶインフラを残すにちがいない。そしてまた、このリニアモーターカーは、日本が開発した世界に誇るに足る独自技術である。このままグズグズしているとそれが宝の持ちぐされになってしまう。しかし、いったん日本で実用化されれば、海外にどんどん技術を売ることができ、巨額の収益も期待できるだろう。（立花隆「二十一世紀技術カウォーズ」、文芸春秋二〇〇四年一月臨時増刊号）

ＪＲ東海は二〇〇七年に、リニアの自費建設を発表しましたが、東京・名古屋間を二〇二七年、東京・大阪間を二〇四五年の開業を目指すとしています。それは中国のリニア計画に比べて、あまりにも遅いペースです。

## 3　ベーリング海峡を結ぶ平和橋・トンネルプロジェクト

文鮮明師は、二〇〇五年六月二十五日、ニューヨークで講演し、神の愛を中心として、利他的に生きる人が天国をつくると述べ、「天国とは、平和の王国であり、神様の創造理想が完成した場所だ。それは、全人類が追求し、到達すべき真の祖国でもある」と説明。また、国際ハイウェイ構想の一環として、ベーリング海に橋とトンネルを造り、アラスカとシベリアを連結する「平和王橋・トンネル」案を発表し、「人種や文化、宗教、国籍の壁によって、引き裂かれた世界を一つにまとめ、平和の世界を築き上げよう」と訴えました。

平壌市街地にある平和自動車の広告看板（Wikipediaより）

## 4　北朝鮮復興プロジェクト

独裁国家の北朝鮮もやがて解放の時を迎えるでしょう。その時に備えて、日本も北朝鮮復興のプロジェクトに参加すべきです。韓半島の繁栄なくして日本の繁栄はないからです。その一例が文先生の推進されている平和自動車です。イタリアのフィアット社が製造する小型セダン「シエナ」を「フィパラム」（口笛の意）の名で組み立て、販売しています。

## 5　水産業

文先生は、毎年二千万の人々が餓死の危機に瀕しているのを憂いて、水産業を振興することによってこの問題を解決しようと考えています。そして水産業において、最高の技術を持っている日本に期待を寄せています。

**神の運勢に乗って、日本の財産をアジア・世界のために使うことができる。今、一年に二千万が餓死している。真の父母とすれば、これを素通りすることはできません。何とかして早く手を差し伸べたい。これを救ってやらなければならない。**

**それで、今、水産業をやるのもそのためである。海で取れる小さい魚を、人工的に育てれば九〇パーセントまではみな蘇る。海は資源が無限である。そこには無限の資源がある。未来の食糧問題は魚の養殖しかない。**

**日本人ははっきりわかりましたね。（「はい。」）それは日本を代表しているのではありません。宇宙を代表するものです。そうすれば、エバとして完成される立場に立つだろう。そうすることによって、四十年前にはアジアの侵略国家として烙印された日本のすべてが解放される！（拍**

手）だから、夫婦共々、この目的のために代表となったものとしての自覚を失わないように、また、その目的に向かう道を損なわないように、各自努力すべきである。（文鮮明1992.4.11，ソウル）（『祝福』⑮1992，182〜83）

**無限の高級たんぱく質を持った魚たちが自然死しているのは、人類の前に大きな罪です。これを捕れるようにしなければなりません。**（文鮮明1994.10.4，ソウル）（『祝福』㉝1994，68）

## 四　今もなお世界に誇る日本の経済力

日本は今、経済的に困難な状況に置かれていますが、今なお世界に誇り得る経済力を有しており、神の摂理に貢献することが可能です。そしてそれが日本の再生の道なのです。

①膨大な個人保有の金融資産と世界随一の対外債権残高

世界は、日本の膨大な赤字国債の累積を厳しく問題視していますが、一方で、日本は膨大な個人保有の金融資産や世界随一の対外債権残高を抱えており、また日本の国債はほとんど国内勢が保有しているので、日本経済はまだ安全だと見られています。しかし、「国債を国内で消化する原資と言われてきた個人金融資産千四百兆円は、今後高齢化で取り崩しが始まるし、実を言えば、個人の負債を除いた純資産は今でも千兆円余りしかない」（日経ビジネス　2010.4.26）のであり、数年後には、個人金融資産と国と地方の債務残高が交差します。それまでに、日本経済を立て直さなければ、日本経済は危険水域に入っていきます。

②高速鉄道とリニアモーターカー

東海道新幹線は高度成長期から現在に至るまで、日本経済の発展を支える原動力となりました。そして東海道新幹線の成功は、高速鉄道による経済活性効果の高さを世界に示し、高速鉄道の世界的普及のきっかけともなったのです。さらに、日本ではさらなる経済発展のために、リニアモーターカー（超伝導リニア）が推進されています。

③土木・建築

道路、橋、トンネルなどの工事では、日本は最高の技術を持っています。ユーロトンネルの掘削においても、巨大モグラと呼ばれた日本の掘削機が活躍しました。

④世界最高レベルにある日本の省エネ技術
日本では、オイルショック（一九八〇年がピーク）による原油の価格高騰により、省エネ技術を開発する必要に迫られました。そして今や世界最高レベルの省エネ技術を実現したのです。

⑤クリーン石炭
日本は最高水準の炭鉱技術を持っています。またIGCC（石炭ガス化複合発電）の技術で世界の最先端を走っています。そして$CO_2$の排出削減で世界に貢献できる技術を開発しています。

⑥世界最高レベルの技術革新度
二〇〇七年五月十四日、経済誌「エコノミスト」の調査部門（EIU）は、世界各国の技術革新度に関する調査結果を発表しました。日本は調査対象国八十二カ国の中で最も技術革新の進んだ国として一位となり、それにスイス、米国、スウェーデンが続きました。また、ランキングと共に発表された二〇〇七～二〇一一年の予測では、トップの四カ国は変わらないとされています。

⑦代替エネルギー

太陽電池の生産では日本が長年トップを走っていましたが、近年中国などに抜かれてしまいました。しかし太陽光発電の変換効率等の性能競争では、依然として日本がトップを走っています。

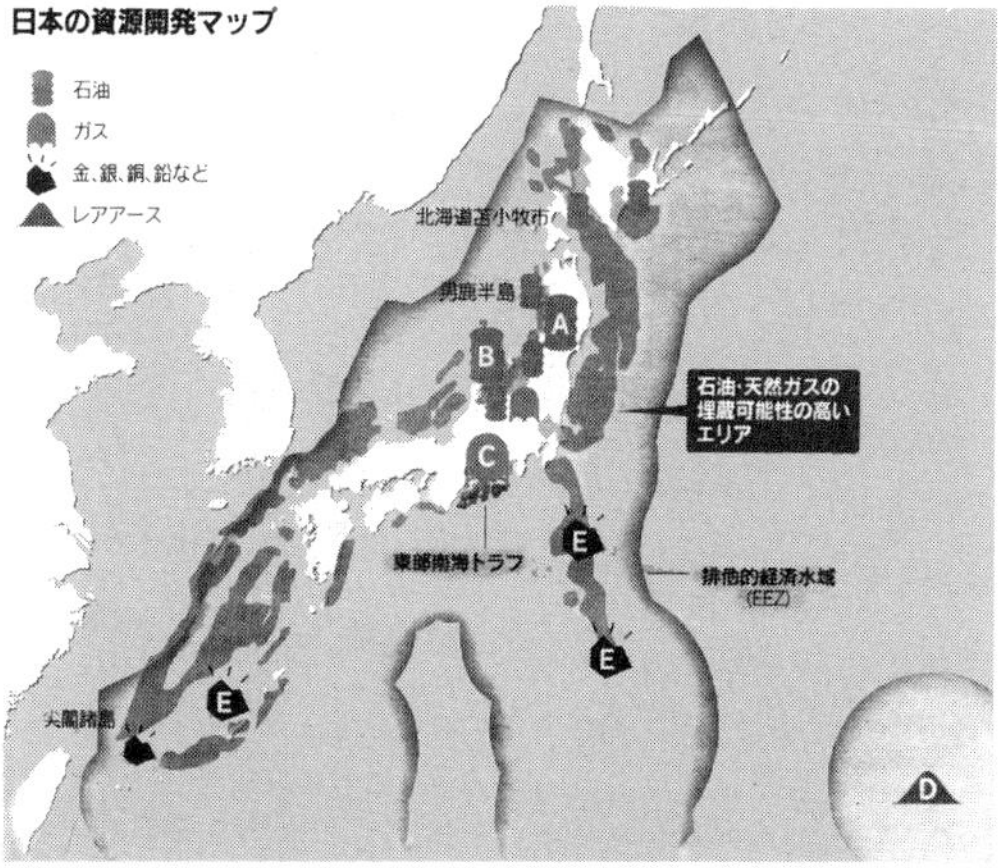


日経ヴェリタス 2012.9.2

⑧海底資源

日本近海の海底には、メタンがシャーベット状になっているメタンハイドレートが大量に存在しており、天然ガス百年分に相当するものと試算されています。また、沖縄近海や伊豆・小笠原海域などの海底には、金、銀、鉛、亜鉛、レアメタルなどを豊富に含む「海底熱水鉱床」が確認されています。コバルトを多く含む「コバルト・リッチ・クラスト」もあり、ニッケルやチタンなども含まれているとされています。石油資源も見つかっています。

二〇一二年六月、南鳥島周辺の海底でレアアースを大量に含んだ泥の鉱床が加藤泰浩教授らの東大チームによって発見されたことが発表されました。日本の消費量の二百年分以上になると推定されています。また二〇一二年十月、秋田県鮎川油ガス田のシェールオイルの採取の成功が報じられました。佐渡沖の海上油田も注目されています。これらの海底資源を活用できるようになれば、日本は資源大国になる可能性があります。そして日本は今、「眠る資源列島・革命前夜」（日経、2012.10.9）と期待されているのです。

⑨原子力発電

日本では今、福島の原発事故により、脱原発の運動が盛り上がっています。しかし日本が、長年築き上げてきた原発の高度な技術を放棄することは、大きな損失です。これを契機に、日本は世界で一番安全な原発を作るべきです。燃やせば燃やすほど燃料が増えるため「夢の原子炉」と呼ばれる高速増殖炉「もんじゅ」（福井県敦賀市）も、放棄することなく、開発を続行すべきです。

日本が原発をやめれば、一番喜ぶのは中国です。高度な原子力技術は核兵器に対する大きな抑止力になっているからです。また太陽光も、元をただせば、巨大な水素爆弾に相当する太陽の核融合反応から来る原子力エネルギーであって、神様がわれわれ人間の為に平和的に運行されているものです。ですから我々は、神様の創造性を学んで原子力の平和的利用を推進していくべきなのです。

かつて既存の左翼運動を徹底批判し、「新左翼」の教祖的存在であった思想家の吉本隆明氏も「科学に後戻りはない」と、次のような記事を寄せました。「原発をやめる、という選択は考えられない。原子力の問題は、原理的には人間の皮膚や硬い物質を透過する放射線を産業利用するまでに科学が発達を遂げてしまった、という点にある。燃料としては桁違いにコストが安いが、そのかわり、使い方を間違えると大変な危険を伴う。しかし、発達してしまった科学を、後戻りさせるという選択はあり得ない。それは、人類をやめろ、というのと同じです」（日経2011.8.5）。

⑩宇宙産業

二〇一〇年六月十三日、途中迷子になりながら、七年の長旅をして、最後は燃え尽きながら、小惑星「いとかわ」の石のかけらをもち帰ってきた小惑星探査機「はやぶさ」に、日本は感動の渦に包まれました。日本はまた、H2Aロケットが連続的に打ち上げに成功し、国際的な信頼性の目安とされる九五％以上に達しています。さらにH2Aを大型化したH2Bロケットも連続して成功しています。

空の最新鋭
いよいよ就航
ボーイング787

Interview

航空ジャーナリスト 青木 謙知氏

11月1日、期待の最新鋭中型旅客機ボーイング787型機が、世界で初めて日本の空に定期便として就航する。同機の主要部には日本の技術が多用されており、注目を集めている。航空ジャーナリストの青木謙知氏にその技術力と展望を聞いた。

革新支える日本の技術力

日経 2011.10.26

⑪ロボット

日本の「お家芸」である制御技術を生かして、次の成長分野としてロボット事業が注目されています。製造分野、サービス分野から、介護や医療分野のロボットの開発が進められています。

⑫炭素繊維

鉄よりも軽く、鉄よりも強い、「夢の素材」と呼ばれる炭素繊維は、中型機で遠距離まで飛べる最新鋭のボーイング787の機体に用いられています。また自動車にも使われ始めました。炭素繊維は日本企業が開発したものであり、日本メーカーが世界シェアの七割を占めており、日本経済のカンフル剤となる可能性を秘めています。

⑬電気自動車

走行中、全く排気ガスおよび二酸化炭素を排出しないことから、地球温暖化をはじめとする環境問題への対応として電気自動車の開発が進められてきました。従来のガソリン車等と比べて販売価格が高く、また一回の充電による走行距離が短いことなどの課題がありますが、三菱自動車の「アイ・ミーブ」と日産の「リーフ」が世界の電気自動車のリード役になっています。

⑭スーパーコンピューター

二〇一一年六月、日本のスーパーコンピューター（スパコン）「京」が計算速度で世界一になりました。スパコンは自身や津波などの高精度予測や、新薬の開発などで成果が期待されています。その一年後の二〇一二年六月、米国のスパコンに首位の座を奪われ、激しい競争が展開されています。

⑮ｉＰＳ細胞

ｉＰＳ細胞は、体細胞へ数種類の遺伝子を導入することにより、ＥＳ細胞（胚性幹細胞）のように、非常に多くの細胞に分化できる万能細胞のことで、二〇〇六年に京都大学の山中伸弥教授らのグループによって、世界で初めて作られました。受精卵を用いるＥＳ細胞や、細胞の核を除核した卵子に体細胞の核を移植するクローンＥＳ細胞には倫理上の問題があるのに対して、ｉＰＳ細胞には倫理上の問題はありません。ｉＰＳ細胞を応用した再生医療の研究では、日本が世界をリードしています。そして山中教授はｉＰＳ細胞の開発により、夢の再生医療の突破口を開いた功績が高く評価されて、二〇一二年のノーベル生理学・医学賞を受賞しました。

## 五　日韓米が一つになって平和と繁栄の世界を築く

今日、急速に経済大国となり、軍事力を増強している中国は、その支配権を太平洋と南シナ海に拡大しようとして、日本のみならず、アジアの脅威となっています。またロシアも独裁体制をかためて、再び強大国になろうとしています。さらにはイランが核武装を目指しており、中東に危険な状況がつくられています。これらのカイン側の国々が世界を支配したら、神の願う理想世界の実現は夢物語となってしまいます。したがって、なんとしても、アベル側の日韓米が一つになって、さらに太平洋圏の民主主義島嶼《とうしょ》諸国と連合して、好戦的な独裁国家、中国、ロシア、イランなどの脅威を阻止しなければなりません。文先生は、特に「日韓が一つになれば天下を治められる」と語っています。

日本と韓国は近い国です。アジアが平安になるには、韓国と日本が一つになって、中国まで消化すれば、天下を治めることは問題ありません。（文鮮明 2006.9.13，韓国・清平）（『ファミリー』2006.11,21）

元米国務副長官のリチャード・アーミテージも、日本は米国や韓国などと共に、好戦的な不安定勢力に対する防波堤になるべきだと述べています。

世界の舞台における中国の再登場は、21世紀前半に起きる最大の事件かもしれない。その起き方には、多くのシナリオが考えられる。だが、それが間違いなく平和的なものになるようにすることが、我々にとっての利益である。

**日本は、米国や韓国、インド、インドネシア、オーストラリア、ニュージーランドなどと一緒に、不安定勢力に対する防波堤になるべきだ。**日本がアジア地域内外での影響力を低下させることは、民主主義に相反する価値観や利益に道を譲ることに他ならない。（読売新聞 2011.5.29）

## (1) 中国の野望

南シナ海で米中の対立が激化しています。ゲーツ米国防長官は二〇一〇年六月五日、シンガポールで開催中の「アジア安全保障会議」で演説し、中国など六か国・地域が領有権を争う南シナ海について、「航海の自由を阻む武力行使や行動に反対する」と述べ、中国が他国船舶を威圧していると非難しました。外洋展開を目指す中国と、制海権を握ってきた米国の間の海洋権益をめぐる対立が激化してきました。(読売新聞、2010.6.6)

隔週刊の国際情報誌『サピオ』は「中国の侵略鉄道・新シルクロード」について、計画推測図とともに、次のような記事を載せています。

中国の究極の目標は、二〇二五年までに「高速鉄道のシルクロード」を建設することだ。第一のルートは、新疆ウイグル地区を起点として、カザフスタン、ウズベキスタン、トルクメニスタン、イラン、トルコを経由してドイツに至る路線。第二には、雲南省昆明からタイ、マレーシアを経て、シンガポールに至る路線。第三には、黒龍江省からロシアのシベリア鉄道を経て東欧に至る路線である。この計画に反発しているのが、既に移民が問題化している西欧諸国である。(『サピオ』2010.5.26)

これは正に、日本と韓国を除外して、中国中心の世界を作ろうとするものであり、文先生の提唱された日韓トンネル・国際ハイウェイ構想に対抗するものにほかなりません。

**中国のシルクロード高速鉄道計画**

※経路は一部計画を元に推測

さらに中国の高速鉄道の技術は、日本とドイツの技術がベースでありながら、中国の技術を少し加えただけで、中国が独自に開発した高速鉄道であると宣伝して、中国は高速鉄道を世界に売り込もうとしています。ところが安全面で手抜きをしたために、二〇一一年七月二十三日に追突事故が起きて車両が転覆し、多くの犠牲者が出たのです。

中国政府は、二〇一〇年四月、上海～杭州間を時速四百三十kmで結ぶリニアモーターカー・プロジェクトにゴーサインを出して、二〇一四年の完成を目指しています（『クーリエ・ジャパン』2010.9）。さらには二〇二〇年を目指して、時速千kmの真空リニアを実用化するとしています（産経新聞、2010.5.25）。日本のリニア計画と比べて圧倒的なスピード感があります。

さらにはレアアースで日本の輸入の九割を握る中国は、輸出規制を強化して、価格高騰を操り、日本の産業の首を抑えようとしています。文先生は、天運を離れた日本は、やがて中国の脅威にさらされることを警告していました。

**今、日本は島国で生活し、経済的に威張っていても、何十年か後にはどうなるか分からないのです。十年、二十年、二〇一〇年になれば、日本の経済圏も世界市場圏も中国が占領してしまう、そういうことを先生は知っているのです。**安くてよい物がいくらでも作られてくるからです。（文鮮明 1993.4.16, ニューヨーク）（『ファミリー』1993.9.13）

## (2) 日韓の連帯

愛の心情と適切なビジョンのもとで、創造力が構想力（企画、マネジメント）、技術力、販売力（ビジネス力）として発揮されることによって経済は発展します。日本は技術力では、今もなお世界最高レベルを維持していますが、経営者は構想力を失い、かつて企業戦士と呼ばれたセールスマンたちは見当たらなくなってしまいました。今や、日本に代わって韓国が、果敢なマネジメントと猛烈なセールスで世界経済を席巻しています。今、日本は韓国から学ぶべきものが多いのです。『日経ビジネス』は、「日本企業は韓国に学ぶべき」と、次のような記事を載せました。

サムスン脅威論から日本企業が得るものはない。半導体や液晶の巨額投資に震え、日本からの技術流出を憂えても、日本メーカーの競争力は甦らない。むしろ、世界の新興市場を攻めるダイナミックで緻密な人力経営に、日本企業は素直に学ぶべきなのではないか。熱狂と結束――。日本企業がいつしか失ってしまった何かがそこにある。（『日経ビジネス』2006.8.7〜14, 40）

サムスン社会奉仕団社長・李昌烈氏は、日韓の人口を合わせると、一億八千万人の経済規模になり、ある程度の存在感を出すことができ、また両国民の性格の違いは補い合うとちょうどよいと述べて、日韓が一つになって、共に発展することを期待しています。

関税の撤廃だけでなく、通関業務も簡素化し、人やモノの往来の規制をできる限り取り払うのです。市場が大きくなり、企業の協力が増えれば、競争力も高まるでしょう。**韓日の人口を合わせると一億八千万人弱になります。**欧州連合（EU）は二十七か国で五億人、北米自由貿易協定（NAFTA）は三か国で四億五千万人です。両地域には及びませんが、**二か国でこの規模なら存在感は出せます。**（日経、2010.5.3）

国と国ではなく、個人対個人の関係で考えると、もともと我々は非常に相性が良いのです。言葉は異なるが漢字は同じで、習慣も共通するところがある。欧米人などと組むよりやりやすい。性格は、日本人は何事もしっかりと確かめながら進めますが、韓国人は『パリパリ（早く早く）』という言葉が好きで、せっかちです。**この性格の違いは補い合うとちょうどよい。だから国の間の垣根をなくし、両国の企業が自由に手を組めるようにしたほうがいい。**（日経2010.5.3）

「名門大学同窓会セミナー」（二〇一〇年六月十八日、韓国・清心国際青少年研修院）において、韓国の宇宙研究（ロケット、天文）のリーダーの一人である金斗煥教授が、「宇宙開発における日韓協力」と題して講演しました。金教授は、ソウル大出身、東大で博士号を取得された親日家です。韓国のロケットはロシアの技術で二度失敗しましたが、今後はロシアではなく日本と協力すべきと語りました。さらに、これから中国の脅威がますます大きくなるので、韓国と日本が協力していかなくてはならない、特にサムスンと三菱が協力していけば中国に対抗できると語りました。そして日韓協力に大きな期待を表明されました。

文先生は、天運はアメリカから日本へ、そして日本から韓国へと移動して、その後、大陸で定着し、全世界に広がっていくと語っています。特に韓国は、東洋と西洋の文化を吸収し、儒教、仏教、キリスト教を受け入れた国であり、そこにメシヤを迎えて、新しい文化が生まれてくるのです。

最近、アメリカのあらゆる知性人たちは、「太平洋文明時代が来る」と言うでしょう。太平洋文明時代は、黄色人種を中心として来るのです。**日本と韓国がそのように急成長をしたのは、どうしてでしょうか。神様が共にあるからです。**（『環太平洋摂理』205）

**島国としての日本は、アジアで初めて西洋文明を定着させました。**次は半島文明時代です。韓半島は東洋と西洋の文明が一致する場所です。歴史学者シュペングラーが指摘したように、文明は一年に春夏秋冬があるのと同じように興亡を繰り返しています。**今は大西洋文明の時代が過ぎ去り、太平洋文明の時代が来る時です。**（『環太平洋摂理』289）

近代アジアで最も短い歴史をもって世界の東・西洋の文化を吸収し、宗教を吸収したのは韓国しかありません。儒教から仏教、そしてキリスト教を受け入れたのです。この四十年という短い期間で、西洋の文物を吸収して、その実を結ばせたのです。実は種と同じ立場なので、半島文明は世界を生かすことができる一つの起源となるのです。そして、そこから理想的に安着する愛の世界に越えていって、初めて幸福の基地となるのです。そうでなければ、世界に破綻が起きるのです。(『環太平洋摂理』289)

文総裁がアメリカに行って成したこととは、世界的な西欧文明のすべての潮流をアジアの潮流へ引き込むことでした。今まではアジアから盗んでいったのですが、今からは引き込むのです。引き込むにおいて、その最初が日本です。日本はエバ国家として祝福を受けたので、アダム国家を訪ねていかなければなりません。

エバが堕落することによって、万物とあらゆる権威をサタン世界が奪っていったので、回復時代においては、世界の潮流が逆に流れる時代に入ってくるのです。イギリスを「日の沈まぬ国」と言ったように、今日、日本を中心として経済圏とあらゆる権限がアジアに集中するのです。そのようにして日本に従って、韓国を経て大陸に行き、そこで定着するのです。(『環太平洋摂理』329)

文先生は、太平洋文明圏時代において、主役となるのは韓国と日本であり、韓国と日本が一つになって世界文化を創建しなければならないと語っています。日本が韓国と一つになれば、日本も天運の下に留まることができますが、韓国と対立するようになれば、日本は天運から離れていかざるを得ないのです。

**太平洋文明圏時代において、韓国と日本が一つになって世界文化を創建するのです。**ですから、日本は、キリスト教が過ったこと、イギリスが過ったことをすべて蕩減復帰しなければなりません。また、ローマ教皇庁が過ったことを、韓半島を中心として収拾しなければならないのです。ローマ教皇庁以上、キリスト教以上の王宮圏をつくり、再びアジアにおいてキリスト教文化圏を霊的、肉的に合同させ、統一文化圏が展開するようにしなければなりません。（文鮮明1992.2.2）（『神の血統と平和理想世界天国』153）

将来は、北極の氷なども自動的に溶かすこともできるし、人工的に何でもできます。雨を降らすこともできるし、何でもできる時代が来ます。だから、**エバ国家は、アダム国家とともに、日本の科学技術を投入して開発するようにしなければなりません。**（文鮮明1992.4.11，ソウル）（『祝福』⑮1992，185）

産経新聞2011.3.27

### (3) 日米の連帯

日本とアメリカは太平洋戦争を闘い、怨讐の関係でありました。しかしアメリカは神側の天使長の役割から、エバ国家として選ばれた日本の復興を助けました。そして今、日本とアメリカが協力して、神の摂理を推進しなければなりません。

東日本大震災に際してアメリカは、「オペレーション・トモダチ（トモダチ作戦）」と名づけた、史上最大の救援活動を行いました。これは日米同盟をより強固にする機会となりました。

一方、日本はアメリカの経済再建とアメリカ軍の活動に協力すべきです。アメリカがアベル陣営の守護神になっているからです。例えば、米スタンフォード大名誉教授、同大アジア太平洋研究センター名誉所長のダニエル・オキモト氏は、アメリカへの新幹線セールスを「単なる『新幹線の売り込み』ととらえるべきではないと思う。日本一の優れた技術を世界が受け入れるかどうか、「明治維新、第二次大戦に続く」第三の危機から日本を救う働き掛けと認識すべきだ」（読売新聞 2010.6.15）と語り、日米両国の浮沈をかけたものと見るべきだと語っています。

## (4) 日韓米を基軸とする環太平洋諸国の連帯

文先生はニューヨークで開かれた「アベル国連」創設記念大会において、「神様のみ旨から見た環太平洋時代の史観――米国を中心とする国連と自由世界の方向――」（2007.9.23）というメッセージを行い、その中で、日韓が一つになって、アメリカと連合し、さらに太平洋圏の島嶼国が連合して、好戦的な独裁国家、中国、ロシアの脅威を阻止しなくてはならないと語っています。

韓半島は、米国大陸を背負い、太平洋圏のすべての島嶼国を糾合し、環太平洋圏を保護し、守らなければなりません。重ねて申し上げますが、それは正に、**人類の未来が、韓国と日本、そして米国を中心とする環太平洋圏の保全に懸っているからです。**……

皆様、昨今の世界情勢を冷徹に分析してみてください。共産主義の仮面を脱いだと言いますが、今も中国やロシアのような周辺の好戦的な強大国は、虎視眈々と力のない小さな島嶼《とうしょ》国を狙っています。どの国家でも、小さな島嶼国としては、単独でこの強大国の政治、経済、軍事的攻勢にはかなわないでしょう。彼らがその気になれば、一日でも無血占領を敢行できる力を持っているのです。

皆様、環太平洋圏に安定と平和が定着するとき、人類の平和も保障されるでしょう。怒濤のごとく押し寄せてくる周辺の強大国の途方もない津波を、独りでは阻止することができません。太平洋圏のすべての島嶼国が一つに団結しなければならない時が来ました。

**赤道を中心に置き、南北に散在している太平洋圏の小さな島嶼国はもちろん、日本、台湾、フィリピン、インドネシア、ソロモン諸島、オーストラリア、ニュージーランドなど、すべての国家が、一つの国のように協約を結んで連合戦線を広げ、人類の平和と安定を保障してくれる太平洋を守らなければなりません。**（文鮮明2007.9.23,ニューヨーク）（『平和神経』276〜278）

文先生は中でも日本の使命の重大さを強調しています。

私たちが神様の摂理観から文明の流れを概観するとき、今日、**島嶼文明として天の運勢をもっている国は日本だということが分かります。**二十世紀を結実する境目にあって、日本は神様の摂理において人類歴史に注目される立場にあります。そして、日本の現在のような復興は、神様を通したユダヤ・キリスト教摂理に関連して説明されるしかないのです。もし、日本が神様の摂理的計画において一つの役割を担っているなら、私たちは、日本が神様の摂理においてもっている摂理的責任について耳を傾けなければなりません。その理由は、神様の摂理の目的が世界平和の実現であり、世界平和はすべての人類の希望であるからです。（『環太平洋摂理』219〜20）

すべての島嶼国家が平和世界創造のための「島嶼国家連合」として、一緒に集まって、互いに寄与するならば、人類歴史においてこの上ない希望を提供することでしょう。このような希望と基台をもって、私は「世界平和島嶼国家連合」を創設しようと思います。**私は全世界の島嶼国家が日本に与えられた天運を相続し、世界平和追求のための彼らの集団的な努力の傾注によって、世界平和は実現できると確信しています。**（『環太平洋摂理』220）

今、日本では、環太平洋戦略的経済連携協定（ＴＰＰ）に日本が参加すべきかどうかで、国論を二分する対立が生まれています。関税が撤廃されることを製造業界が歓迎する一方で、農業・漁業に深刻な打撃をもたらすとして反発する勢力も気勢を挙げています。しかしＴＰＰ構想は、民主主義を共有する環太平洋海洋国家が経済的に連帯するものであり、文先生のメッセージである環太平洋時代の史観に適うものです。そしてこれは日本にとって第三の開国に向かって越えなくてはならない課題なのです。日本経済新聞もＴＰＰは「日本再浮上への最後の好機」

という記事を載せています。

歴代政権は世界が自由化に動いた十年間にわたり農業改革に踏み切る政治決断から逃げ続けた。……高い関税で守られ続けたこの数十年、日本の農業は強くなっていない。製造業に自由化の恩恵は少なく、非製造業の構造改革も遅れた。日本はこの先も立ちすくんだままなのか。降ってわいたようなTPP論争ではある。ただ、結果的に世界の成長に日本をつなぐ手掛かりになる。日本が再浮上のきっかけをつかむ最後の機会かもしれない（太田泰彦・編集委員：日経、2010.11.3)。

ところが、日韓米のアベル陣営に対抗して、カイン側による世界制覇を目指している中国は、日本のTPP参加を阻み、日本を中国側に引き込もうと工作をしています。JR東海会長の葛西敬之氏はその中国側の意図を見抜いて次のように書いています。

政体における民主主義と経済の自由という価値によって諸国を結ぶ環太平洋戦略的経済連携協定（TPP）は、二十一世紀のアジア太平洋に持続的均衡をもたらす下部構造の構築を意味する。そして上部構造としての日米同盟が揺るぎなく機能する時、初めてアジア太平洋に安定が確保される。日本と日本人の自由と幸福、平和と尊厳を尊ぶ限り、ＴＰＰ不参加という選択は存在し得ない。

日本を太平洋の防波堤と化し米国との対峙を意図する中国は、当然日本のＴＰＰ参加を阻もうとする。周辺海域での威嚇は頻度を増すだろう。日本各界に広げた親中人脈を用い、ＴＰＰ不参加を条件に利益誘導を図りつつある様も随所に窺える。（産経、2010.12.7）

二〇一一年十一月、野田総理は、米国や豪州など九か国によるＴＰＰ交渉に参加を表明しましたが、反対勢力のために正式参加表明と参加国による承認が遅れています。一日も早く、日本が参加することが望まれます。

## 六　日はまた昇る

日本は「失われた十年」から「失われた二十年」と呼ばれる長期の沈没状態の中で漂っています。日本が再び「日いずる国」となることはできるのでしょうか。

東日本大震災後、日本では他の国で行われたような、災害後の略奪、暴動などは起きず、他人を助けるために犠牲になった人たちや、復興に向けて懸命に立ち上がる人々を目撃して、世界は称賛しました。

二〇一一年三月十二日付の英紙『フィナンシャル・タイムズ』は「地震の挑戦を受けて立つ日本」と題する社説を掲載して、「日本はこの災害に対し尊敬すべき忍耐力で立ち向かっている」、「大規模な災害からの復興という新たな挑戦に直面している」と称賛しました。

国際原子力機関（ＩＡＥＡ）調査団のマイク・ウェイトマン団長が、離日を前に強調したのは日本への批判というより、称賛でした。「国際社会が学べる最大の教訓は立ち向かっていく日本人の精神ではないか」（日経、2011.6.5）

また日本の原発導入を目指すトルコの駐日大使アブドゥルラフマン・ビルギチは「日本は常に失敗を生かし、より強くなってきた国。フクシマ後の原発も同じ」（日経、2011.6.5）と語りました。

そして外交評論家の岡本行夫は「［日本は］今度こそ世界から称えられる国家になろう。大震災のあと新しい航海に出なければならない日本の大きな課題である」（産経、2011.5.16）と、特別寄稿を寄せました。

菅直人前首相は二〇一一年の年頭の記者会見で、「今年を明治維新、戦後に続く『平成の開国』元年にしたい」と述べました。それに呼応して、読売新聞は「取り戻す十年」を始める年にしようと、次のような丸山淳一経済部長の主張を載せました。

明治維新に至る幕末の動乱は一八五三年のペリー来航に始まる。終戦以降の民主化はマッカーサー率いる連合国軍総司令部（ＧＨＱ）によって進められた。

過去二回の「開国」は日本の政治体制を根底から変えただけでなく、日本経済の枠組みにも「パラダイム・シフト」と呼ぶべき劇的な転換をもたらした。

「第三の開国」で閉塞状況にある経済全体を揺さぶり、グローバル化を促す。守るべき産業は守り、日本の経済力が残っているうちに、新たな成長産業をみつける。非効率な産業では淘汰や再編を進め、経済全体の競争力を取り戻すのだ。

過去二回と違い、ペリーやマッカーサーのような先導役はいない。自らの意志でバブル崩壊以後の「失われた二十年」から決別し、二〇一〇年代を「取り戻す十年」にできるかどうか。（読売、2011.1.5）

日本を第三の開国へと導く先導者はいないのでしょうか。実はいらっしゃるのであり、それは文鮮明先生御夫妻です。文鮮明先生は二〇一二年九月三日、聖和（逝去）されましたが、聖和の後、天上世界から地上を導かれます。そして地上においては韓鶴子夫人が、文先生の導きに従って摂理を推進されます。日本が再臨のメシヤの使命を持って来られた文鮮明先生御夫妻を受け入れ、神の創造理想世界である「神のもとでの一家族世界」に向けて、神側の母の国としての使命に目覚める時、日本は真の開国を成し遂げ、再び天運に導かれて、日いずる国として、燦然と輝き始めるのです。

**日はまた昇る　蘇る日本**

―― 共産主義を崩壊させた文鮮明師の統一思想 ――

2012年10月1日　初版　第1刷発行

編　著　日本統一思想研究院

発　行　株式会社　光言社

〒150-0042　東京都渋谷区宇田川町37-18

電話　03（3467）3105

http://www.kogensha.jp/

印　刷　株式会社　ユニバーサル企画



ISBN978-4-87656-835-2